税务会计与税收筹划实务

寇娅雯　编著

人 民 邮 电 出 版 社
北京

图书在版编目（CIP）数据

税务会计与税收筹划实务 / 寇娅雯编著. -- 北京：
人民邮电出版社，2023.4（2024.5重印）
ISBN 978-7-115-60192-6

Ⅰ. ①税… Ⅱ. ①寇… Ⅲ. ①税收会计②税收筹划
Ⅳ. ①F810.42

中国版本图书馆CIP数据核字(2022)第187582号

内 容 提 要

税务会计制度和财务会计制度既有紧密的联系，又相互独立。在当下的市场环境中，企业是独立的经济主体，为了实现利益的最大化，企业必须要根据会计制度来进行恰当的税收筹划。税收筹划是指在税法规定的范围内，纳税人对经营、投资、理财等活动进行事先筹划与调整，尽可能获得税收最大利益的筹划方法，具有合法性、筹划性、目的性、风险性和专业性的特点。编者根据新的税收政策编写本书，本书内容包括税务会计与税收筹划基础、常见税种概述、常见税种的会计处理、常见税种的税收筹划思路、常见税种的税收筹划案例等，结构合理，逻辑清晰。

本书内容翔实、案例典型、与时俱进、实用性强，旨在为读者提供税收筹划思路。本书适合企业税收筹划人员、企业经营管理者、高校财政税收和财务管理等专业的师生阅读和使用。

◆ 编　著　寇娅雯
　　责任编辑　李士振
　　责任印制　周昇亮

◆ 人民邮电出版社出版发行　　北京市丰台区成寿寺路 11 号
　　邮编　100164　电子邮件　315@ptpress.com.cn
　　网址　https://www.ptpress.com.cn
　　北京七彩京通数码快印有限公司印刷

◆ 开本：700×1000　1/16
　　印张：25　　　　　　　　　　　2023 年 4 月第 1 版
　　字数：398 千字　　　　　　　　2024 年 5 月北京第 2 次印刷

定价：99.80 元

读者服务热线：(010)81055296　印装质量热线：(010)81055316
反盗版热线：(010)81055315
广告经营许可证：京东市监广登字 20170147 号

前言 | Preface

本书写作目的

　　税收筹划是企业发展的核心之一。控制税务成本是控制企业成本的核心内容之一，同时随着时代的发展，现在大多数行业的利润信息都变得透明化，这也使得企业需要做好税务成本优化。近年来，税收筹划在许多国家都得到了迅速发展，日益成为纳税人理财或经营管理决策的重要组成部分。许多企业都聘请税收筹划专业人才或委托中介机构为其经济活动进行筹划。在我国，税收筹划的功能和作用不断被人们认识、接受和重视，开展税收筹划已成为一项有前景的业务。

　　本书的写作目的是帮助读者更深入、全面地学习现行税收法律法规下的税务成本与税收筹划要点；帮助读者掌握各行业企业各个环节所涉及的常见税种的会计核算、税收筹划的思路和具体处理方法，使读者更系统、更深刻地理解税收筹划；帮助读者在实际工作中正确、有效地贯彻实施税收筹划。

本书内容

　　税务会计是进行税收筹划、税费核算和纳税申报的会计系统。在我国，各种现实限制因素致使多数企业的税务会计并未真正独立于财务会计和管理会计，成为一个相对独立的会计系统。税务会计的目标是：向税务会计信息使用者提供有助于税务决策的会计信息，保证纳税人依法纳税，使纳税人的经营行为符合国家法律法规；在保障国家利益的同时合理为企业减负，提高企业的运营质量，保障投资者的合法权益。本书通过对税务会计、税收筹划相关知识的讲解和具体案例的分析，结合我国税收制度的特点以及税收法规政策的变化，全面介绍了我国现阶段主要税种的会计处理以及税收筹划思路，分析了相关税收筹划案例，有利于读者更好地运用政策、掌握方法、合理筹划。

本书特色

本书立足于现行有效的税收政策，列举了常见税种多种典型的企业税收筹划案例，力图使读者全面认识和掌握税务会计、税收筹划的要点。本书具有以下几方面的特色。

第一，内容专业。本书依据现行税收法律法规进行编写，结合相关案例对常见税种进行分析，以方便读者理解和掌握税务会计的特点，厘清税收筹划的思路。

第二，案例丰富、突出重点。本书设置专门小节对税收筹划的具体案例进行分析，坚持理论与实际相结合的原则，以案例为载体，旨在帮助读者举一反三，融会贯通。

第三，合法合规、与时俱进。我国税法处于不断完善的阶段，本书介绍的税务会计和税收筹划知识以国家现行税收法律法规及相关政策为依据，体现了现行各项法律法规及相关政策的要求。

第四，深入分析、实用性强。本书每个部分都从基础的理论讲起，逐渐深入分析，而且本书的税收筹划案例都很常见，可以被直接应用到实务中去，具有非常强的实用性。

本书内容全面，体系完整，并与现行税收法律法规及相关政策保持同步。经过多次修改，本书做到了文字严谨、知识点讲解到位、图表清晰，是不可多得的税务会计与税收筹划常备案头工具书。具有不同需求的读者阅读、查询本书，会有不同的收获。由于编著者水平有限，书中疏漏在所难免，恳请广大读者不吝指正。

编著者

2023 年 3 月

目录
CONTENTS

第1章
税务会计与税收筹划基础

1.1 税务会计概述

1.1.1 税务会计的概念

税务会计是社会经济发展到一定阶段（教育普及和教育水平提高，生产规模扩大，生产力进步，社会成熟到能把征税、纳税看作社会自我施加的约束等）而产生的。税务会计是从财务会计中分离出来的，对维护国家安全和纳税人的权利极其重要。税务会计是近代新兴的一门边缘学科，是融税收法令和会计核算为一体的特种专业会计，是税务中的会计、会计中的税务。税务会计是以国家现行税收法令为准绳，以货币计量为基本形式，运用会计学的理论和核算方法，连续、系统、全面地对税款的形成、计算和缴纳，即税务活动引起的资金运动，进行核算和监督的一门专业会计。

1.1.2 税务会计的对象

税务会计的对象是税务会计要核算和监督的内容，是纳税人因纳税而引起的税款的形成、计算、缴纳、补退等以货币表现的资金运动。税务会计的对象如图1-1所示。

经营收入：经营收入是企业在生产、经营过程中，销售产品（商品）、提供劳务所取得的收入

生产、经营成本：生产、经营成本是企业在生产经营中耗费的全部资金支出。一定会计期间的成本、费用与同期经营收入是计算应纳税所得额的基础，影响应纳税额

收益分配：企业收益分配给国家的部分，主要以缴纳税费等形式实现。因此，对收益的计算是否正确以及分配是否符合法规，直接关系到国家税收和企业留利

税款的缴纳或减免：减免税是对某些纳税人和课税对象给予鼓励或照顾的特殊规定，以满足特殊情况下的特殊需要。企业纳税、减税、免税等税务活动，都会引起企业的资金运动，因而都是企业税务会计的对象

税务会计的对象

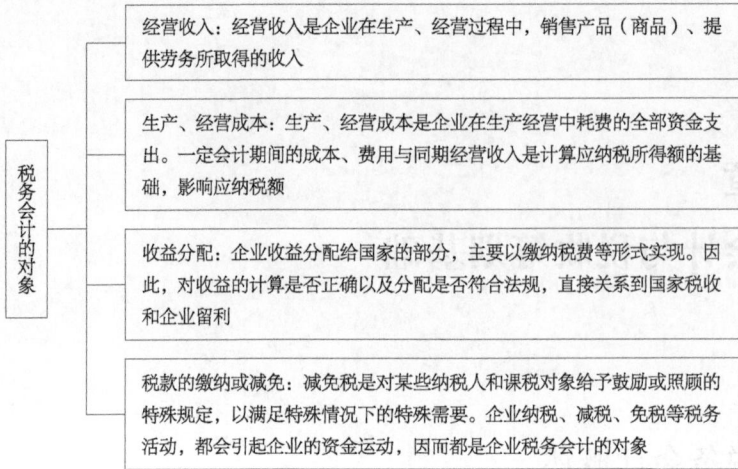

图 1-1　税务会计的对象

1.1.3　税务会计的目标

税务会计目标是向税务机关、投资人等税务会计信息使用者提供有助于税务决策的会计信息。

1.1.4　税务会计的特点

税务会计与财务会计相比，既有共同性，也有特殊性。税务会计的主要特点如图 1-2 所示。

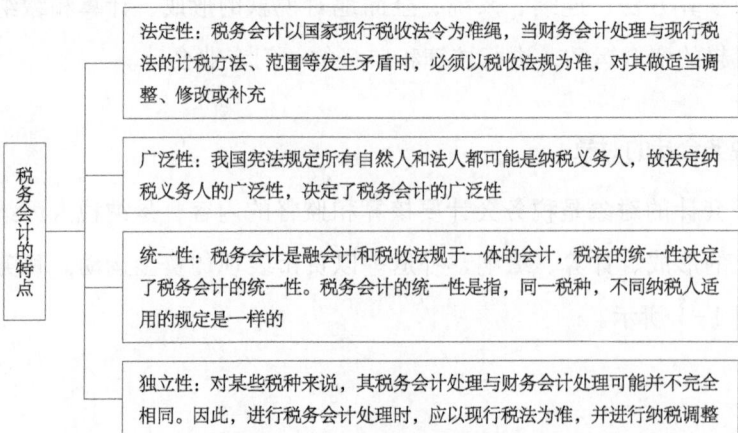

税务会计的特点

法定性：税务会计以国家现行税收法令为准绳，当财务会计处理与现行税法的计税方法、范围等发生矛盾时，必须以税收法规为准，对其做适当调整、修改或补充

广泛性：我国宪法规定所有自然人和法人都可能是纳税义务人，故法定纳税义务人的广泛性，决定了税务会计的广泛性

统一性：税务会计是融会计和税收法规于一体的会计，税法的统一性决定了税务会计的统一性。税务会计的统一性是指，同一税种，不同纳税人适用的规定是一样的

独立性：对某些税种来说，其税务会计处理与财务会计处理可能并不完全相同。因此，进行税务会计处理时，应以现行税法为准，并进行纳税调整

图 1-2　税务会计的特点

1.1.5　税务会计的基本前提

税务会计目标是提供有助于税务会计信息使用者进行税务决策的信息，而企业错综复杂的经济业务会使会计实务存在种种不确定因素。因此，要进行正确的判断和估计，就要明确税务会计的基本前提（假定）。税务会计的基本前提如表 1-1 所示。

表 1-1　税务会计的基本前提

纳税 主体	纳税主体为税法规定的直接负有纳税义务的单位和个人，亦称纳税人，包括自然人和法人。规定不同税种的不同纳税人，有利于体现税收政策中合理负担和区别对待的原则，协调国民经济各部门、各层次的关系。会计主体是财务会计服务的特定单位或组织，会计处理的数据和提供的财务信息，被严格限制在一个特定的、独立的或相对独立的经营单位之内，典型的会计主体是企业。纳税主体不一定都是会计主体
持续 经营	持续经营前提意味着企业个体将继续存在足够长的时间以实现它现在的承诺，如预期所得税在将来要继续缴纳。这是所得税款递延、亏损前溯或后转，暂时性差异能够存在，以及依据法律法规进行所得税跨期摊配的前提
货币 时间 价值	货币（资金）在其周转使用过程中具有增值能力。这一基本前提成为税收立法、税务征管和纳税人选择会计方法的立足点，它深刻地揭示出了纳税人进行税收筹划的内在原因，也说明了税务会计中采用纳税影响会计法进行纳税调整的必要性
纳税 年度	纳税年度是指纳税人应向国家缴纳各种税款的期间。如我国税法规定，应纳税年度是指自公历 1 月 1 日起至 12 月 31 日止。纳税年度一般要根据国民经济各部门生产经营特点和纳税人缴纳税款数额来确定。如纳税人在一个纳税年度的中间开业，或者合并、关闭等原因使该纳税年度的实际经营期限不足 12 个月，应当以其实际经营期限为一个纳税年度
年度 会计 核算	年度会计核算是税务会计的根本前提，即认为税制建立在年度会计核算的基础上，而不是建立在某一特定业务的基础上。课税只针对某一特定纳税期间里发生的全部事件的净结果，而不考虑当期事件在后续年度中的可能结果，后续事件将在其发生的年度内考虑

1.1.6　税务会计的基本原则

由于税务会计与财务会计密切相关，因此，财务会计的基本原则大部分都适用于税务会计。但又因税务会计与税法的特定联系，税收立法中的实际支付能力原则、公平税负原则、程序优先于实体原则等，也会非常明显地影响税务会计。根据税务会计的特点，结合财务会计基本原则与税收立法原则，本书归纳的税务会计的基本原则如表1-2所示。

表1-2　税务会计的基本原则

现金流动原则	收付实现制突出地反映了税务会计的重要原则——现金流动原则（具体化为公平税负和支付能力）。现金流动原则是确保纳税人有能力支付应纳税款而使政府获取财政收入的基础
与财务会计日常核算方法相一致原则	由于税务会计与财务会计的密切关系，税务会计通常遵循财务会计准则。只有当某一事项按财务会计准则在财务报告日确认以后，才能确认该事项按税法规定计量的应纳税款；依据财务会计准则在财务报告日尚未确认的事项可能影响到当日已确认的其他事项的最终应纳税款，但只有在根据财务会计准则确认导致税收效应的事项之后，才予以确认这些税收效应，这就是与财务会计日常核算方法相一致的原则
划分营业收益与资本收益的原则	这两种收益具有不同的来源和不同的纳税责任，在税务会计中要严格地划分。营业收益是指企业通过其主要经营活动而获得的收入，通常表现为现金流入或其他资产的增加或负债的减少，其内容包括主营业务收入和其他业务收入两个部分，其税额一般按正常税率计征。资本收益是指创造负债或减少资产的收入。资本收益可分为三种类型：借款、恢复贷款、其他资本收益。界定营业收益与资本收益范围，并按照相关收益税收政策规定申报缴纳税费
配比原则	配比原则是财务会计的一般规范，也是支持所得税跨期摊配的重要指导思想。在所得税是一种费用的观点下，如果所得税符合确认与计量两个标准，则应计会计对于费用就是适宜的
确定性原则	确定性原则是指在税务会计处理过程中，按税法的规定，在纳税收入和费用的实际实现上应具有确定性的性质。这一原则具体体现在所得税的递延法处理中。在递延法下，以前适用的所得税税率是可确证的，递延所得税是产生暂时性差异的历史交易事项造成的结果。按以前适用税率报告递延所得税，符合会计以历史成本为基础报告绝大部分经济事项的特点，提高了会计信息的可信性
可预知性原则	可预知性原则是支持并规范债务法的原则。债务法关于递延所得税资产或负债的确认模式，是基于这样的前提：根据会计准则编制的资产负债表，所报告的资产和负债金额将分别收回或清偿。因此，未来年份应税收益只在逆转差异的限度内才被认可，即未来年份的应税收益仅仅受本年暂时性差异的影响，而不预期未来年份赚取的收益或发生的费用

1.1.7　税务会计的任务

税务会计作为会计的一个分支，既要以税法为准绳，促使企业认真履行纳税义务，又要保证企业在税法的允许范围内，合理维护自身的经济利益。税务会计的任务如表 1-3 所示。

表 1-3　税务会计的任务

税务会计的任务	1.反映和监督企业对国家税收法令、制度的贯彻执行情况，促使企业认真履行纳税义务
	2.按照国家现行税法所规定的税种、计税依据、纳税环节、税目、税率等，正确计算企业在纳税期内的应交税款，并进行正确的会计处理
	3.按照税务机关的规定，及时、足额地缴纳各种税金，进行相应的会计处理
	4.正确编制、及时报送会计报表和纳税申报表，认真执行税务机关的审查意见
	5.进行企业税务活动的财务分析，不断提高企业执行税法的自觉性，不断提高税务核算和税务管理水平，不断增强企业的纳税能力

1.1.8　税务会计的方法

税务会计的方法是实现税务会计目标的技术和措施。税务会计是财务会计中一个专门处理会计收益与应税收益之间差异的会计程序，其基本职能是对纳税人应纳税款的形成、申报、缴纳进行反映和监督。因此，财务会计中使用的一系列会计方法同样适用于税务会计，如财务会计中的账户设置、复式记账、审核和填制会计凭证、登记账簿、成本计算、财产清查、编报财务报告等。这就是说，税务会计并非在财务会计之外另设一套凭证、账簿、报表，而是在财务会计基础上进行税款计算和调整。

除上述相同部分外，税务会计也有一些特定方法，如编制纳税申报表、填制税收缴款书、填制与审核增值税专用发票、编制应交增值税明细表等。

1.2 税收基础知识

1.2.1 税收与税法的概念

税收是政府为了满足社会公共需要，凭借政治权力，按照法律的规定，强制、无偿地取得财政收入的一种形式。税法是国家制定的用以调整国家与纳税人之间在征纳税方面的权利和义务关系的法律规范的总称。把握税法的概念必须以深入理解税收内涵为基础。理解税收的内涵需要从税收的本质、税收分配、税收目的三个方面来把握。

（一）税收是国家取得财政收入的一种重要工具，其本质是一种分配关系

国家要行使职能必须有一定的财政收入作为保障。取得财政收入的渠道多种多样，如征税、发行国债、收费、罚没等，其中税收是大部分国家取得财政收入的主要形式。在社会再生产过程中，分配是连接生产与消费的必要环节，在市场经济条件下，分配主要是对社会产品价值的分割。税收是国家参与社会产品价值分配的法定形式，处于社会再生产的分配环节，因而本质上它是一种分配关系。

（二）税收分配有别于按生产要素进行的分配

国家通过征税，将一部分社会产品由纳税人所有转变为国家所有，因此征税的过程实际上是国家参与社会产品价值分配的过程。在这一过程中，国家与纳税人之间形成的这种分配关系（即税收分配关系）与社会再生产中的一般分配关系不同。税收分配是以国家为主体进行的分配，而一般分配则是以各生产要素的所有者为主体进行的分配，即：税收分配是国家凭借政治权力，以法律的形式进行的分配；而一般分配则是各生产要素所有者基于生产要素进行的分配。

（三）国家征税的目的是满足社会公共需要

国家在履行其公共职能的过程中必然有一定的公共支出。公共产品的特殊性决定了公共支出一般情况下不可能由公民个人、企业采取自愿出资的方式负担，而只能采用由国家征税的方式，由经济组织、单位或个人来负担。国家征税的目的是满足提供社会公共产品的需要，以及满足市场失灵、促进公平分配等的需要。同时，国家征税也要受到所提供公共产品规模和质量的制约。

税法构建了国家及纳税人依法征税、依法纳税的行为准则体系，其目的是保障国家利益和纳税人的合法权益，维护正常的税收秩序，保证国家的财政收入。税法体现为法律这一规范形式，是税收制度的核心内容。税收制度是在税收分配活动中征纳税双方所应遵守的行为规范的总和，其内容主要包括各税种的法律法规以及为了保证这些法律法规得以落实的税收征管制度和税收管理体制。

税法具有既属于义务性法规又属于综合性法规的特点。首先，从法律性质上看，税法属于义务性法规，以规定纳税人的义务为主。税法属于义务性法规，并不是指税法没有规定纳税人的权利，而是指纳税人的权利建立在其纳税义务的基础之上，处于从属地位。税法属于义务性法规的这一特点是由税收的无偿性和强制性特点所决定的。税收的无偿性、强制性，不仅有国家权力作为后盾，而且有一系列的制度措施作保障；税收的强制性，即一切满足税收要素的纳税人，均应根据税法缴纳税款。其次，税法的另一特点是属于综合性法规，税法是由一系列单行税收法律法规及行政规章制度组成的体系，其内容涉及课税的基本内容、征纳税双方的权利和义务、税收管理规则、法律责任、解决税务争议的法律规范等。税法的综合性特点是由税收制度所调整的税收分配关系和税收法律关系的复杂性所决定的。

税法的本质是正确处理国家与纳税人之间因税收而产生的税收法律关系和社会关系，既要保证国家税收收入，也要保护纳税人的权利，两者缺一不可。片面强调国家税收收入或纳税人权利都不利于社会的和谐发展。税法的核心在于兼顾和平衡纳税人权利，在保证国家税收收入稳步增长的同时，也保证对纳税人权利的有效保护。

1.2.2　税收法律关系

税收法律关系是税法所确认和调整的国家与纳税人之间、国家与国家之间以及各级政府之间在税收分配过程中形成的权利与义务关系。国家征税与纳税人纳税在形式上表现为利益分配的关系，但法律明确双方的权利与义务后，这种关系实质上已成为一种特定的法律关系。了解税收法律关系，对正确理解税法的本质，严格依法纳税、依法征税都有重要的意义。

（一）税收法律关系的构成

税收法律关系在总体上与其他法律关系一样，都是由主体、客体和内容三方面构成的，但税收法律关系又具有一定的特殊性。

1.税收法律关系的主体。

法律关系的主体是指法律关系的参加者。税收法律关系的主体即税收法律关系中享有权利和承担义务的当事人。在我国，税收法律关系的主体包括征纳税双方：一方是代表国家行使征税职责的国家行政机关，包括国家各级税务机关和海关；另一方是履行纳税义务的人，包括法人、自然人和其他组织，在我国的外国企业、组织、外籍人、无国籍人，以及在我国虽然没有机构、场所但有来源于我国境内所得的外国企业或组织。对税收法律关系中主体另一方的确定，我国采取的是属地兼属人的原则。

2.税收法律关系的客体。

税收法律关系的客体即税收法律关系主体的权利和义务所共同指向的对象，也就是征税对象。例如，所得税法律关系客体就是生产经营所得和其他所得，财产税法律关系客体即财产，流转税法律关系客体就是出售货物或提供劳务收入。税收法律关系客体也是国家利用税收调整和控制的目标，国家在一定时期根据客观经济形势的需要，通过扩大或缩小征税范围调整征税对象，以达到限制或鼓励国民经济中某些产业、行业发展的目的。

3.税收法律关系的内容。

税收法律关系的内容就是主体所享有的权利和所承担的义务。它规定主体可以有的行为和不可以有的行为，若存在不可以有的行为，须承担相应的法律责任。

税务机关的权利主要表现为依法进行征税、税务检查以及对违法者进行处罚；其义务主要有向纳税人宣传，提供咨询，辅导纳税人理解税法，及时把征收的税款解缴国库，依法受理纳税人对税收争议的申诉等。纳税人的权利主要有多交税款申请退还权、延期纳税权、依法申请减免税权、申请复议和提起诉讼权等；其义务主要是按税法规定办理税务登记、进行纳税申报、接受税务检查、依法缴纳税款等。

（二）税收法律关系的产生、变更与消灭

税法是税收法律关系产生的前提条件，但税法本身并不能产生具体的税收法律关系。税收法律关系的产生、变更与消灭必须有能够引起税收法律关系产生、变更或消灭的客观情况，也就是说，税收法律关系的产生、变更与消灭由税收法律事实决定。税收法律事实可以分为税收法律事件和税收法律行为。税收法律事件是指不以税收法律关系主体的意志为转移的客观事件。例如，自然灾害可能导致税收减免，从而改变税收法律关系内容。税收法律行为是指税收法律关系主体在正常意志支配下做出的活动。例如，纳税人开业经营即产生税收法律关系，纳税人转业或停业就会造成税收法律关系的变更或消灭。

（三）税收法律关系的保护

税收法律关系是同国家利益及企业和个人的权益相联系的。保护税收法律关系，实质上就是维护国家正常的经济秩序、保障国家财政收入和维护纳税人的合法权益。税收法律关系的保护形式和方法有很多，税法中关于限期纳税、征收滞纳金和罚款的规定，刑法对构成逃避缴纳税款、抗税行为给予处罚的规定，以及税法中对纳税人不服税务机关征税处理决定，可以申请复议或提起诉讼的规定等，都是对税收法律关系的直接保护。在税收法律关系的保护面前主体双方是平等的，不能只保护一方，而不保护另一方。同时，对主体享有权利的保护，就是对其承担义务的制约。

（四）税法与其他法律的关系

法的调整对象是具有某一性质的社会关系，它是划分各法律部门的基本因素，也是一个法律部门区别于其他法律部门的基本标志和依据。税法以税收关系为调整对象，正是这一社会关系的特定性把税法同其他法律划分开来。因此，税法主要以维护公共利益而非个人利益为目的，在性质上属于公法。不过与宪法、行政法、刑法等典型公法相比，税法仍具有私法的一些属性，如征税依据私法化、税收法律关系私法化、税法概念范畴私法化等。涉及税收征纳关系的法律规范，在某些情况下也援引一些其他法律。深入分析税法与其他法律间的关系，是解决税法适用范围的基础，同时对于增强税法与整个法制体系的协调性也是十分必要的。

1. 税法与宪法的关系。

在我国，《中华人民共和国宪法》（以下简称《宪法》）作为国家的根本大法，是制定所有法律、法规的依据。宪法在现代法治社会中具有最高的法律效力，是立法的基础。税法是国家法律的组成部分，当然也是依据宪法的原则制定的。

《宪法》第五十六条规定："中华人民共和国公民有依照法律纳税的义务。"一是明确了国家可以向公民征税，二是明确了向公民征税要有法律依据。因此，《宪法》的这一规定是立法机关制定税法并据以向公民征税以及公民必须依照税法纳税的最直接的法律依据。《宪法》还对国家要保护公民的合法收入、财产和保护公民的人身自由不受侵犯做出了规定。因此，制定税法，就要规定公民应享受的各项权利以及国家税务机关行使征税权的约束条件，同时应规定税务机关在行使征税权时，不能侵犯公民的合法权益。

《宪法》第三十三条规定："中华人民共和国公民在法律面前一律平等。"这是指凡是中国公民都应在法律面前处于平等的地位。制定税法也应遵循这个原则，平等对待所有的纳税人，不能因为纳税人的种族、性别、出身、年龄等不同而在税收上给予不平等的待遇。

2. 税法与民法的关系。

税法与民法之间既有明显的区别，又有内在的联系。民法是调整平等主体之间，也就是公民之间、法人之间、公民与法人之间财产关系和人身关系的法律规范，故民法的调整方法的主要特点是平等、等价和有偿。而税法的本质是国家依据政治权力向纳税人课税，是调整国家与纳税人关系的法律规范。这种税收征纳关系明显带有国家意志和强制的特点，税法的调整方法的特点是命令和服从。两者之间的区别是由税法与民法的本质区别所决定的。当税法的某些规范同民法的规范基本相同时，税法一般援引民法条款。在征税过程中，经常涉及大量的民事权利和义务问题。例如，印花税中有关经济合同关系的成立、房产税中有关房屋的产权认定等，而这些在民法中已予以规定，所以，税法就不再另行规定。

当涉及税收征纳关系的问题时，一般应以税法的规范为准则。例如，两个关联企业之间，一方以高进低出的价格与对方进行商业交易，然后再以其他方式从对方取得利益补偿，以达到避税的目的。虽然上述交易符合民法中规定的"民事活动应遵循自愿、公平、诚信"的原则，但是违反了税法规定，在确定纳税义务时应该按照税法的规定对此种交易的法律属性进行相应调整。

3. 税法与刑法的关系。

刑法是关于犯罪、刑事责任与刑罚的法律规范的总和。税法则是调整税收征纳关系的法律规范，两者调整的范围不同。两者有着密切的联系，因为税法和刑法对违反税法都规定了处罚条款。但违反了税法，并不一定就是刑事犯罪。区别就在于情节是否严重，轻者给予行政处罚，重者则要承担刑事责任，给予刑事处罚。从 2009 年 2 月 28 日起，"偷税"不再作为一个刑法概念存在。十一届全国人大常委会第七次会议表决通过了《中华人民共和国刑法修正案（七）》，该修正案对原刑法第二百零一条关于不履行纳税义务的定罪量刑标准和法律规定中的相关表述方式进行了修改。用"逃避缴纳税款"取代了"偷税"。但目前《中华人民共和国税收征收管理法》（以下简称《税收征管法》）中还没有做出相应修改。

4.税法与行政法的关系。

税法与行政法有十分密切的联系，主要表现为税法具有行政法的一般特性。税收实体法和税收程序法中都有大量调整国家机关之间、国家机关与法人或自然人之间的法律关系的内容。另外税收法律关系中争议的解决一般按照行政复议程序和行政诉讼程序进行。

税法与行政法也有一定区别。与行政法不同的是，税法具有经济分配的性质，并且经济利益由纳税人向国家无偿转移，这是行政法所不具备的。社会再生产的几乎每一个环节都有税法的参与和调节，在广度和深度上是行政法所不能比的。

另外行政法大多为授权性法规，所含的少数义务性规定也不像税法涉及货币收益的转移，而税法则是义务性法规和综合性法规。

1.2.3　税法的原则

税法的原则反映税收活动的根本属性，是税收法律制度建立的基础。税法的原则包括税法基本原则和税法适用原则。

（一）税法基本原则

税法基本原则是统领所有税收规范的根本准则，包括税收立法、执法、司法在内的一切税收活动必须遵守税法基本原则。

1.税收法定原则。

党的十八届三中全会审议通过的《中共中央关于全面深化改革若干重大问题的决定》中提出了"落实税收法定原则"，这是我国在党的文件中首次明确提出这一最根本的原则。

目前，我国正有条不紊地落实税收法定原则。党中央和全国人大已经明确，开征新税应当通过全国人大及其常委会制定相应的法律。

税收法定原则是税法基本原则中的核心。税收法定原则又称为税收法定主义，是指税法主体的权利和义务必须由法律加以规定，税法的各类构成要素必须且只能由法律予以明确。税收法定原则贯穿税收立法和执法的全部领域，其内容包括税收要件法定原则和税务合法性原则。

税收要件法定原则是指有关纳税人、课税对象、课税标准等税收要件必须以法律形式做出规定，且有关课税要素的规定必须尽量明确。税收要件法定原则的具体要求如下。

（1）拟开征的任何税种都必须由法律对其进行专门确定才能实施。

（2）国家对任何税种的征税要素的变动都应当按相关法律的规定进行。

（3）征税的各个要素应当由法律做出专门的规定，这种规定还应当尽量明确，尽量避免使用模糊性的文字。

税务合法性原则是指税务机关按法定程序征税，不得随意减征、停征或免征，无法律依据不征税。税务合法性原则的具体要求如下。

（1）立法者在立法的过程中要对各个税种征收的法定程序加以明确规定。这既可以使纳税程序化，提高工作效率，节约社会成本，又尊重并保护了纳税义务人的程序性权利，促使其增强纳税的意识。

（2）征税机关及其工作人员在征税过程中，必须按照税收程序法和税收实体法的规定来行使自己的职权，履行自己的职责，充分尊重纳税义务人的各项权利。

2.税收公平原则。

一般认为税收公平原则包括税收横向公平和纵向公平，即税收负担必须根据纳税人的承担能力分配，承担能力相等，税负相同，承担能力不等，税负不同。税收公平原则源于法律上的平等性原则。许多国家的税法都特别强调"禁止不平等对待"的法理，禁止对特定纳税人给予歧视性对待，也禁止在没有正当理由的情况下对特定纳税人给予特别优惠。

3.税收效率原则。

税收效率原则包含两方面：一是经济效率，二是行政效率。前者要求税法的制定有利于资源的有效配置和经济体制的有效运行，后者要求提高税收行政效率，节约税收征管成本。

4.实质课税原则。

实质课税原则指对于某种情况，应根据客观事实确定是否符合课税要素，并根据纳税人的真实承担能力决定纳税人的税负，而不能仅考虑相关外表和形式。

（二）税法适用原则

税法适用原则是指税务机关和司法机关运用税收法律规范解决具体问题所必须遵循的准则。税法适用原则并不违背税法基本原则，而且在一定程度上体现着税法基本原则。但是与税法基本原则相比，税法适用原则含有更多的法律技术性准则，更为具体化，包括以下内容。

1.法律优位原则。

法律优位原则的基本含义为法律的效力高于行政法规的效力。法律优位原则在税法中的作用主要体现在处理不同等级税法的关系上。法律优位原则明确了税收法律的效力高于税收行政法规的效力，税收行政法规的效力高于税收规章的效力。效力低的税法与效力高的税法发生冲突，效力低的税法即无效。

2.法律不溯及既往原则。

法律不溯及既往原则是绝大多数国家所遵循的法律程序技术原则。其基本含义为：新法实施后，新法实施之前人们发生的行为不得适用新法，而只能沿用旧法。在税法领域内坚持这一原则，目的在于维护税法的稳定性和可预测性，使纳税人能在知道纳税结果的前提下做出相应的经济决策，发挥税收的调节作用。

3.新法优于旧法原则。

新法优于旧法原则也称后法优于先法原则，其含义为：新法、旧法对同一事项有不同规定时，新法的效力高于旧法。其作用在于避免因法律修订带来新法、旧法对同一事项有不同的规定而引起法律适用的混乱，为法律的更新与完善提供法律适用上的保障。新法优于旧法原则在税法中普遍适用，但是当新税法与旧税法处于普通法与特别法的关系时，以及某些程序性税法引用"实体从旧，程序从新原则"时，可以例外。

4.特别法优于普通法原则。

特别法优于普通法原则的含义为对同一事项两部法律分别定有一般和特别规定时，特别规定的效力高于一般规定的效力。特别法优于普通法原则打破了税法效力等级的限制，即居于特别法地位的级别较低的税法，其效力可以高于作为普通法的级别较高的税法。

5.实体从旧，程序从新原则。

实体从旧，程序从新原则的含义包括两个方面。一是实体税法不具备溯及力，即在纳税义务的确定上，以纳税义务发生时的税法规定为准，实体性的税法规则不具有向前的溯及力。二是程序性税法在特定条件下具备一定的溯及力，即对于新税法公布实施之前发生，却在新税法公布实施之后进入税款征收程序的纳税义务，原则上新税法具有约束力。

6.程序优于实体原则。

程序优于实体原则是关于税收争讼法的原则，其基本含义为，在诉讼发生时税收程序法优于税收实体法。适用这一原则，是为了确保国家课税权的实现，不因争议的发生而影响税款的及时、足额入库。

1.2.4　税法要素

税法要素是指各种单行税法具有的共同的基本要素的总称。首先，税法要素既包括实体性的要素，也包括程序性的要素。其次，税法要素是所有完善的单行税法都共同具备的，仅为某一税法单独具有而非普遍性的内容，不构成税法要素，例如，扣缴义务人。税法要素一般包括纳税义务人、征税对象、税目、税率、纳税环节、纳税期限、纳税地点、减税免税等项目。

（一）纳税义务人

纳税义务人或纳税人又叫纳税主体，是税法规定的直接负有纳税义务的单位和个人。任何一个税种，首先要解决的就是国家对谁征税的问题，例如，我国个人所得税法、增值税暂行条例、消费税暂行条例以及印花税法等的第一条规定的都是对应税种的纳税义务人。纳税义务人有两种基本形式：自然人和法人。自然人和法人是两个相对称的法律概念。自然人是基于自然规律而出生的，有民事权利和义务的主体，包括本国公民，也包括外国人和无国籍人。法人是与自然人的对称，根据《中华人民共和国民法典》第五十七条规定，法人是基于法律规定享有权利能力和行为能力，具有独立的财产和经费，依法独立承担民事责任的社会组织。我国的法人主要有四种：机关法人、事业法人、企业法人和社团法人。

税法中规定的纳税义务人有自然人和法人两种基本形式，按照不同的目的和标准，还可以对自然人和法人进行多种详细的分类，这些分类对国家制定区别对待的税收政策，发挥税收的经济调节作用，具有重要的意义。例如，自然人可划分为居民个人和非居民个人、个体经营者和其他个人等；企业可划分为居民企业和非居民企业，还可按企业的不同所有制性质来进行分类等。

与纳税义务人紧密联系的两个概念是代扣代缴义务人和代收代缴义务人。代扣代缴义务人是指虽不承担纳税义务，但依照有关规定，在向纳税义务人支付收入、结算货款、收取费用时有义务代扣代缴其应纳税款的单位和个人。例如，出版社代扣代缴作者稿酬所得的个人所得税等。

如果代扣代缴义务人按规定履行了代扣代缴义务，税务机关将支付一定的手续费。如果其未按规定代扣代缴税款，造成应纳税款流失或将已代扣的税款私自截留挪用、不按时缴入国库，一经税务机关发现，将要承担相应的法律责任。代收代缴义务人是指虽不承担纳税义务，但依照有关规定，在向纳税义务人收取提供商品或劳务的收入时，有义务代收代缴其应纳税款的单位和个人。例如，消费税暂行条例规定，委托加工的应税消费品，由受托方在向委托方交货时代收代缴委托方应该缴纳的消费税。

（二）征税对象

征税对象又叫课税对象、征税客体，是指税法规定的对什么征税，也是征纳税双方权利和义务共同指向的客体或标的物，还是区别一种税与另一种税的重要标志。例如，消费税的征税对象是消费税暂行条例所列举的应税消费品，房产税的征税对象是房屋等。征税对象是税法最基本的要素，因为它体现着征税的基本界限，决定着某一税种的基本征税范围，同时，征税对象也决定了各个税种的名称。征税对象按其性质的不同，通常可划分为流转额、所得额、财产、资源、特定行为等五大类，通常也因此将税收分为相应的五大类，即流转税或称商品劳务税、所得税、财产税、资源税和特定行为税等。

与征税对象相关的两个基本概念：税目和税基。税目本身也是一个重要的税法要素，下面将单独讨论。税基又叫计税依据，是据以计算征税对象应纳税款的直接数量依据，它解决对征税对象课税的计算问题，是对征税对象的量的规定。例如，企业所得税应纳税额的基本计算方法是应纳税所得额乘以适用税率，其中，应纳税所得额是据以计算企业所得税应纳税额的数量基础，为企业所得税的税基。税基按照计量单位的性质划分，有两种基本形态：价值形态和物理形态。价值形态的税基包括应纳税所得额、销售收入、营业收入等；物理形态的税基包括面积、体积、容积、重量等。以价值形态作为税基，又称为从价计征，即按征税对象的货币价值计算，例如，销售化妆品应纳消费税税额是由化妆品的销售收入乘以适用税率计算得出的，其税基为销售收入，这种计算方法属于从价计征的方法。另一种是从量计征，即直接按征税对象物理形态的自然单位计算，例如，城镇土地使用税应纳税额是由占用土地面积乘以每单位面积应纳税额计算得出的，其税基为占用土地的面积，这种计算方法属于从量计征的方法。

（三）税目

税目是在税法中对征税对象分类规定的具体的征税项目，反映具体的征税范围，是对征税对象质的界定。设置税目的目的首先是明确具体的征税范围，凡列入税目的即应税项目，未列入税目的，则不属于应税项目。其次是满足贯彻国家税收调节政策的需要，国家可根据不同项目的利润水平以及国家经济政策等制定高低不同的税率，以体现不同的税收政策。

并非所有税种都需规定税目，有些税种不分征税对象的具体项目，一律按照征税对象的应税数额采用同一税率计征税款，因此一般无须设置税目，例如，企业所得税没有具体的税目。有些税种的征税对象比较复杂，需要规定税目，例如，税法对消费税，规定有不同的税目。

（四）税率

税率是对征税对象的征收比例或征收程度。税率是计算税额的尺度，也是衡量税负轻重的重要标志。我国现行的税率主要有以下几种。

1. 比例税率。

比例税率即对同一征税对象，不分数额大小，规定相同的征收比例。例如，我国的增值税、城市维护建设税、企业所得税等采用的是比例税率。比例税率又可分为三种具体形式。

（1）单一比例税率，是指同一征税对象的所有纳税人都适用同一比例税率。

（2）差别比例税率，是指同一征税对象的不同纳税人适用不同的比例税率。我国现行税法又分别按产品、行业和地区的不同将差别比例税率划分为以下三种类型：一是产品差别比例税率，即不同产品分别适用不同的比例税率，同一产品适用同一比例税率；二是行业差别比例税率，即不同行业分别适用不同的比例税率，同一行业适用同一比例税率；三是地区差别比例税率，即区分不同的地区分别适用不同的比例税率，同一地区适用同一比例税率等。

（3）幅度比例税率，是指对同一征税对象，税法只规定最低税率和最高税率，各地区在该幅度内确定具体的适用税率。

采用比例税率具有计算简单、税负透明度高、有利于保证财政收入、有利于纳税人公平竞争、不妨碍商品流转额或非商品营业额增加等优点，符合税收效率原则。但采用比例税率不能针对不同收入水平的纳税人征税，在调节纳税人的收入水平方面难以体现税收的公平原则。

2.超额累进税率。

超额累进税率是把征税对象的数额划分为若干等级，对每个等级部分的数额分别规定相应税率，分别计算税额，各级税额之和为应纳税额。超额累进税率的"超"字，是指征税对象数额超过某一等级时，仅就超过部分，按高一级税率计算征税。为解释超额累进税率，在此先说明累进税率和全额累进税率。累进税率是指随着征税对象数量增加而提高的税率，即将课税数额划分为若干等级，不同等级的课税数额分别适用不同的税率，课税数额越大，适用税率越高。累进税率一般在所得课税中使用，可以充分体现对纳税人收入多的多征、收入少的少征、无收入的不征的税收原则，从而有效地调节纳税人的收入，有效处理税收负担的纵向公平问题。全额累进税率，是把征税对象的数额划分为若干等级，对每个等级分别规定相应税率，当税基超过某个级距上限时，征税对象的全部数额都按提高后的等级的相应税率征税。

3.定额税率。

定额税率即按征税对象的一定数量，直接规定固定的税额。目前采用定额税率的有城镇土地使用税和车船税等。

4.超率累进税率。

超率累进税率即以征税对象数额的相对率划分若干级距，分别规定相应的差别税率，相对率每超过一个级距，对超过的部分就按高一级的税率计算征税。目前我国采用这种税率的是土地增值税。

1.2.5　其他相关概念

（一）纳税环节

纳税环节主要指税法规定的征税对象在从生产到消费的流转过程中应当缴纳税款的环节。例如，流转税在生产和流通环节纳税、所得税在分配环节纳税等。纳税环节有广义和狭义之分。广义的纳税环节指全部课税对象在再生产中的分布情况。例如，资源税的课税对象分布在资源生产环节，商品税分布在生产或流通环节，所得税的课税对象分布在分配环节等。狭义的纳税环节特指应税商品在流转过程中应纳税的环节。商品从生产到消费要经历诸多流转环节，各环节都可能成为纳税环节。但考虑到税收对经济的影响、财政收入的需要以及税收征管的能力等因素，国家常常对在商品流转过程中所征税种规定不同的纳税环节。按照税种征税环节的多少，可以将纳税环节划分为一次课征制或多次课征制。

合理选择纳税环节，对加强税收征管，有效控制税源，保证国家财政收入的及时、稳定、可靠，方便纳税人从事生产经营活动和财务核算，灵活机动地发挥税收调节经济的作用，具有十分重要的理论和实践意义。

（二）纳税期限

纳税期限是指税法中关于税款缴纳时间，即纳税时限方面的规定。税法关于纳税期限的规定，有三个相关概念。

一是纳税义务发生时间。纳税义务发生时间，是指应税行为发生的时间。例如，增值税相关法律法规规定采取预收货款方式销售货物的，其纳税义务发生时间为货物发出的当天。

二是纳税期限，纳税人每次发生纳税行为后，不可能马上缴纳税款。税法规定了每种税的纳税期限，即每隔固定时间履行纳税义务的时间。例如，增值税暂行条例规定，增值税的具体纳税期限分别为 1 日、3 日、5 日、10 日、15 日、1 个月或者 1 个季度。纳税人的具体纳税期限，由主管税务机关根据纳税人应纳税额的大小分别核定；不能按照固定期限纳税的，可以按次纳税。

三是缴库期限，即税法规定的纳税期满后，纳税人将应纳税款缴入国库的期限。例如，增值税暂行条例规定，纳税人以 1 个月或者 1 个季度为 1 个纳税期的，自期满之日起 15 日内申报纳税；以 1 日、3 日、5 日、10 日或者 15 日为 1 个纳税期的，自期满之日起 5 日内预缴税款，于次月 1 日起 15 日内申报纳税并结清上月应纳税款。

（三）纳税地点

纳税地点主要是指根据各个税种征税对象和有利于对税款进行源泉控制等而规定的纳税人（包括代征、代扣、代缴义务人）申报纳税的地方。

（四）减税免税规定

减税免税规定主要是对某些纳税人和征税对象采取减少征税或者免予征税的特殊规定。

1.3 税收筹划的基本理论

1.3.1 税收筹划的概念

税收筹划即纳税人或其代理人在合理合法的前提下，自觉地运用税收、会计、法律、财务等综合知识，采取合法合理的手段，以期降低税收成本实现企业价值最大化的经济行为。

1.3.2 税收筹划的特征

（一）纳税人应具备超前意识

要开展税收筹划，纳税人就必须在经济业务发生之前，准确把握从事的这项业务有哪些业务过程和业务环节；涉及我国现行的哪些税种；有哪些税收优惠。掌握以上情况后，纳税人便可以利用税收优惠政策达到节税目的。由于纳税人的上述税收筹划行为是在具体的业务发生之前进行的，因而税收筹划行为就属于超前行为，筹划人员需具备超前意识才能进行。

（二）税收筹划不能与税法相抵触

企业在进行税收筹划时不能盲目操作，不能与现行税收法律法规相抵触。企业进行税收筹划的最终目的是降低税收成本、减轻税收负担，实现这个目标的行为只能在合法合理的前提下进行，而且要被征税机关认可。

（三）纳税人要具备自我保护意识

纳税人开展税收筹划，需要具备自我保护意识。税收筹划要在不违法的前提下进行，这是纳税人的一种自我保护意识。纳税人为了更好地实现自我保护，需要树立法制观念、熟悉税收法律法规、熟练掌握有关的会计处理技巧和税收筹划技巧。纳税人掌握税收筹划技巧，不仅是指掌握书本中所讲的税收筹划方法，更重要的是将这些技巧与实际业务相结合，运用好税收政策。

（四）税收筹划具备三个结合点

开展税收筹划的过程可以用以下流程来表示。

税收筹划：熟悉业务流程—研读税收政策—运用税收筹划方法—进行会计处理。

从上面的流程中可以看出，税收筹划工作具备三个结合点：第一个结合点是业务流程与税收政策的结合；第二个结合点是税收政策与税收筹划方法的结合；第三个结合点是税收筹划方法与会计处理的结合。

1. 业务流程与税收政策的结合。

这里所指的业务流程是企业发生某项业务的全过程，如企业发生某项投资行为、增加某种产品等的全过程。在发生业务的全过程中，纳税人必须了解自身从事的业务自始至终涉及哪些税种、与之相适应的税收政策是怎样的、适用的税率是多少、采取何种征收方式、有哪些税收优惠政策。在了解上述情况后，纳税人就要考虑如何准确、有效地利用相关优惠政策来开展税收筹划，以达到合法减少税收支出的目的。

2. 税收政策与税收筹划方法的结合。

纳税人在准确掌握与自身经营相关的现行税收法律法规的基础上，需要利用一些恰当的税收筹划方法对现行税收政策进行分析，从而找到与经营行为相适应的税收筹划的突破口。

3. 税收筹划方法与会计处理的结合。

税收筹划的主要目的是降低企业税收成本，减轻税收负担。纳税人要达到此目的，只找到相关的税收优惠政策和税收筹划方法还不够。因为，企业的所有经营业务及其全过程最终要在会计科目中加以体现，所以，纳税人还需利用好会计处理方法，把税收筹划的内容恰当地体现在会计处理上，以最终实现降低成本、减轻税收负担的目的。

1.3.3 税收筹划的作用

（一）减轻税收负担

纳税人对减轻税收负担的追求，是税收筹划产生的最初原因。毫无疑问，减轻税收负担也是税收筹划所要实现的目标之一。

纳税人是纳税义务的承担者。税法规定的负有纳税义务的单位和个人是纳税人。由此可知，纳税人可以分为两类：一是自然人纳税人，二是法人纳税人。无论是自然人纳税人，还是法人纳税人，作为市场经济的主体，在产权界定清晰的前提下，都有一个共同的特点，那就是追求自身经济利益的最大化。

人们对自身经济利益的追求是自然人纳税人全部需要的内容之一，这是因为自然人纳税人先是自然人，然后才是纳税人，而自然人对自身经济利益的追求、寻求自身效用的最大满足往往是排在第一位的。

而企业法人是一个经济组织，其需要资金进行生产，经过生产过程生产出产品，然后将产品投入市场进行流通，最后获得利润，以保证良性循环，因此离不开资金，离不开对经济利益的追求。对货币资金的需求贯穿企业法人的整个生产过程，而生产经营的目的就是经济利益的最大化。因此，企业法人对经济利益的追求通常是排在第一位的，是首要的。对经济利益的追求构成企业法人全部需要内容的主干。由企业法人对经济利益的追求是排在第一位的可知，法人纳税人对经济利益的追求通常也是排在第一位的，是首要的。

经济利益最大化的实现，不仅要求总收入大于总成本，而且要求总收益与总成本之间差额的最大化，在考虑货币时间价值的情况下，要求总收益现值与总成本现值之间差额的最大化。在纳税人总收益一定的条件下，要实现经济利益的最大化，就是要使得总成本最小化。

我们通常所说的成本是指做某件事或实现某种经济利益所要付出的费用或代价。就企业而言，其在生产经营过程中发生的各项费用，如外购原材料、外购燃料、外购动力、支付工人的工资和津贴、固定资产投资支出、销售费用、财务费用和管理费用等，即属这类成本。这类成本是企业的内在成本。减少企业的内在成本可以提高企业的总体经济效益。

税款，是企业的外在成本，也是企业生产经营成本的一部分，其数额的减少可以相对增加企业的实际经济效益。因而，作为市场经济主体的纳税人，在产权界定清晰的前提下，为实现自身经济利益的最大化，进行税收筹划以减轻税收负担是市场竞争机制健全的外在表现，具有一定的合理性。

减轻自身的税收负担包括两层含义：一是绝对地减少经济主体的应纳税款；二是相对地减少经济主体的应纳税款。本书采用的是第二层含义。

绝对地减少经济主体的应纳税款是税收筹划的浅层次目标。例如，某企业上年应纳税款总计为 300 万元，当年经过一定的税收筹划，其应纳税款减少为 250 万元。这种筹划是否成功呢？从表面上看，这种筹划减少了企业的应纳税额，应属成功的筹划。但实际上，我们姑且不考虑税收筹划本身所发生的成本费用，仅看税收本身。如果企业生产经营规模较上年没有太大的变化或者比上年稍有扩大，如上年的销售收入为 1 000 万元，今年也大致是 1 000 万元，在这一条件下，企业的应纳税额减少，那么我们认为该筹划是成功的。而如果企业当年的生产经营规模远不如上年，如上年销售收入为 1 000 万元，而今年仅为 500 万元，那么我们认为，企业的实际税收负担加重了。因为上年应纳税额与销售收入的比值为 30%，而今年却变成了 50%，企业的实际税负有所加重，显然该筹划是不成功的。

因此，本书采用了第二层含义，即相对地减少经济主体的应纳税款。在这一含义下，即使从绝对数额上看，经济主体的当年应纳税款比上年有所增加，只要其应纳税额与销售收入的比率有所降低，我们便认为筹划是成功的。例如，某企业上年应纳税额为300万元，今年应纳税额为400万元，但去年的销售收入仅为1 000万元，而今年的销售收入为2 000万元。很显然，从比率上看，企业经过税收筹划，税收负担有所减轻，尽管应纳税额有所增加，但我们仍认为该筹划是成功的。

（二）实现涉税零风险

所谓涉税风险，是指纳税人在纳税过程中所可能涉及的风险，主要包括以下内容。

（1）经济风险。一般认为，对可能导致的经济风险通过合理税收筹划来降低风险。

（2）法律风险。纳税人如果为了减轻税收负担而选择逃税，虽可达到少交税的目的，但是最终会遭到法律的制裁。

（3）心理风险。心理风险因素是与人的心理状态有关的无形因素，它指由于人的不注意、不关心、侥幸或存在依赖保险的心理，以致增加风险事故发生的概率和损失幅度的因素。纳税人在产生违法行为时不仅需要承担法律风险，还要承受由此造成的心理负担。

由此，涉税零风险的概念也就应运而生，降低涉税风险是进行税收筹划的另一重要目的。涉税零风险是指纳税人账目清楚，纳税申报正确，缴纳税款及时、足额，不会出现任何关于税款方面的处罚，即在税款缴纳方面没有任何风险，或风险极小可以忽略不计的一种状态。

有些纳税人认为只有能够直接减少税款的筹划才是成功的税收筹划，否则就不是成功的筹划。其实不然，在涉税零风险状态下，纳税人虽然不能直接减少税款，但能间接地获取一定的经济利益，更加有利于企业的长远发展。因而我们认为，实现涉税零风险也应是税收筹划的目标之一，原因有以下三点。

（1）虽然这种筹划不会使纳税人直接减少税款，但纳税人经过必要的筹划之后，使企业账目清楚、纳税正确，不会受到税务机关的经济处罚，这样实际上相当于获取了一定的经济收益。

（2）一旦企业或个人存在违法行为，那么该企业或个人的声誉将会因此而遭受严重的损失。在商品经济高速发展的今天，人们的品牌意识越来越强，企业的声誉越好，则其产品越容易被消费者接受，个人的声誉越好，则其越容易被社会接受。恩威集团以假合资形式偷、漏税的行为被查处之后，其产品的销售量便急剧降低，这直接影响了企业的经济效益。有的国家对不同信誉的纳税人采用不同的纳税申报条件，如对从来没有发生过违法行为的纳税人实行蓝色申报（申报单为蓝色），而对曾经发生过违法行为的纳税人实行黄色申报。有的国家则在纳税人使用的发票上做处理，使他人通过发票便知道该企业的信誉。这些相关规定使纳税人实现涉税零风险就显得极其必要。

（3）实现涉税零风险可以使企业账目清楚、管理更有序，从而有利于企业的健康发展。账目不清不利于企业进行各项成本的核算，也不利于企业进行各项成本的控制，从而造成不必要的浪费及管理上的混乱。因而，从企业管理的角度出发，实现涉税零风险不应被排除在税收筹划目标体系之外。此外，纳税人账目不清、纳税不正确，不仅有被税务机关查处，遭受经济上、名誉上的损失的风险，而且会使纳税人承受精神上的压力：每到税务稽查之时，便会提心吊胆，害怕自己无意的行为被认定为违法行为。如果经过税收筹划，企业账目清楚、纳税正确，则企业可以此进行各项成本控制，同时纳税人的精神压力会减小，这其实也是一种收益。

（三）获取资金时间价值

纳税人通过一定的手段将当期应该缴纳的税款延缓到以后年度缴纳，以获取资金的时间价值，也是税收筹划目标体系的有机组成部分。

资金的时间价值是指资金在生产和流通中随着时间推移而产生的增值，也称为货币的时间价值。在经济社会中，有这样一种现象，那就是现在的1元和今后某个时点（如一年后）的1元，其经济价值是不相等的，或者说其经济效用是不相同的。在利率为正的条件下，现在的1元比一年后的1元经济价值要大一些，即使在没有通货膨胀的情况下也是这样。例如，现在将面值为1元的货币存入银行，明年提款时就会发现可以支取比1元更多的货币，增加额便是这1元在这一年的投资收益，即这1元的时间价值。从一般经济现象来看，货币投入生产经营过程后，其数额随着时间的推移不断增长。企业资金循环的起点是投入货币资金，企业用货币资金来购买其生产经营活动所必需的各种资源，包括物力和人力资源等，然后生产出新产品，出售新产品，得到货币资金，得到的货币数额大于最初的投入数额。资金的这种循环需要经过一定的时间，每完成一次循环，资金就会增加一定的数额。随着时间的推移，增值额成几何级数增长，使得货币具有时间价值。

既然货币具有时间价值，尽量减少当期的应纳税所得额，以延缓当期的税款缴纳就具有理论与现实的意义。从理论上讲，如果企业每期都能将下期的一笔费用在当期列支，或每期都能将当期的一笔收入计入下期的应纳税所得额，则每期都可以缓交一部分税款，相当于每期都获得一笔无息贷款，即每期都可以用新"贷款"偿还旧"贷款"。

在资金主导的生产经营活动中，没有资金是无法想象的。因此，如果企业能尽量延缓税款的缴纳，就会使企业的营运资金相对宽裕，更利于企业的发展，这一方法尤其适合于那些资金比较紧张的企业。

企业要想扩大生产经营规模，往往需要举债，但举债是有一定风险的，这种风险被称为财务风险，即企业因举债规模过大致使利润不足以清偿债务本金及利息的风险。因而，企业举债进行生产经营，应将其举债规模控制在一定的范围之内，即举债规模不应超过必要的上限，以免造成企业破产等不良后果。合理合法地延缓税款的缴纳，则不存在财务风险，当然这要求企业在税法允许的范围之内进行税收筹划。只要具备可行性，企业可以尽可能多地使用这种无偿资金，而不用担心其规模超过上限。除此之外，这种税收筹划使得企业当期的可用资金增加，使企业债务清偿能力增强，有利于企业扩大举债规模，有利于企业扩大生产经营规模，有利于企业的可持续性发展。

（四）提高自身经济效益

纳税人从事经济活动的最终目标应该是总体经济收益的最大化，而不应该是少交税款。获取最大的经济收益既然是纳税人从事经济活动的最终目的，那么提高纳税人的经济效益也应是税收筹划目标体系的不可或缺部分。

采用任何一种税收筹划方法，理论上都可以使纳税人直接或间接获取经济收益，但做任何事情都是有成本的，税收筹划也不例外。在进行税收筹划时，应根据主体的实际情况，运用成本收益分析方法确定税收筹划方案的净收益，根据净收益判断该方案是否可行。

这里所说的成本，可以仅指当前的实际成本，也可以指一段时期甚至将来可能发生的显性成本与隐性成本的总和。显性成本是值得我们注意的，但隐性成本也不容忽视，尤其是对税收筹划中的转嫁筹划而言。虽然从理论上讲，如果所销售产品的供给弹性大于需求弹性，则纳税人便可以通过提高产品售价的办法，将其承担的大部分税负转嫁给消费者，而且供给弹性越大，需求弹性越小，这种转嫁就越容易实现。但也不是绝对的，有些需求弹性较小的产品，其长期需求弹性比短期需求弹性要大，即消费者在持续高价的情况下，慢慢调整自己的消费习惯，寻找到替代消费品，从而减少对这种产品的消费需求。因而，在现实经济生活中，纳税人在利用转嫁方法进行筹划时应该谨慎，一定要注意隐性成本，即消费者数量的减少，或者合作者的减少。这种成本对纳税人总体收益的影响很大。

纳税人在不能将税收负担转嫁给别人，或者预计将税收负担转嫁给别人会不利于企业的长期可持续性发展时，可以考虑采用另一种方法，即提高自身经济效益，将税收负担自我消化。至于如何提高自身经济效益，纳税人可以从以下几方面着手。

（1）加强企业生产经营管理，提高管理水平。企业管理水平的提高对企业经济效益的提升有一定的促进作用，好的管理可以降低企业的生产运营成本，给企业带来很大的收益。可口可乐的饮料和麦当劳的快餐之所以能够畅销全世界，主要是因为它们有高水平的程式化和规范化管理；很多企业之所以破产，主要是因为管理不善。

（2）加大科技投入，改进生产技术。在经济高速发展的时代，在企业利润的构成中，技术因素所占的比重越来越大，高新技术产业正在领导着经济的潮流以成几何级数的速度向前推进。一个企业如果能在某一领域中拥有最高的技术，则它很可能会在经济社会中占有一席之地。因此，企业在进行生产经营的过程中，一定要大力促进技术进步，加速企业产品的更新换代，以获取更大的利润。

（3）寻找生产规模的最佳转折点，实现规模经济。一般而言，随着产量的增加，厂商的生产规模会逐渐扩大，会形成规模经济，主要原因为：第一，生产规模的扩大，厂商可以使用更加先进的生产技术和设备，以及可以发挥机器设备的最大效用；第二，生产规模的扩大有利于专业分工；第三，生产规模的扩大，厂商可以更充分地开发和利用副产品，同时，厂商在生产要素的购买和产品销售方面也拥有更多的优势。但是，生产规模也并不是越大越好，当生产规模扩大到一定程度后，管理效率就会降低，会出现信息失真、官僚主义等问题，进而使得成本增加量超过规模效益的提高量，导致规模不经济。因而，寻找生产规模的最佳转折点就很有必要。

（4）制度创新也能给企业的生产经营带来一定的活力，从而促使企业的生产、经营步入良性循环。

（五）维护主体合法权益

依法治税不仅要求纳税人依照税法规定，及时、足额地缴纳税款，而且要求税务机关依照税法规定合理、合法地征收税款。纳税人应利用税收筹划工具维护自身在税收领域的合法权益。

权利与义务总是相伴而生的，拥有权利便要承担义务，承担了义务也就必然拥有权利。作为市场经济主体的纳税人，一方面应该承担依法纳税的义务，另一方面也就拥有税收筹划的权利。也就是说，应该缴纳的税款，纳税人应该一分不少地缴纳，履行自己应尽的义务；不应该缴纳的税款，纳税人可以拒绝缴纳，因为这是纳税人应该享有的权利。

注意维护自身合法权益是纳税人进行税收筹划必不可少的一环。应该注意的是，这里所称的维护自身合法权益并不是要纳税人一味阻止税务机关开展工作，而是从依法治税的角度维护自身的合法权益。

1.3.4 税收筹划的基本原理

（一）转嫁筹划

税负转嫁是指纳税人为了达到减轻税负的目的，通过价格的调整和变动，将税负转嫁给他人承担的经济行为。税负转嫁的结果是有人承担税负，最终承担人称为负税人，税负落在负税人身上的过程叫税负归宿。所以税负转嫁和税负归宿是一个问题的两个方面。在转嫁条件下，纳税人和负税人是可分离的，纳税人只是法律意义上的纳税主体，负税人是经济上的承担主体。

典型的税负转嫁或狭义的税负转嫁是指在商品流通过程中，纳税人提高销售价格或压低购进价格，将税负转移给购买者或供应者。转嫁的判断标准如下。

（1）转嫁和商品价格是有直接联系的，与价格无关的问题不能纳入税负转嫁范畴。

（2）转嫁是个客观过程，没有税负转移的过程不能称为转嫁。

（3）税负转嫁是纳税人的主动行为，与纳税人主动行为无关的价格再分配性质的价值转移不能称为转嫁。

明确这三点判断标准，有利于明确转嫁筹划与节税筹划的区别。一般来说，转嫁筹划与节税筹划的区别主要如下。

（1）转嫁筹划不影响税收，它只是导致归宿不同，而节税筹划直接导致税收的减少。

（2）转嫁筹划主要依靠价格变动，而节税筹划的方法则是多种多样的。

（二）节税筹划

现今，节税筹划的空间日益扩大。所谓节税筹划，是指纳税人在不违背税法立法精神的前提下，充分利用税法规定的起征点、减免税等一系列优惠政策，通过对筹资活动、投资活动以及经营活动的巧妙安排，达到少交税的目的。节税筹划与避税最大的区别在于避税是违背立法精神的，而节税筹划是顺应立法精神的。换句话说，节税筹划及其成果与税法的本意相一致，它不但不影响税法的地位，反而有利于巩固税法的地位，从而使国家利用税法进行的宏观调控更加有效，是值得提倡的行为。节税筹划有以下三个特征。

（1）合法性。合法性指的是税收筹划只能在税收法律许可的范围内进行。这里有两层含义：一是遵守税法。二是不违反税法。合法是税收筹划的前提，当存在多种可选择的纳税方案时，纳税人可以利用对税法的熟识、对实践技术的掌握，做出纳税最优化选择，从而降低税负。对于违反税收法律规定，逃避纳税责任，以降低税收负担的行为，属于偷逃税，要坚决加以反对和制止。税收欺诈是违法的，而节税筹划是合法的。

（2）政策导向性。节税筹划指纳税人最大限度地利用税法规定的优惠政策来减轻税负，其行为正是税法所引导的，因此，节税本身正是借优惠政策实现宏观调控目的的载体。

（3）策划性。节税筹划需要纳税人充分了解现行税法知识和财务知识，结合企业的筹资、投资和经营业务，进行合理合法的策划，没有策划就没有节税。

1.4 税收筹划的基本方法

1.4.1 利用免税政策进行税收筹划

（一）免税的含义

免税是国家对特定的地区、行业、企业、项目或情况（特定的纳税人或纳税人的特定应税项目，或由于纳税人的特殊情况）所给予纳税人免税的照顾或奖励措施。

免税是国家的一种税收照顾方式，也是国家出于政策需要的一种税收奖励方式，还是贯彻国家经济、政治、社会政策的经济手段。例如，我国对某些遭受严重自然灾害地区的农业生产在一定时期给予免税，就属于国家帮助这些地区恢复生产的税收照顾。又如，我国对满足特定条件的内外资企业定期免税，则是国家出于政策需要的税收奖励。这种税收奖励有时也称为税收优惠、税收鼓励、税收刺激、税收激励，是税式支出的一种重要形式。

各国税法里的免税鼓励规定很常见，是各国税收制度的组成部分，是纳税人合法、合理地节减税款的法律依据。

（二）免税政策在税收筹划的应用

1. 免税技术的概念。

免税技术是指在合法、合理的情况下，使纳税人成为免税人，或使纳税人从事免税活动，或使征税对象成为免征对象的税收筹划方法。

一般来说，税收是强制性的，纳税人只要发生应税行为都要缴纳税款，但是纳税人可以成为免征（纳）税收的纳税人即免税人。例如，一个国家所得税法规定业主转让营业资产是应税行为，要就资本利得缴纳所得税，但业主退休时因转让产生的资本利得可以免征所得税。纳税人通过合法、合理地利用免税规定，可以节约税款。

2. 免税技术的特点。

（1）绝对节税。免税技术运用的是绝对节税原理，直接免除纳税人的税款，属于绝对节税的税收筹划范围。

（2）简单易行。采用免税技术不需要利用数理、统计、财务管理等知识进行税收筹划，不需要通过复杂的计算，甚至不用计算、比较，就能知道是否可以节约税款，非常简单。

（3）适用范围小。免税技术是对特定纳税人、征税对象及情况的减免。比如，只有从事特定的行业，在特定的地区经营，满足特定的条件等的纳税人才能免税，而这些不是每个纳税人都能或都愿意做的。因此，免税技术往往不能普遍运用，其适用范围较小。

（4）具有一定风险性。在能够运用免税技术的企业投资、经营或个人活动中，往往有一些是被认为投资收益率较低或风险较高的地区、行业、项目和行为。比如，投资高科技企业可能享受免税政策，还可能得到超过社会平均水平的投资收益，并且也可能具有较好的前景，但风险也极高，很有可能出现投资失败，使获得相应免税优惠变得没有实际意义。

3.免税技术的要旨。

（1）尽量争取更多的免税待遇。在合法和合理的前提下，尽量争取尽可能多的项目获得免税待遇。与缴纳税款相比，免征的税款就是节减的税款，免征的税款越多，节减的税款也越多。

（2）尽量使免税期最长化。在合法和合理的情况下，尽量使免税期最长化。许多免税政策都有期限，免税期越长，节减的税款越多。

1.4.2　利用减税政策进行税收筹划

（一）减税的含义

减税是国家对特定的地区、行业、企业、项目或情况（纳税人或纳税人的特定应税项目，或由于纳税人的特殊情况）所给予纳税人减征部分税额的照顾或奖励措施。也可以说，减税是国家对特定纳税人的税收照顾措施，或出于政策需要对特定纳税人的税收奖励措施。与免税一样，减税也是贯彻国家经济、政治、社会政策的经济手段。例如，我国对遭受风、火、水、地震等自然灾害的企业在一定时期内给予减征一定税款的待遇，就是属于税收照顾性质的减税。又如，我国对符合规定的高新技术企业、从事第三产业的企业、以"三废"材料为主要原料进行再循环生产的企业给予减税待遇，目的是贯彻落实科技、产业和环保等政策。

在大多数国家的税法里，减税鼓励规定比较常见，是其税收制度的组成部分，是纳税人进行税收筹划的合法的、合理的依据。

（二）减税政策在税收筹划的应用

1.减税技术的概念。

减税技术指在合法和合理的情况下，使纳税人减少应纳税额而直接节税的税收筹划方法。与缴纳全额税额相比，减征的税额越多，节税的效果也就越好。

一般而言，有两类不同目的的减税：一类是出于税收照顾目的的减税，比如，国家对遭受自然灾害地区的企业、残疾人企业等的减税是一种税收照顾，是国家对纳税人由各种不可抗力造成的财务损失进行的财务补偿；另一类是出于税收奖励目的的减税，比如，国家对产品出口企业、高科技企业、再循环生产企业等的减税是一种税收奖励，是国家对纳税人贯彻国家政策的财务奖励。税收筹划的减税技术主要是合法和合理地利用国家奖励性减税政策而节减税款的技术。

2. 减税技术的特点。

（1）绝对节税。减税技术运用的是绝对节税原理，直接减少纳税人的税款，属于绝对节税范围。

（2）简单易行。采用减税技术，只需通过简单的计算就能大致知道可以节减多少税款，从操作上来说非常简单。

（3）适用范围较小。减税是对特定纳税人、征税对象及情况的减免，因此不是每个纳税人在大多数情况下都适用减税政策的。减税技术仍然是一种不能普遍运用、适用范围较小的税收筹划方法。

（4）具有一定风险性。能够运用减税技术的企业投资、经营或个人活动，往往有一些是被认为投资收益率低或高风险的地区、行业、项目和行为，从事这类投资、经营或个人活动具有一定的风险，如投资利用"三废"进行循环再生产的企业就有一定的风险性，其投资收益难以预测。

3. 减税技术的要旨。

（1）尽量争取减税待遇并使减税额最大化。在合法和合理的情况下，尽量争取尽可能多的减税待遇，争取减征更多的税款。与缴纳税款相比，减征的税款就是节减的税款，获得的减税待遇越多，减征的税款越多，节减的税款也越多。

（2）尽量使减税期最长化。在合法和合理的情况下，尽量使减税期最长化。减税期越长，节税效果越好。与按正常税率缴纳税款相比，减征的税款就是节减的税款，而使减税期最长化能使节税最大化。

1.4.3　利用税率差异进行税收筹划

（一）税率差异的含义

税率差异是指性质相同或相似的税种适用税率的不同。税率差异主要原因是财政、经济政策规定。如一个国家对不同企业组织形式规定不同的企业所得税税率，公司的适用企业所得税税率为 50%，经济合作社的适用企业所得税税率为 45%；又如一个国家对不同地区的纳税人规定不同的企业所得税税率，一般地区的企业所得税税率为 35%，某一个特区的企业所得税税率为 20%；再如不同国家性质相同或相似税种的税率不同，A 国的企业所得税税率为 45%，B 国的企业所得税税率为 38%，C 国的企业所得税税率为 28%。

税率差异是普遍存在的。一个国家之所以规定税率差异，往往是要鼓励某种经济、某种类型企业、某类地区的发展，体现国家的税收鼓励政策。

（二）税收筹划的税率差异技术

1.税率差异技术的概念。

税率差异技术是指在合法和合理的情况下，利用税率的差异而直接节减税款的税收筹划方法。与按高税率缴纳税款相比，按低税率少缴纳的税款就是节减的税款。

因为税率差异是普遍存在的，一个企业完全可以根据国家有关法律和政策决定企业的组织形式、投资规模和投资方向等，利用税率差异少缴纳税款；同样道理，一个自然人也可以选择其投资规模、投资方向和居住地等，利用税率差异少缴纳税款。合法和合理地利用税率差异，可以节减税款。

2.税率差异技术的特点。

（1）绝对节税。税率差异技术运用的是绝对节税原理，可以直接减少纳税人的税款，属于绝对节税型税收筹划方法。

（2）操作较为复杂。采用税率差异技术节减税款不单受税率差异的影响，有时还受计税基数差异的影响，计税基数的计算很复杂，计算出结果后还要按一定的方法进行比较，才能大致知道可以节减多少税收。

（3）适用范围较大。税率差异普遍存在，几乎每个纳税人都有一定的筹划空间。因此，税率差异技术是一种能普遍运用，适用范围较大的税收筹划方法。

（4）具有相对确定性。税率差异是客观存在的，而且在一定时期内是相对稳定的，因此税率差异技术具有相对确定性。

3.税率差异技术的要旨。

（1）尽量寻求税率最低化。在合法和合理的情况下，尽量寻求适用税率的最低化。在其他条件相同的情况下，按不同税率缴纳的税额是不同的，它们之间的差异，就是节减的税款。

（2）尽量寻求税率差异的稳定性和长期性。税率差异的稳定性和长期性不仅具有绝对性还具有相对性。比如，政策制度稳健国家的税率差异就比政策制度多变国家的税率差异更具长期性。在合法和合理的情况下，应尽量寻求税率差异的稳定性和长期性。

1.4.4 利用分劈技术进行税收筹划

（一）分劈的含义

分劈是指把一个自然人（法人）的应税所得或应税财产分成多个自然人（法人）的应税所得或应税财产。

（二）税收筹划的分劈技术

1.分劈技术的概念。

分劈技术是指在合法和合理的情况下，使应税所得或财产在两个或多个纳税人之间进行分劈而直接节税的税收筹划方法。

出于调节收入等社会政策角度考虑，各国的所得税和财产税通常采用累进税率，计税基数越大，适用的税率也越高。如将应税所得或财产在两个或更多个纳税人之间进行分劈，可以使计税基数降至低税率税级距，从而降低最高边际税率，节减税款。

采用分劈技术节税与采用税率差异技术节税的区别在于：前者是通过使纳税人的计税基数合法和合理地减少而节税；而后者则不是通过减少计税基数来节税。

2.分劈技术的特点。

（1）绝对节税。分劈技术运用的是绝对节税原理，直接减少纳税人的税款，属于绝对节税的税收筹划方法。

（2）适用范围较小。分劈技术一般只适用于自然人的税收筹划，而且即使是自然人，能够进行分劈的项目也有限，条件也比较苛刻，因此分劈技术适用范围较小。

（3）分劈技术较为复杂。采用分劈技术节减税款不但受到税法的限制，还受到许多其他因素，如分劈参与人等复杂因素的影响，所以分劈技术较为复杂。

3.分劈技术的要旨。

（1）尽量争取分劈合理化。使用分劈技术节税，除了要合法，还特别要注意所得或财产分劈的合理。比如，严格按照税务机关宣传册的指导来分劈所得或财产。

（2）尽量争取节税最大化。在合法和合理的情况下，尽量通过分劈使节减的税款最大化。

1.4.5　利用税收扣除进行税收筹划

（一）扣除的含义

扣除的原意是从原数额中减去一部分。税收中狭义的扣除指从计税金额中减去一部分以求出应税金额。如《中华人民共和国增值税暂行条例》规定，应纳税额为当期销项税额抵扣当期进项税额后的余额；再如英国个人在年终汇算清缴个人所得税时，是以计算出来的该人该年度应计税额减去该人该年度从源扣缴的预提税和预缴税款抵免额后的余额，作为该人该年度的应清缴税额。

扣除技术中的扣除是狭义的扣除，即从计税金额中减去各种扣除项目金额以求出应税金额，扣除项目包括各种扣除额、免征额、冲抵额等。

扣除与特定适用范围的免税、减税不同，扣除规定几乎适用于所有纳税人。比如，美国所得税法规定，计算个人应纳税所得额时，可以扣除诸如政府发行用于公益目的的债券利息收入等、求职费用等调整所得项目金额、房屋抵押贷款利息等扣除项目金额以及诸如纳税人本人和配偶的宽免额等。

（二）税收筹划的扣除技术

1.扣除技术的概念。

扣除技术是指在合法和合理的情况下，使扣除额增加而直接节税，或调整各个计税期间的扣除额而相对节税的税收筹划方法。在同等应税收入的情况下，各项扣除额、冲抵额等越大，计税基数就会越小，应纳税额也就越小，所节减的税款就越多。

2.扣除技术的特点。

（1）可用于绝对节税和相对节税。扣除技术可用于绝对节税，通过扣除使计税基数减少，从而使绝对纳税额减少；也可用于相对节税，通过将扣除额合法和合理地分配于各个计税期间，相对增加纳税人的现金流量，起到延缓纳税作用，从而相对节税。在这一点上，其与延期纳税技术有类似之处。

（2）操作较为复杂。在大多数国家的税法中，对各种扣除、宽免、冲抵的规定烦琐复杂，其变化多且变化大，纳税人要节减更多的税款就要精通相关的新税法，计算出结果并加以比较，所以扣除技术较为复杂。比如，很多国家对亏损的结转冲抵规定有多种选择性条款，如结转冲抵以后年度应税所得、结转以前年度应税所得、结转不同类别等。

（3）适用范围较大。扣除是几乎适用于所有纳税人的规定，几乎每个纳税人都能采用此法节税。因此，扣除技术是一种能够普遍运用、适用范围较大的税收筹划方法。

（4）具有相对稳定性。扣除在规定时期内是相对确定的，因此采用扣除技术进行税收筹划具有相对稳定性。

3. 扣除技术的要旨。

（1）尽量争取扣除项目最多化。在合法和合理的情况下，尽量使更多的项目能够得到扣除。在其他条件相同的情况下，扣除的项目越多，计税基数就越小，应纳税额也就越小，而节减的税款就越多。

（2）尽量争取扣除金额最大化。在合法和合理的情况下，尽量使各项扣除额能够最大化。在其他条件相同的情况下，扣除的金额越大，计税基数就越小，应纳税额也就越小，而节减的税款就越多。使扣除金额最大化，有助于达到节税的最大化。

（3）尽量争取扣除最早化。在合法和合理的情况下，尽量使各允许扣除的项目在最早的计税期间得到扣除。在其他条件相同的情况下，扣除的时间越早，享受扣除优惠政策的时间越长，节减的税款就越多。扣除最早化，有助于达到节税的最大化。

1.4.6　利用税收抵免进行税收筹划

（一）税收抵免的含义

税收抵免是指从应纳税额中扣除税收抵免额。

税收抵免是指准许纳税人将其某些合乎规定的特殊支出，按定比例或全部从其应纳税额中扣除，以减轻其税负。常见的税收抵免一般有两类，投资抵免和国外税收抵免。投资抵免是指允许纳税人将定比例的设备购置费从其当年应纳公司所得税税额中扣除。这相当于政府对私人投资的补助，故投资抵免也被称为"投资津贴"。投资抵免的目的在于刺激民间投资，促进资本形成，增加经济增长的潜力。

现在世界各国的税收抵免规定，不仅用于避免双重征税，也可以是税收筹划或奖励的方法，还可以是个人所得税基本扣除的方法。

税收筹划抵免技术涉及的税收抵免，主要是利用国家为贯彻其政策而制定的税收优惠性或税收奖励性抵免和基本扣除性抵免。包括我国在内的一些国家，规定了税收优惠性抵免，包括投资抵免、研究开发抵免等。有不少国家还存在基本扣除性抵免，包括个人生计抵免、勤劳所得抵免、已婚夫妇抵免等。

（二）税收筹划的抵免技术

1. 抵免技术的概念。

抵免技术是指在合法和合理的情况下，使税收抵免额增加而绝对节税的税收筹划方法。税收抵免额越大，应纳税额则越小，从而节减的税额就越多。

2. 抵免技术的特点。

（1）绝对节税。抵免技术运用的是绝对节税原理，直接减少纳税人的税额，属于绝对节税范畴。

（2）操作较为简单。总体来说，各国规定的税收优惠性或基本扣除性抵免一般有限，计算也不复杂，因此抵免技术较为简单。

（3）适用范围大。抵免几乎适用于所有纳税人，不是只适用于某些特定纳税人，因此抵免技术适用范围较大。

（4）具有相对确定性。抵免在一定时期内具有相对稳定性，风险较小，因此采用抵免技术进行税收筹划具有相对确定性。

3. 抵免技术的要旨。

（1）尽量争取抵免项目最多化。在合法和合理的情况下，尽量争取更多的抵免项目。在其他条件相同的情况下，抵免的项目越多，应纳税额也就越少，而节减的税款就越多。使抵免项目最多化，有助于达到节税的最大化。

（2）尽量争取抵免金额最大化。在合法和合理的情况下，尽量使各抵免项目的抵免金额最大化。在其他条件相同的情况下，抵免的金额越大，应纳税额也就越小，而节减的税款就越多。使抵免金额最大化，有助于达到节税的最大化。

1.4.7　延期纳税技术

（一）延期纳税的含义

延期纳税是指延缓一定时期后再缴纳税款。狭义的延期纳税专门指纳税人按照国家有关延期纳税规定进行延期纳税；广义的延期纳税还包括纳税人按照国家其他规定可以达到延期纳税目的的纳税安排，比如，按照折旧制度、商品存货制度等规定达到延期纳税目的的纳税安排。

各国制定延期纳税规定主要有以下一些原因。

（1）避免先征后退，节约征税成本。比如，我国规定，境外进入免税区的货物，除国家另有规定外，免征增值税和消费税。以后如果免税进入保税区的货物运往非保税区时，照章征收增值税和消费税；若保税区生产的产品，除国家另有规定外，运往境外，免征增值税和消费税。这个规定就性质来说，是一种延期纳税。

（2）防止纳税人税负畸轻畸重。现行税法规定，企业在计算每一纳税年度的应纳税所得额时，允许减除符合规定的以前年度亏损（称之为"允许弥补的以前年度亏损"）。即企业每一纳税年度的收入总额，减除不征税收入、免税收入、各项扣除以及允许弥补的以前年度亏损后的余额，为应纳税所得额。

（3）鼓励和促进投资。创业投资企业采取股权投资方式投资于未上市的中小高新技术企业 2 年以上的，可以按照其投资额的 70% 在股权持有满 2 年的当年抵扣该创业投资企业的应纳税所得额；当年不足抵扣的，可以在以后纳税年度结转抵扣。

（二）税收筹划的延期纳税技术

1. 延期纳税技术的概念。

延期纳税技术是指在合法和合理的情况下，使纳税人延期缴纳税款而相对节税的税收筹划方法。纳税人延期缴纳本期税款并不能减少纳税人纳税总额，但纳税人相当于得到了一笔无息贷款，增加了纳税人本期的现金流量，使纳税人在本期有更多的资金用于资本投资；由于货币存在时间价值，现在多投入的资金可以产生收益，使将来能获得更多的税后收益。

2.延期纳税技术的特点。

（1）相对节税。延期纳税技术运用的是相对节税原理，是利用货币时间价值节减税款，属于相对节税型税收筹划。

（2）操作复杂。大多数延期纳税税收筹划涉及财务制度和财务管理等方面的许多规定，需要筹划人员有一定的数学、统计和财务管理知识，不仅需要经过复杂的财务计算，而且需要经过多方面的比较，操作较为复杂。

（3）适用范围大。延期纳税技术是利用税法延期纳税规定、财会制度选择性方法以及其他规定等进行节税的税收筹划方法，几乎适用于所有纳税人，适用范围较大。

（4）具有相对确定性。延期纳税技术主要利用财务原理，而不是某些风险较大、容易变化的政策。因此，延期纳税技术具有相对确定性。

3.延期纳税技术的要旨。

（1）尽量使延期纳税项目最多化。在合法和合理的情况下，尽量争取更多的项目延期纳税。在一定时期内纳税总额等其他条件相同的情况下，适用延期纳税的项目越多，本期缴纳的税款就越少，本期现金流量也就越大，本期可用于扩大流动资本和进行投资的资金也就越多，收益也就越多，因而相对节减的税款就越多。使延期纳税项目最多化，有助于达到节税的最大化。

（2）尽量使纳税延长期最长化。在合法和合理的情况下，尽量争取纳税延长期最长化。在一定时期内纳税总额等其他条件相同的情况下，纳税延长期越长，由延期纳税增加的现金流量所产生的收益也将越多，因而相对节减的税款也越多。使纳税延长期最长化，有助于达到节税的最大化。

1.4.8 退税技术

（一）退税的含义

退税是指税务机关按规定退还纳税人已纳的部分税款。税务机关向纳税人退还的税款一般有：税务机关误征或多征的税款，如税务机关不应征收或错误征收的税款；纳税人多缴纳的税款，如纳税人源泉扣缴的所得税或分期预缴的税款超过纳税人应纳税额的税款；已缴纳的零税率商品的流转税；符合国家退税奖励条件的已纳税款。退税技术中的退税主要是让税务机关退还纳税人符合国家退税奖励条件的已纳税款。

（二）税收筹划的退税技术

1. 退税技术的概念。

退税技术是指在合法和合理的情况下，使税务机关退还纳税人已纳税款而直接节税的税收筹划方法。在已缴纳税款的情况下，退税无疑退还了已纳税款，节减了税款。所退税额越大，节减的税款也越多。

2. 退税技术的特点。

（1）绝对节税。退税技术运用的是绝对节税原理，直接减少纳税人的税额，属于绝对节税筹划范围。

（2）计算简单。退税技术节减的税款一般通过简单的公式就能计算出来，计算较为简单。

（3）适用范围较小。退税一般只适用于具有某些特定行为的纳税人，因此，退税技术适用的范围较小。

3. 退税技术的要旨。

（1）尽量争取退税项目最多化。在合法和合理的情况下，尽量争取更多的退税待遇。在其他条件相同的情况下，退税的项目越多，退还的已纳税额就越多，节减的税款就越多。使退税项目最多化，有助于达到节税的最大化。

（2）尽量使退税额最大化。在合法和合理的情况下，尽量使退税额最大化。在其他条件相同的情况下，退税额越大，节减的税款就越多。使退税额最大化，有助于达到节税最大化。

第2章
增值税的会计核算与税收筹划

2.1 增值税概述

增值税是以商品和劳务在流转过程中产生的增值额作为征收对象而征收的一种流转税。增值税是我国现阶段主要的税种之一。我国现行增值税相关法律法规有《中华人民共和国增值税暂行条例》（以下简称《增值税暂行条例》，1993年12月13日中华人民共和国国务院令第134号发布、2008年11月5日国务院第34次常务会议修订通过、根据2016年2月6日中华人民共和国国务院令第666号第一次修订、根据2017年11月19日中华人民共和国国务院令第691号第二次修订）、《中华人民共和国增值税暂行条例实施细则》（以下简称《增值税暂行条例实施细则》，2008年12月15日中华人民共和国财政部、国家税务总局令第50号发布，根据2011年10月28日中华人民共和国财政部、国家税务总局令第65号修正）。为进一步完善增值税制度，消除重复征税，促进经济结构优化，经国务院常务会议决定，自2012年1月1日起，在上海市开展交通运输业和部分现代服务业营业税改征增值税试点。2016年3月23日，中华人民共和国财政部（以下简称"财政部"）、国家税务总局印发《营业税改征增值税试点实施办法》，规定自2016年5月1日起，在全国范围内全面推开营业税改征增值税（以下简称"营改增"）试点，将建筑业、房地产业、金融业、生活服务业等全部营业税纳税人纳入试点范围，由缴纳营业税改为缴纳增值税。这些构成我国增值税法律制度的主要内容。

2.1.1　增值税纳税人和扣缴义务人

（一）纳税人

根据《增值税暂行条例》的规定，在中华人民共和国境内销售货物或者加工、修理修配劳务（以下简称"劳务"），销售服务、无形资产、不动产以及进口货物的单位和个人，为增值税的纳税人。单位，是指企业、行政单位、事业单位、军事单位、社会团体及其他单位。个人，是指个体工商户和其他个人。

单位以承包、承租、挂靠方式经营的，承包人、承租人、挂靠人（以下统称"承包人"）以发包人、出租人、被挂靠人（以下统称"发包人"）名义对外经营并由发包人承担相关法律责任的，以该发包人为纳税人；否则，以承包人为纳税人。

资管产品运营过程中发生的增值税应税行为，以资管产品管理人为增值税纳税人。

（二）纳税人的分类

根据纳税人的经营规模以及会计核算健全程度的不同，增值税的纳税人可划分为小规模纳税人和一般纳税人。

1.小规模纳税人。

（1）增值税小规模纳税人标准为年应征增值税销售额为 500 万元及以下。年应征增值税销售额，是指纳税人在连续不超过 12 个月或 4 个季度的经营期内累计应征增值税销售额，包括纳税申报销售额、稽查查补销售额、纳税评估调整销售额。

（2）已登记为增值税一般纳税人的单位和个人，转登记日前连续 12 个月或者连续 4 个季度累计销售额未超过 500 万元的，在 2018 年 12 月 31 日前，可选择登记为小规模纳税人，其未抵扣的进项税额作转出处理。

小规模纳税人会计核算健全，能够提供准确税务资料的，可以向税务机关申请登记为一般纳税人，不再作为小规模纳税人。会计核算健全，是指能够按照国家统一的会计制度规定设置账簿，根据合法、有效凭证核算。

小规模纳税人实行简易征税办法，并且一般不使用增值税专用发票，但基于增值税征收管理中一般纳税人与小规模纳税人之间客观存在的经济往来的实情，小规模纳税人可以到税务机关申请代开增值税专用发票。

为持续推进"放管服"（"简政放权、放管结合、优化服务"的简称）改革，全面推行小规模纳税人自行开具增值税专用发票。小规模纳税人（其他个人除外）发生增值税应税行为，需要开具增值税专用发票的，可以自愿使用增值税发票管理系统自行开具，但销售其取得的不动产，需要开具增值税专用发票的，应当按照有关规定向税务机关申请代开。

2.一般纳税人。

一般纳税人，是指年应征增值税销售额超过财政部、国家税务总局规定的小规模纳税人标准的企业和企业性单位。

一般纳税人实行登记制，除另有规定外，应当向税务机关办理登记手续。

下列情况纳税人不办理一般纳税人登记：

（1）按照政策规定，选择按照小规模纳税人纳税的；

（2）年应税销售额超过规定标准的其他个人。

纳税人自一般纳税人生效之日起，按照增值税一般计税方法计算应纳税额，并可以按照规定领用增值税专用发票，财政部、国家税务总局另有规定的除外。

纳税人登记为一般纳税人后，不得转为小规模纳税人，国家税务总局另有规定的除外。

（三）扣缴义务人

中华人民共和国境外的单位或者个人在境内销售劳务，在境内未设有经营机构的，以其境内代理人为扣缴义务人；在境内没有代理人的，以购买方为扣缴义务人。

2.1.2　增值税征税范围

增值税的征税范围包括在中华人民共和国境内销售货物或者劳务，销售服务、无形资产、不动产以及进口货物等。

（一）销售货物

在中国境内销售货物，是指销售货物的起运地或者所在地在中国境内。

销售货物，是指有偿转让货物的所有权。货物，是指有形动产，包括电力、热力、气体在内。有偿，是指从购买方取得货币、货物或者其他经济利益。

（二）销售劳务

在中国境内销售劳务，是指提供的应税劳务发生在中国境内。

销售劳务，是指有偿提供加工、修理修配劳务。单位或者个体工商户聘用的员工为本单位或者雇主提供加工、修理修配劳务不包括在内。

加工，是指受托加工货物，即委托方提供原料及主要材料，受托方按照委托方的要求制造货物并收取加工费的业务；修理修配，是指受托方对损伤和丧失功能的货物进行修复，使其恢复原状和功能的业务。

（三）销售服务

销售服务，是指提供交通运输服务、邮政服务、电信服务、建筑服务、金融服务、现代服务、生活服务。

1. 交通运输服务。

交通运输服务，是指利用运输工具将货物或者旅客送达目的地，使其空间位置得到转移的业务活动，包括陆路运输服务、水路运输服务、航空运输服务和管道运输服务。

（1）陆路运输服务，是指通过陆路（地上或者地下）运送货物或者旅客的运输业务活动，包括铁路运输服务和其他陆路运输服务。

出租车公司向使用本公司自有出租车的出租车司机收取的管理费用，按照陆路运输服务缴纳增值税。

（2）水路运输服务，是指通过江、河、湖、川等天然、人工水道或者海洋航道运送货物或者旅客的运输业务活动。

水路运输的程租、期租业务，属于水路运输服务。

（3）航空运输服务，是指通过空中航线运送货物或者旅客的运输业务活动。航空运输的湿租业务，属于航空运输服务。

航天运输服务，是指利用火箭等载体将卫星、空间探测器等空间飞行器发射到空间轨道的业务活动，按照航空运输服务缴纳增值税。

（4）管道运输服务，是指通过管道设施输送气体、液体、固体物质的运输业务活动。

无运输工具承运业务，是指经营者以承运人身份与托运人签订运输服务合同、收取运费并承担承运人责任，然后委托实际承运人完成运输服务的经营活动，按照交通运输服务缴纳增值税。

2.邮政服务。

邮政服务，是指中国邮政集团公司及其所属邮政企业提供邮件寄递、邮政汇兑和机要通信等邮政基本服务的业务活动，包括邮政普遍服务、邮政特殊服务和其他邮政服务。

（1）邮政普遍服务，是指函件、包裹等邮件寄递，以及邮票发行、报刊发行和邮政汇兑等业务活动。

（2）邮政特殊服务，是指义务兵平常信函、机要通信、盲人读物和革命烈士遗物的寄递等业务活动。

（3）其他邮政服务，是指邮册等邮品销售、邮政代理等业务活动。

3.电信服务。

电信服务，是指利用有线、无线的电磁系统或者光电系统等各种通信网络资源，提供语音通话服务，传送、发射、接收或者应用图像、短信等电子数据和信息的业务活动，包括基础电信服务和增值电信服务。

（1）基础电信服务，是指利用固网、移动网、卫星、互联网，提供语音通话服务的业务活动，以及出租或者出售带宽、波长等网络元素的业务活动。

（2）增值电信服务，是指利用固网、移动网、卫星、互联网、有线电视网络，提供短信和彩信服务、电子数据和信息的传输及应用服务、互联网接入服务等业务活动。

卫星电视信号落地转接服务，按照增值电信服务缴纳增值税。

4. 建筑服务。

建筑服务，是指各类建筑物、构筑物及其附属设施的建造、修缮、装饰，线路、管道、设备、设施等的安装以及其他工程作业的业务活动，包括工程服务、安装服务、修缮服务、装饰服务和其他建筑服务。

（1）工程服务，是指新建、改建各种建筑物、构筑物的工程作业，包括与建筑物相连的各种设备或者支柱、操作平台的安装或者装设工程作业，以及各种窑炉和金属结构工程作业。

（2）安装服务，是指生产设备、动力设备、起重设备、运输设备、传动设备、医疗实验设备以及其他各种设备、设施的装配、安置工程作业，包括与被安装设备相连的工作台、梯子、栏杆的装设工程作业，以及被安装设备的绝缘、防腐、保温、油漆等工程作业。

固定电话、有线电视、宽带、水、电、燃气、暖气等经营者向用户收取的安装费、初装费、开户费、扩容费以及类似费用，按照安装服务缴纳增值税。

（3）修缮服务，是指对建筑物、构筑物进行修补、加固、养护、改善，使之恢复原来的使用价值或者延长其使用期限的工程作业。

（4）装饰服务，是指对建筑物、构筑物进行修饰、装修，使之美观或者具有特定用途的工程作业。

（5）其他建筑服务，是指上列工程作业之外的各种工程作业服务，如钻井（打井）、拆除建筑物或者构筑物、平整土地、园林绿化、疏浚（不包括航道疏浚）、建筑物平移、搭脚手架、爆破、矿山穿孔、表面附着物（包括岩层、土层、沙层等）剥离和清理等工程作业。

5.金融服务。

金融服务，是指经营金融保险的业务活动，包括贷款服务、直接收费金融服务、保险服务和金融商品转让。

（1）贷款服务，是指将资金贷与他人使用而取得利息收入的业务活动。

各种占用、拆借资金取得的收入，包括金融商品持有期间（含到期）利息（保本收益、报酬、资金占用费、补偿金等）收入、信用卡透支利息收入、买入返售金融商品利息收入、融资融券收取的利息收入，以及融资性售后回租、押汇、罚息、票据贴现、转贷等业务取得的利息及利息性质的收入，按照贷款服务缴纳增值税。

融资性售后回租，是指承租方以融资为目的，将资产出售给从事融资性售后回租业务的企业后，从事融资性售后回租业务的企业将该资产出租给承租方的业务活动。

以货币资金投资收取的固定利润或者保底利润，按照贷款服务缴纳增值税。

（2）直接收费金融服务，是指为货币资金融通及其他金融业务提供相关服务并且收取费用的业务活动，包括提供货币兑换、账户管理、电子银行、信用卡、信用证、财务担保、资产管理、信托管理、基金管理、金融交易场所（平台）管理、资金结算、资金清算、金融支付等服务。

（3）保险服务，是指投保人根据合同约定，向保险人支付保险费，保险人对于合同约定的可能发生的事故因其发生所造成的财产损失承担赔偿保险金责任，或者当被保险人死亡、伤残、疾病或者达到合同约定的年龄、期限等条件时承担给付保险金责任的商业保险行为，包括人身保险服务和财产保险服务。

（4）金融商品转让，是指转让外汇、有价证券、非货物期货和其他金融商品所有权的业务活动。

其他金融商品转让包括基金、信托、理财产品等各类资产管理产品和各种金融衍生品的转让。

6.现代服务。

现代服务，是指围绕制造业、文化产业、现代物流产业等提供技术性、知识性服务的业务活动，包括研发和技术服务、信息技术服务、文化创意服务、物流辅助服务、租赁服务、鉴证咨询服务、广播影视服务、商务辅助服务和其他现代服务。

（1）研发和技术服务，包括研发服务、合同能源管理服务、工程勘察勘探服务、专业技术服务。

（2）信息技术服务，是指利用计算机、通信网络等技术对信息进行生产、收集、处理、加工、存储、运输、检索和利用，并提供信息服务的业务活动，包括软件服务、电路设计及测试服务、信息系统服务、业务流程管理服务和信息系统增值服务。

（3）文化创意服务，包括设计服务、知识产权服务、广告服务和会议展览服务。

（4）物流辅助服务，包括航空服务、港口码头服务、货运客运场站服务、打捞救助服务、装卸搬运服务、仓储服务和收派服务。

（5）租赁服务，包括融资租赁服务和经营租赁服务。

融资性售后回租不按照本税目缴纳增值税。

将建筑物、构筑物等不动产或者飞机、车辆等有形动产的广告位出租给其他单位或者个人用于发布广告，按照经营租赁服务缴纳增值税。

车辆停放服务、道路通行服务（包括过路费、过桥费、过闸费等）等按照不动产经营租赁服务缴纳增值税。

（6）鉴证咨询服务，包括认证服务、鉴证服务和咨询服务。翻译服务和市场调查服务按照咨询服务缴纳增值税。

（7）广播影视服务，包括广播影视节目（作品）的制作服务、发行服务和播映（含放映）服务。

（8）商务辅助服务，包括企业管理服务、经纪代理服务、人力资源服务、安全保护服务。

（9）其他现代服务，是指除研发和技术服务、信息技术服务、文化创意服务、物流辅助服务、租赁服务、鉴证咨询服务、广播影视服务和商务辅助服务以外的现代服务。

7.生活服务。

生活服务，是指为满足城乡居民日常生活需求提供的各类服务活动，包括文化体育服务、教育医疗服务、旅游娱乐服务、餐饮住宿服务、居民日常服务和其他生活服务。

（1）文化体育服务，包括文化服务和体育服务。

（2）教育医疗服务，包括教育服务和医疗服务。

（3）旅游娱乐服务，包括旅游服务和娱乐服务。

（4）餐饮住宿服务，包括餐饮服务和住宿服务。

（5）居民日常服务，是指主要为满足居民个人及其家庭日常生活需求提供的服务，包括市容市政管理、家政、婚庆、养老、殡葬、照料和护理、救助救济、美容美发、按摩、桑拿、氧吧、足疗、沐浴、洗染、摄影扩印等服务。

（6）其他生活服务，是指除文化体育服务、教育医疗服务、旅游娱乐服务、餐饮住宿服务和居民日常服务之外的生活服务。

（四）销售无形资产

销售无形资产，是指转让无形资产所有权或者使用权的业务活动。无形资产，是指不具实物形态，但能带来经济利益的资产，包括技术、商标、著作权、商誉、自然资源使用权和其他权益性无形资产。

技术，包括专利技术和非专利技术。

自然资源使用权，包括土地使用权、海域使用权、探矿权、采矿权、取水权和其他自然资源使用权。

其他权益性无形资产，包括基础设施资产经营权、公共事业特许权、配额、经营权（包括特许经营权、连锁经营权、其他经营权）、经销权、分销权、代理权、会员权、席位权、网络游戏虚拟道具、域名、名称权、肖像权、冠名权、转会费等。

（五）销售不动产

销售不动产，是指转让不动产所有权的业务活动。不动产，是指不能移动或者移动后会引起性质、形状改变的财产，包括建筑物、构筑物等。

建筑物，包括住宅、商业营业用房、办公楼等可供居住、工作或者进行其他活动的建造物。

构筑物，包括道路、桥梁、隧道、水坝等建造物。

转让建筑物有限产权或者永久使用权的，转让在建的建筑物或者构筑物所有权的，以及在转让建筑物或者构筑物时一并转让其所占土地的使用权的，按照销售不动产缴纳增值税。

（六）进口货物

进口货物，是指申报进入中国海关境内的货物。根据《增值税暂行条例》的规定，只要是报关进口的应税货物，均属于增值税的征税范围，除享受免税政策外，在进口环节缴纳增值税。

（七）非经营活动的界定

销售服务、无形资产或者不动产，是指有偿提供服务、有偿转让无形资产或者不动产，但属于下列非经营活动的情形除外。

（1）行政单位收取的同时满足以下条件的政府性基金或者行政事业性收费：

① 由中华人民共和国国务院（以下简称"国务院"）或者财政部批准设立的政府性基金，由国务院或者省级人民政府及其财政、价格主管部门批准设立的行政事业性收费；

② 收取时开具省级以上（含省级）财政部门监（印）制的财政票据；

③ 所收款项全额上缴财政。

（2）单位或者个体工商户聘用的员工为本单位或者雇主提供取得工资的服务。

（3）单位或者个体工商户为聘用的员工提供服务。

（4）财政部和国家税务总局规定的其他情形。

（八）境内销售服务、无形资产或不动产的界定

1.在境内销售服务、无形资产或者不动产，是指：

（1）服务（租赁不动产除外）或者无形资产（自然资源使用权除外）的销售方或者购买方在境内；

（2）所销售或者租赁的不动产在境内；

（3）所销售自然资源使用权的自然资源在境内；

（4）财政部和国家税务总局规定的其他情形。

2.下列情形不属于在境内销售服务或者无形资产：

（1）境外单位或者个人向境内单位或者个人销售完全在境外发生的服务；

（2）境外单位或者个人向境内单位或者个人销售完全在境外使用的无形资产；

（3）境外单位或者个人向境内单位或者个人出租完全在境外使用的有形动产；

（4）财政部和国家税务总局规定的其他情形。

（九）视同销售货物行为

1.单位或者个体工商户的下列行为，视同销售货物，应征收增值税：

（1）将货物交付其他单位或者个人代销；

（2）销售代销货物；

（3）设有两个以上机构并实行统一核算的纳税人，将货物从一个机构移送至其他机构用于销售，但相关机构设在同一县（市）的除外；

（4）将自产或者委托加工的货物用于非增值税应税项目；

（5）将自产、委托加工的货物用于集体福利或者个人消费；

（6）将自产、委托加工或者购进的货物作为投资，提供给其他单位或者个体工商户；

（7）将自产、委托加工或者购进的货物分配给股东或者投资者；

（8）将自产、委托加工或者购进的货物无偿赠送其他单位或者个人。

2.单位或者个人的下列情形视同销售服务、无形资产或者不动产，应征收增值税：

（1）单位或者个体工商户向其他单位或者个人无偿提供服务，但用于公益事业或者以社会公众为对象的除外；

（2）单位或者个人向其他单位或者个人无偿转让无形资产或者不动产，但用于公益事业或者以社会公众为对象的除外；

（3）财政部和国家税务总局规定的其他情形。

（十）混合销售

一项销售行为如果既涉及货物又涉及服务，则为混合销售。从事货物的生产、批发或者零售的单位和个体工商户的混合销售行为，按照销售货物缴纳增值税；其他单位和个体工商户的混合销售行为，按照销售服务缴纳增值税。

上述从事货物的生产、批发或者零售的单位和个体工商户，包括以从事货物的生产、批发或者零售为主，并兼营销售服务的单位和个体工商户在内。

自 2017 年 5 月 1 日起，纳税人销售活动板房、机器设备、钢结构件等自产货物的同时提供建筑、安装服务，不属于混合销售，应分别核算货物和建筑服务的销售额，分别适用不同的税率或者征收率。

（十一）兼营

兼营，是指纳税人的经营中包括销售货物、劳务以及销售服务、无形资产和不动产的行为。

纳税人发生兼营行为，应当分别核算适用不同税率或征收率的销售额，未分别核算销售额的，按照以下办法适用税率或征收率。

1.兼有不同税率的销售货物、加工修理修配劳务、服务、无形资产或者不动产，从高适用税率。

2.兼有不同征收率的销售货物、加工修理修配劳务、服务、无形资产或者不动产，从高适用征收率。

3.兼有不同税率和征收率的销售货物、加工修理修配劳务、服务、无形资产或者不动产，从高适用税率。

（十二）不征收增值税项目

不征收增值税的项目有以下几种。

1.根据国家指令无偿提供的铁路运输服务、航空运输服务，属于《营业税改征增值税试点实施办法》规定的用于公益事业的服务。

2.存款利息。

3.被保险人获得的保险赔付。

4.房地产主管部门或者其指定机构、公积金管理中心、开发企业以及物业管理单位代收的住宅专项维修资金。

5.在资产重组过程中，通过合并、分立、出售、置换等方式，将全部或者部分实物资产以及与其相关联的债权、负债和劳动力一并转让给其他单位和个人，其中涉及的不动产、土地使用权转让行为。

6.纳税人在资产重组过程中，通过合并、分立、出售、置换等方式，将全部或者部分实物资产以及与其相关联的债权、负债和劳动力一并转让给其他单位和个人，不属于增值税的征税范围，其中涉及的货物转让行为。

2.1.3 增值税税率和征收率

（一）增值税税率

1.纳税人销售货物、劳务、有形动产租赁服务或者进口货物，除《增值税暂行条例》第二条第二项、第四项、第五项（即下列第2、第4、第5项）另有规定外，税率为13%。

2.纳税人销售交通运输、邮政、基础电信、建筑、不动产租赁服务，销售不动产，转让土地使用权，销售或者进口下列货物，税率为9%：

（1）粮食等农产品、食用植物油、食用盐；

（2）自来水、暖气、冷气、热水、煤气、石油液化气、天然气、二甲醚、沼气、居民用煤炭制品；

（3）图书、报纸、杂志、音像制品、电子出版物；

（4）饲料、化肥、农药、农机、农膜；

（5）国务院规定的其他货物。

3.纳税人销售服务、无形资产，除《增值税暂行条例》第二条第一项、第二项、第五项（即上述第 1、第 2 项和下列第 5 项）另有规定外，税率为 6%。

4.纳税人出口货物，税率为零；但是，国务院另有规定的除外。

5.境内单位和个人跨境销售国务院规定范围内的服务、无形资产，税率为零，包括以下几类。

（1）国际运输服务。

（2）航天运输服务。

（3）向境外单位提供的完全在境外消费的下列服务：① 研发服务；② 合同能源管理服务；③ 设计服务；④ 广播影视节目（作品）的制作和发行服务；⑤ 软件服务；⑥ 电路设计及测试服务；⑦ 信息系统服务；⑧ 业务流程管理服务；⑨ 离岸服务外包业务；⑩ 转让技术。

（4）财政部和国家税务总局规定的其他服务。

（二）增值税征收率

1.征收率的一般规定。

小规模纳税人以及一般纳税人选择简易办法计税的，征收率为 3%。

（1）小规模纳税人转让其取得的不动产，按照 5% 的征收率征收增值税。

（2）一般纳税人转让其 2016 年 4 月 30 日前取得的不动产，选择简易计税方法计税的，按照 5% 的征收率征收增值税。

（3）小规模纳税人出租（经营租赁）其取得的不动产（不含个人出租住房），按照 5% 的征收率征收增值税。

（4）一般纳税人出租其 2016 年 4 月 30 日前取得的不动产，选择简易计税方法计税的，按照 5% 的征收率征收增值税。

（5）房地产开发企业（一般纳税人）销售自行开发的房地产老项目，选择简易计税方法计税的，按照 5% 的征收率征收增值税。

（6）房地产开发企业（小规模纳税人）销售自行开发的房地产项目，按照 5% 的征收率征收增值税。

（7）纳税人提供劳务派遣服务，选择差额纳税的，按照 5% 的征收率征收增值税。

2.征收率的特殊规定。

（1）一般纳税人销售自己使用过的属于《增值税暂行条例》第十条规定，不得抵扣且未抵扣进项税额的固定资产，按照简易办法依照 3% 征收率减按 2% 征收增值税。

（2）自 2014 年 7 月 1 日起，一般纳税人销售自己使用过的其他固定资产，应区分不同情形征收增值税。

① 销售自己使用过的 2009 年 1 月 1 日以后购进或者自制的固定资产，按照适用税率征收增值税。

②2008 年 12 月 31 日以前未纳入扩大增值税抵扣范围试点的纳税人，销售自己使用过的 2008 年 12 月 31 日以前购进或者自制的固定资产，按照简易办法依照 3% 征收率减按 2% 征收增值税。

③2008 年 12 月 31 日以前已纳入扩大增值税抵扣范围试点的纳税人，销售自己使用过的在本地区扩大增值税抵扣范围试点以前购进或者自制的固定资产，按照简易办法依照 3% 征收率减按 2% 征收增值税；销售自己使用过的在本地区扩大增值税抵扣范围试点以后购进或者自制的固定资产，按照适用税率征收增值税。

（3）一般纳税人销售自己使用过的除固定资产以外的物品，应当按照适用税率征收增值税。

（4）小规模纳税人（除其他个人外，下同）销售自己使用过的固定资产，减按2%征收率征收增值税。

小规模纳税人销售自己使用过的除固定资产以外的物品，应按3%的征收率征收增值税。

（5）纳税人销售旧货，按照简易办法依照3%征收率减按2%征收增值税。

旧货，是指进入二次流通的具有部分使用价值的货物（含旧汽车、旧摩托车和旧游艇），但不包括自己使用过的物品。

（6）一般纳税人销售自产的下列货物，可选择按照简易办法依照3%征收率计算缴纳增值税，选择简易办法计算缴纳增值税后，36个月内不得变更，具体适用范围如下。

① 县级及县级以下小型水力发电单位生产的电力。小型水力发电单位，是指各类投资主体建设的装机容量为5万千瓦以下（含5万千瓦）的小型水力发电单位。

② 建筑用和生产建筑材料所用的砂、土、石料。

③ 以自己采掘的砂、土、石料或其他矿物连续生产的砖、瓦、石灰（不含黏土实心砖、瓦）。

④ 用微生物、微生物代谢产物、动物毒素、人或动物的血液或组织制成的生物制品。

⑤ 自来水（对属于一般纳税人的自来水公司销售自来水，按简易办法依照3%的征收率征收增值税，不得抵扣其购进自来水取得增值税扣税凭证上注明的增值税税款）。

⑥ 商品混凝土（仅限于以水泥为原料生产的水泥混凝土）。

（7）一般纳税人销售货物属于下列情形之一的，暂按简易办法依照3%的征收率计算缴纳增值税：

① 寄售商店代销寄售物品（包括居民个人寄售的物品在内）；

② 典当业销售死当物品。

（8）建筑企业一般纳税人提供的建筑服务属于建筑工程老项目的，可以选择按照简易办法依3%的征收率征收增值税。

2.1.4　增值税应纳税额的计算

（一）一般计税方法应纳税额的计算

一般纳税人销售货物、劳务、服务、无形资产、不动产（以下简称"应税销售行为"），采取一般计税方法计算应纳增值税税额。其计算公式为：

应纳税额 ＝ 当期销项税额 － 当期进项税额

当期销项税额小于当期进项税额不足抵扣时，其不足部分可以结转下期继续抵扣。

销项税额是指纳税人发生应税销售行为，按照销售额和适用税率计算并向购买方收取的增值税额，其计算公式为：

销项税额 ＝ 销售额 × 适用税率

可见，采用一般计税方法计算应纳税额时，主要有两个影响因素：一是销售额；二是进项税额。

1.销售额的确定。

（1）销售额的概念。

销售额是指纳税人发生应税销售行为向购买方收取的全部价款和价外费用，但是不包括收取的销项税额。价外费用，包括价外向购买方收取的手续费、补贴、基金、集资费、返还利润、奖励费、违约金、滞纳金、延期付款利息、赔偿金、代收款项、代垫款项、包装费、包装物租金、储备费、优质费、运输装卸费以及其他各种性质的价外收费。上述价外费用无论其会计上如何核算，均应并入销售额计算销项税额。但下列项目不包括在价外费用内。

①受托加工应征消费税的消费品所代收代缴的消费税。

②同时符合以下条件代为收取的政府性基金或者行政事业性收费：由国务院或者财政部批准设立的政府性基金，由国务院或者省级人民政府及其财政、价格主管部门批准设立的行政事业性收费；收取时开具省级以上财政部

门印制的财政票据；所收款项全额上缴财政。

③ 销售货物的同时代办保险等而向购买方收取的保险费，以及向购买方收取的代购买方缴纳的车辆购置税、车辆牌照费。

④ 以委托方名义开具发票代委托方收取的款项。

（2）不含税销售额的计算。

增值税是价外税，计算销项税额时，销售额中不应含有增值税税款。如果销售额中包含了增值税税款（即销项税额），则应将含税销售额换算成不含税销售额。其计算公式为：

不含税销售额 = 含税销售额 ÷（1 + 增值税税率）

（3）视同销售货物的销售额的确定。

《增值税暂行条例实施细则》规定了 8 种视同销售货物行为。税务机关有权按照下列顺序核定视同销售货物行为的销售额。

① 按纳税人最近时期同类货物的平均销售价格确定。

② 按其他纳税人最近时期同类货物的平均销售价格确定。

③ 按组成计税价格确定。其计算公式为：

组成计税价格 = 成本 ×（1 + 成本利润率）

征收增值税的货物，同时又征收消费税的，其组成计税价格中应包括消费税税额。其计算公式为：

组成计税价格 = 成本 ×（1 + 成本利润率）+ 消费税税额

或：

组成计税价格 = 成本 ×（1 + 成本利润率）÷（1 − 消费税税率）

上式中的成本分为两种情况：一是销售自产货物，其成本为实际生产成本；二是销售外购货物，其成本为实际采购成本。上式中的成本利润率通常为 10%，但属于应从价定率征收消费税的货物，其组成计税价格公式中的成本利润率为《国家税务总局关于印发〈消费税若干具体问题的规定〉的通知》中规定的成本利润率。

纳税人销售货物或者劳务的价格明显偏低并无正当理由的，由税务机关按照上述方法核定其销售额。

《营业税改征增值税试点实施办法》规定，纳税人销售服务、无形资产或者不动产价格明显偏低或者偏高且不具有合理商业目的的，或者发生该办法第十四条所列示行为而无销售额的，主管税务机关有权按照下列顺序确定销售额。

第一，按照纳税人最近时期销售同类服务、无形资产或者不动产的平均价格确定。

第二，按照其他纳税人最近时期销售同类服务、无形资产或者不动产的平均价格确定。

第三，按照组成计税价格确定。组成计税价格的公式为：

组成计税价格 = 成本 × （1 + 成本利润率）

成本利润率由国家税务总局确定。

不具有合理商业目的，是指以牟取税收利益为主要目的，通过人为安排，减少、免除、推迟缴纳增值税税款，或者增加退还增值税税款。

（4）混合销售的销售额的确定。

依照《营业税改征增值税试点实施办法》及相关规定，混合销售的销售额为货物销售额与服务销售额的合计。

（5）兼营的销售额的确定。

依据《营业税改征增值税试点实施办法》及相关规定，纳税人兼营销售货物、劳务、服务、无形资产或者不动产，适用不同税率或者征收率的，应当分别核算适用不同税率或者征收率的销售额；未分别核算销售额的，从高适用税率。

（6）特殊销售方式下的销售额的确定。

① 折扣方式销售。折扣销售是指销货方在销售货物时，因购货方购货数量较大等原因而给予购货方价格优惠的一种销售方式。纳税人采取折扣方式销售货物，如果将销售额和折扣额在同一张发票上的"金额"栏分别注明，可以按折扣后的销售额征收增值税；如果将折扣额另开发票，不论其在财务

上如何处理，均不得从销售额中减除折扣额。

② 以旧换新方式销售。以旧换新销售是指纳税人在销售货物时，折价收回同类旧货物，并以折价款部分冲减新货物价款的一种销售方式。纳税人采取以旧换新方式销售货物的，应按新货物的同期销售价格确定销售额，不得扣减旧货物的收购价格。

但是对金银首饰以旧换新业务，可以按销售方实际收取的不含增值税的全部价款征收增值税。

③ 还本销售方式销售。还本销售是指纳税人在销售货物后，到一定期限将货款一次或分次退还给购货方全部或部分价款的一种销售方式。这种销售方式实际上是一种筹资行为，是以货物换取资金的使用价值，到期还本不付息的方法。纳税人采取还本销售方式销售货物，其销售额就是货物的销售价格，不得从销售额中减除还本支出。

④ 以物易物方式销售。以物易物是指购销双方不是以货币结算，而是以同等价款的货物相互结算，实现货物购销的一种销售方式。在这种方式下，以物易物双方都应进行购销处理，以各自发出的货物核算销售额并计算销项税额，以各自收到的货物按规定核算购货额并计算进项税额。在以物易物活动中，应分别开具合法的票据，如收到的货物不能取得相应的增值税专用发票或其他合法票据的，不能抵扣进项税额。

⑤ 直销方式销售。直销企业先将货物销售给直销员，直销员再将货物销售给消费者的，直销企业的销售额为其向直销员收取的全部价款和价外费用。直销员将货物销售给消费者时，应按照现行规定缴纳增值税。

直销企业通过直销员向消费者销售货物，直接向消费者收取货款的，直销企业的销售额为其向消费者收取的全部价款和价外费用。

（7）收取包装物押金的销售额的确定。

包装物是指纳税人包装本单位货物的各种物品。一般情况下，销货方向购货方收取包装物押金，购货方在规定时间内返还包装物，销货方再将收取的包装物押金返还。纳税人为销售货物而出租出借包装物收取的押金，单独记账核算的,且时间在 1 年以内,又未逾期的,不并入销售额征税;但对因逾期未收回包装物不再退还的押金,应按所包装货物的适用税率计算增值税。实践中,应注意以下具体规定。

① 在出售货物的时候,货物里包含不随同货物一起出售的包装物,此时,这些包装物是需要收押金的,当购货方归还包装物的时候销货方会退还押金,而若购货方超过合同约定时间或超过 1 年未归还包装物,则销货方应将包装物押金归入销售额,一并计征税费。

② 包装物押金是含税收入,在并入销售额征税时需要先将该押金换算为不含税收入,再计算应纳增值税。

③ 包装物押金不同于包装物租金,包装物租金属于价外费用,在销售货物时随同货款一并计算税费。

④ 从 1995 年 6 月 1 日起,对销售除啤酒、黄酒外的其他酒类产品而收取的包装物押金,无论是否返还以及会计上如何核算,均应并入当期销售额征税。

(8)营改增行业应税行为销售额的规定。

① 贷款服务,以提供贷款服务取得的全部利息及利息性质的收入为销售额。

② 直接收费金融服务,以提供直接收费金融服务收取的手续费、佣金、酬金、管理费、服务费、经手费、开户费、过户费、结算费、转托管费等各类费用为销售额。

③ 金融商品转让,以卖出价扣除买入价后的余额为销售额。

转让金融商品出现的正负差,以盈亏相抵后的余额为销售额。若相抵后出现负差,可结转下一纳税期与下期转让金融商品销售额相抵,但年末仍出现负差的,不得转入下一个会计年度。

金融商品的买入价,可以选择按照加权平均法或者移动加权平均法进行核算,选择后 36 个月内不得变更。

金融商品转让,不得开具增值税专用发票。

④ 经纪代理服务，以取得的全部价款和价外费用，扣除向委托方收取并代为支付的政府性基金或者行政事业性收费后的余额为销售额。向委托方收取的政府性基金或者行政事业性收费，不得开具增值税专用发票。

⑤ 航空运输企业的销售额，不包括代收的机场建设费和代售其他航空运输企业客票而代收转付的价款。

⑥ 试点纳税人中的一般纳税人提供客运场站服务，以其取得的全部价款和价外费用，扣除支付给承运方运费后的余额为销售额。

⑦ 试点纳税人提供旅游服务，可以选择以取得的全部价款和价外费用，扣除向旅游服务购买方收取并支付给其他单位或者个人的住宿费、餐饮费、交通费、签证费、门票费和支付给其他接团旅游企业的旅游费用后的余额为销售额。

选择上述办法计算销售额的试点纳税人，向旅游服务购买方收取并支付的上述费用，不得开具增值税专用发票，可以开具普通发票。

⑧ 纳税人提供建筑服务适用简易计税方法的，以取得的全部价款和价外费用扣除支付的分包款后的余额为销售额。

⑨ 房地产开发企业中的一般纳税人销售其开发的房地产项目（选择简易计税方法的房地产老项目除外），以取得的全部价款和价外费用，扣除受让土地时向政府部门支付的土地价款后的余额为销售额。

房地产老项目，是指建筑工程施工许可证注明的合同开工日期在 2016 年 4 月 30 日前的房地产项目。

（9）确定销售额的特殊规定。

① 纳税人兼营免税、减税项目的，应当分别核算免税、减税项目的销售额；未分别核算的，不得免税、减税。

② 纳税人发生应税销售行为，开具增值税专用发票后，发生开票有误或者销售折让、中止、退回等情形的，应当按照国家税务总局的规定开具红字增值税专用发票；未按照规定开具红字增值税专用发票的，不得扣减销项税额或者销售额。

（10）外币销售额的折算。

纳税人按人民币以外的货币结算销售额的，其销售额的人民币折合率可以选择销售额发生的当天或者当月1日的人民币汇率中间价。纳税人应事先确定采用何种折合率，确定后在1年内不得变更。

2.进项税额的确定。

进项税额，是指纳税人购进货物、劳务、服务、无形资产或者不动产，支付或者负担的增值税税额。

（1）准予从销项税额中抵扣的进项税额包括以下几项。

① 从销售方取得的增值税专用发票（含机动车销售统一发票，下同）上注明的增值税税额。

② 从海关取得的海关进口增值税专用缴款书上注明的增值税税额。

③ 购进农产品，取得一般纳税人开具的增值税专用发票或者海关进口增值税专用缴款书的，以增值税专用发票或海关进口增值税专用缴款书上注明的增值税税额为进项税额；从按照简易计税方法依照3%征收率计算缴纳增值税的小规模纳税人处取得增值税专用发票的，以增值税专用发票上注明的金额和9%的扣除率计算进项税额；取得（开具）农产品销售发票或收购发票的，以农产品销售发票或收购发票上注明的农产品买价和9%的扣除率计算进项税额；纳税人购进用于生产或者委托加工13%税率货物的农产品，按照10%的扣除率计算进项税额。购进农产品进项税额的计算公式为：

进项税额 = 买价 × 扣除率

购进农产品，按照《农产品增值税进项税额核定扣除试点实施办法》抵扣进项税额的不适用于上述办法。

④ 纳税人购进国内旅客运输服务未取得增值税专用发票的，暂按照以下规定确定进项税额。

取得增值税电子普通发票的，以发票上注明的税额为进项税额。

取得注明旅客身份信息的航空运输电子客票行程单的，按照下列公式计算进项税额：

航空旅客运输进项税额 =（票价 + 燃油附加费）÷（1+9%）× 9%

取得注明旅客身份信息的铁路车票的，按照下列公式计算进项税额：

铁路旅客运输进项税额 = 票面金额 ÷（1+9%）× 9%

取得注明旅客身份信息的公路、水路等其他客票的，按照下列公式计算进项税额：

公路、水路等其他旅客运输进项税额 = 票面金额 ÷（1+3%）× 3%

⑤ 自境外单位或者个人购进劳务、服务、无形资产或者境内的不动产，从税务机关或者扣缴义务人取得的代扣代缴的完税凭证上注明的增值税税额。

⑥ 原增值税一般纳税人购进货物或者接受劳务，用于《销售服务、无形资产、不动产注释》所列项目的，不属于《增值税暂行条例》第十条规定的不得抵扣进项税额的项目，其进项税额准予从销项税额中抵扣。

⑦ 原增值税一般纳税人购进服务、无形资产或者不动产，取得的增值税专用发票上注明的增值税税额为进项税额，准予从销项税额中抵扣。

⑧ 原增值税一般纳税人自用的应征消费税的摩托车、汽车、游艇，其进项税额准予从销项税额中抵扣。

纳税人购进货物、劳务、服务、无形资产、不动产，取得的增值税扣税凭证不符合法律、行政法规或者国务院税务主管部门有关规定的，其进项税额不得从销项税额中抵扣。

增值税扣税凭证，包括增值税专用发票、海关进口增值税专用缴款书、农产品收购发票、农产品销售发票、完税凭证和符合规定的国内旅客运输发票等。

纳税人凭完税凭证抵扣进项税额的，应当具备书面合同、付款证明和境外单位的对账单或者发票。资料不全的，其进项税额不得从销项税额中抵扣。

（2）不得从销项税额中抵扣的进项税额。

① 用于简易计税方法计税项目、免征增值税项目、集体福利或者个人消

费的购进货物、劳务、服务、无形资产和不动产。其中涉及的固定资产、无形资产、不动产，仅指专用于上述项目的固定资产、无形资产（不包括其他权益性无形资产）、不动产。

如果纳税人租入的固定资产和不动产是既用于上述不允许抵扣项目又用于抵扣项目的，其进项税额准予全部抵扣。自 2018 年 1 月 1 日起，纳税人租入固定资产和不动产，既用于一般计税方法计税项目，又用于简易计税方法计税项目、免征增值税项目、集体福利或者个人消费的，其进项税额准予从销项税额中全额抵扣。

② 非正常损失的购进货物，以及相关的劳务和交通运输服务。

③ 非正常损失的在产品、产成品所耗用的购进货物（不包括固定资产）、加工修理修配劳务和交通运输服务。

④ 非正常损失的不动产，以及该不动产所耗用的购进货物、设计服务和建筑服务。

⑤ 非正常损失的不动产在建工程所耗用的购进货物、设计服务和建筑服务。

纳税人新建、改建、扩建、修缮、装饰不动产，均属于不动产在建工程。

⑥ 购进的贷款服务、餐饮服务、居民日常服务和娱乐服务。

⑦ 纳税人接受贷款服务向贷款方支付的与该笔贷款直接相关的投融资顾问费、手续费、咨询费等费用，其进项税额不得从销项税额中抵扣。

⑧ 财政部和国家税务总局规定的其他情形。

上述第 ④ 项、第 ⑤ 项所称货物，是指构成不动产实体的材料和设备，包括建筑装饰材料和给排水、采暖、卫生、通风、照明、通信、煤气、消防、中央空调、电梯、电气、智能化楼宇设备及配套设施。

不动产、无形资产的具体范围，按照《销售服务、无形资产、不动产注释》执行。

固定资产，是指使用期限超过 12 个月的机器、机械、运输工具以及其他与生产经营有关的设备、工具、器具等有形动产。

非正常损失，是指因管理不善造成货物被盗、丢失、霉烂变质，以及因违反法律法规造成货物或者不动产被依法没收、销毁、拆除的情形。

⑨ 适用一般计税方法的纳税人，兼营简易计税方法计税项目、免征增值税项目而无法划分不得抵扣的进项税额，按照下列公式计算不得抵扣的进项税额：

不得抵扣的进项税额 = 当期无法划分的全部进项税额 ×（当期简易计税方法计税项目销售额 + 免征增值税项目销售额）÷ 当期全部销售额

主管税务机关可以按照上述公式依据年度数据对不得抵扣的进项税额进行清算。

⑩ 根据《增值税暂行条例实施细则》的规定，一般纳税人当期购进的货物或劳务用于生产经营，其进项税额在当期销项税额中予以抵扣。但已抵扣进项税额的购进货物或劳务如果事后改变用途，用于集体福利或者个人消费、购进货物发生非正常损失、在产品或产成品发生非正常损失等，应当将该项购进货物或者劳务的进项税额从当期的进项税额中扣减；无法确定该项进项税额的，按当期外购项目的实际成本计算应扣减的进项税额。

⑪ 已抵扣进项税额的固定资产，发生《增值税暂行条例》规定的不得从销项税额中抵扣情形的，应在当月按下列公式计算不得抵扣的进项税额：

不得抵扣的进项税额 = 固定资产净值 × 适用税率

固定资产净值，是指纳税人按照财务会计制度计提折旧后计算的固定资产净值。

⑫ 已抵扣进项税额的购进货物（不含固定资产）、劳务、服务，发生《营业税改征增值税试点实施办法》规定的不得从销项税额中抵扣情形（简易计税方法计税项目、免征增值税项目除外）的，应当将该进项税额从当期进项税额中扣减；无法确定该进项税额的，按照当期实际成本计算应扣减的进项税额。

⑬ 已抵扣进项税额的无形资产，发生《营业税改征增值税试点实施办

法》规定的不得从销项税额中抵扣情形的，按照下列公式计算不得抵扣的进项税额：

不得抵扣的进项税额 ＝ 无形资产净值 × 适用税率

无形资产净值，是指纳税人根据财务会计制度摊销后的余额。

⑭ 已抵扣进项税额的不动产，发生非正常损失，或者改变用途，专用于简易计税方法计税项目、免征增值税项目、集体福利或者个人消费的，按照下列公式计算不得抵扣的进项税额：

不得抵扣的进项税额 ＝（已抵扣进项税额 ＋ 待抵扣进项税额）× 不动产净值率

不动产净值率 ＝（不动产净值 ÷ 不动产原值）×100％

⑮ 纳税人适用一般计税方法计税的，因销售折让、中止或者退回而退还给购买方的增值税税额，应当从当期的销项税额中扣减；因销售折让、中止或者退回而收回的增值税税额，应当从当期的进项税额中扣减。

⑯ 有下列情形之一者，应当按照销售额和增值税税率计算应纳税额，不得抵扣进项税额，也不得使用增值税专用发票。

a. 一般纳税人会计核算不健全，或者不能够提供准确税务资料的。

b. 应当办理一般纳税人资格登记而未办理的。

（3）自 2019 年 4 月 1 日起，增值税一般纳税人取得不动产或者不动产在建工程的进项税额不再分 2 年抵扣。此前按照规定尚未抵扣完毕的待抵扣进项税额，可自 2019 年 4 月税款所属期起从销项税额中抵扣。

取得不动产，包括以直接购买、接受捐赠、接受投资入股、自建以及抵债等形式取得不动产。

（4）根据《营业税改征增值税试点实施办法》及相关规定，不得抵扣且未抵扣进项税额的固定资产、无形资产、不动产，发生用途改变，用于允许抵扣进项税额的应税项目，可在用途改变的次月按照下列公式，计算可以抵扣的进项税额：

可以抵扣的进项税额 ＝ 固定资产、无形资产、不动产净值 ÷（1＋ 适用税率）× 适用税率上述可以抵扣的进项税额应取得合法有效的增值税扣税凭证。

（5）按照规定不得抵扣进项税额的不动产，发生用途改变，用于允许抵扣进项税额项目的，按照下列公式在改变用途的次月计算可抵扣进项税额：

可抵扣进项税额 = 增值税扣税凭证注明或计算的进项税额 × 不动产净值率

（6）一般纳税人发生下列应税行为可以选择适用简易计税方法计税，不允许抵扣进项税额。

① 公共交通运输服务，包括轮客渡、公交客运、地铁、城市轻轨、出租车、长途客运、班车。

② 经认定的动漫企业为开发动漫产品提供的动漫脚本编撰、形象设计、背景设计、动画设计、分镜、动画制作、摄制、描线、上色、画面合成、配音、配乐、音效合成、剪辑、字幕制作、压缩转码（面向网络动漫、手机动漫格式适配）服务，以及在境内转让动漫版权（包括动漫品牌、形象或者内容的授权及再授权）。

③ 电影放映服务、仓储服务、装卸搬运服务、收派服务和文化体育服务。

④ 以纳入营改增试点之日前取得的有形动产为标的物提供的经营租赁服务。

⑤ 在纳入营改增试点之日前签订的尚未执行完毕的有形动产租赁合同。

3.进项税额抵扣期限的规定。

（1）自 2017 年 7 月 1 日起，增值税一般纳税人取得的 2017 年 7 月 1 日及以后开具的增值税专用发票和机动车销售统一发票，应自开具之日起 360 日内认证或登录增值税发票选择确认平台进行确认，并在规定的纳税申报期内，向税务机关申报抵扣进项税额。

（2）增值税一般纳税人取得的 2017 年 7 月 1 日及以后开具的海关进口增值税专用缴款书，应自开具之日起 360 日内向税务机关报送《海关完税凭证抵扣清单》，申请稽核比对。

（二）简易计税方法应纳税额的计算

小规模纳税人发生应税销售行为采用简易计税方法计税，应按照销售额和征收率计算应纳增值税税额，不得抵扣进项税额。其计算公式为：

应纳税额 = 销售额 × 征收率

简易计税方法的销售额不包括其应纳税额，纳税人采用销售额和应纳税额合并定价方法的，按照下列公式计算销售额：

销售额 = 含税销售额 ÷（1 + 征收率）

纳税人适用简易计税方法计税的，因销售折让、中止或者退回而退还给购买方的销售额，应当从当期销售额中扣减。扣减当期销售额后仍有余额造成多交的税款，可以从以后的应纳税额中扣减。

一般纳税人发生财政部和国家税务总局规定的特定应税行为，可以选择适用简易计税方法计税，但一经选择，36 个月内不得变更。

（三）进口货物应纳税额的计算

纳税人进口货物，无论是一般纳税人还是小规模纳税人，均应按照组成计税价格和规定的税率计算应纳税额，不允许抵扣发生在境外的任何税金。其计算公式为：

应纳税额 = 组成计税价格 × 税率

组成计税价格的构成分以下两种情况。

（1）如果进口货物不征收消费税，则上述公式中组成计税价格的计算公式为：

组成计税价格 = 关税完税价格 + 关税

（2）如果进口货物征收消费税，则上述公式中组成计税价格的计算公式为：

组成计税价格 = 关税完税价格 + 关税 + 消费税

根据《中华人民共和国海关法》和《中华人民共和国进出口关税条例》（以下简称《进出口关税条例》）的规定，一般贸易项下进口货物的关税完税价格为以海关审定的成交价格为基础的到岸价格。所谓成交价格，是指一般贸易项下进口货物的买方为购买该项货物向卖方实际支付或应当支付的价格；到岸价格包括货价，以及货物运抵我国境内输入地点起卸前的包装费、运费、保险费和其他劳务费等费用。

特殊贸易项下进口的货物，由于进口时没有"成交价格"可作依据，为此，《进出口关税条例》对这些进口货物制定了确定其关税完税价格的具体办法。

（四）扣缴计税方法

境外单位或者个人在境内发生应税销售行为，在境内未设有经营机构的，扣缴义务人按照下列公式计算应扣缴税额：

应扣缴税额 = 购买方支付的价款 ÷ （1+ 税率）× 税率

2.1.5 增值税税收优惠

（一）《增值税暂行条例》及其实施细则规定的免税项目

1. 农业生产者销售的自产农产品。

2. 避孕药品和用具。

3. 古旧图书。

4. 直接用于科学研究、科学试验和教学的进口仪器、设备。

5. 外国政府、国际组织无偿援助的进口物资和设备。

6. 由残疾人的组织直接进口供残疾人专用的物品。

7. 销售的自己使用过的物品。

（二）其他相关规定

1. 下列项目免征增值税。

（1）托儿所、幼儿园提供的保育和教育服务。

托儿所、幼儿园，是指经县级以上教育部门审批成立、取得办园许可证的实施0~6岁学前教育的机构，包括公办和民办的托儿所、幼儿园、学前班、幼儿班、保育院、幼儿院。

公办托儿所、幼儿园免征增值税的收入是指，在省级财政部门和价格主管部门审核报省级人民政府批准的收费标准以内收取的教育费、保育费。

民办托儿所、幼儿园免征增值税的收入是指，在报经当地有关部门备案并公示的收费标准范围内收取的教育费、保育费。

超过规定收费标准的收费，以开办实验班、特色班和兴趣班等为由另外收取的费用以及与幼儿入园挂钩的赞助费、支教费等超过规定范围的收入，不属于免征增值税的收入。

（2）养老机构提供的养老服务。

养老机构，是指依照民政部《养老机构设立许可办法》（民政部令第48号）设立并依法办理登记的为老年人提供集中居住和照料服务的各类养老机构；养老服务，是指上述养老机构按照民政部《养老机构管理办法》（民政部令第49号）的规定，为收住的老年人提供的生活照料、康复护理、精神慰藉、文化娱乐等服务。

（3）残疾人福利机构提供的育养服务。

（4）婚姻介绍服务。

（5）殡葬服务。

（6）残疾人员本人为社会提供的服务。

（7）医疗机构提供的医疗服务。

医疗机构，是指依据国务院《医疗机构管理条例》（国务院令第149号）及卫健委《医疗机构管理条例实施细则》（卫生部令第35号）的规定，经登记取得医疗机构执业许可证的机构，以及军队、武警部队各级各类医疗机构，具体包括：各级各类医院、门诊部（所）、社区卫生服务中心（站）、急救中心（站）、城乡卫生院、护理院（所）、疗养院、临床检验中心，各级政府及有关部门举办的卫生防疫站（疾病控制中心）、各种专科疾病防治站（所），各级政府举办的妇幼保健所（站）、母婴保健机构、儿童保健机构，各级政府举办的血站（血液中心）等医疗机构。

本项所称的医疗服务，是指医疗机构按照不高于地（市）级以上价格主管部门会同同级卫生主管部门及其他相关部门制定的医疗服务指导价格（包括政府指导价和按照规定由供需双方协商确定的价格等）为就医者提供《全国医疗服务价格项目规范》所列的各项服务，以及医疗机构向社会提供卫生防疫、卫生检疫的服务。

（8）从事学历教育的学校提供的教育服务。

① 学历教育，是指受教育者经过国家教育考试或者国家规定的其他入学方式，进入国家有关部门批准的学校或者其他教育机构学习，获得国家承认的学历证书的教育形式。具体包括以下内容。

初等教育：普通小学、成人小学。

初级中等教育：普通初中、职业初中、成人初中。

高级中等教育：普通高中、成人高中和中等职业学校（包括普通中专、成人中专、职业高中、技工学校）。

高等教育：普通本专科、成人本专科、网络本专科、研究生（博士、硕士）、高等教育自学考试、高等教育学历文凭考试。

② 从事学历教育的学校，是指：

普通学校；

经地（市）级以上人民政府或者同级政府的教育行政部门批准成立、国家承认其学员学历的各类学校；

经省级及以上人力资源社会保障行政部门批准成立的技工学校、高级技工学校；

经省级人民政府批准成立的技师学院。

上述学校均包括符合规定的从事学历教育的民办学校，但不包括职业培训机构等国家不承认学历的教育机构。

③ 提供教育服务免征增值税的收入，是指对列入规定招生计划的在籍学生提供学历教育服务取得的收入，具体包括：经有关部门审核批准并按规定标准收取的学费、住宿费、课本费、作业本费、考试报名费收入，以及学校

食堂提供餐饮服务取得的伙食费收入。除此之外的收入，包括学校以各种名义收取的赞助费、择校费等，不属于免征增值税的范围。

学校食堂是指依照《学校食堂与学生集体用餐卫生管理规定》（教育部令第14号）管理的学校食堂。

（9）学生勤工俭学提供的服务。

（10）农业机耕、排灌、病虫害防治、植物保护、农牧保险以及相关技术培训业务，家禽、牲畜、水生动物的配种和疾病防治。

农业机耕，是指在农业、林业、牧业中使用农业机械进行耕作（包括耕耘、种植、收割、脱粒、植物保护等）的业务；排灌，是指对农田进行灌溉或者排涝的业务；病虫害防治，是指从事农业、林业、牧业、渔业的病虫害测报和防治的业务；农牧保险，是指为种植业、养殖业、牧业种植和饲养的动植物提供保险的业务；相关技术培训，是指与农业机耕、排灌、病虫害防治、植物保护业务相关以及为使农民获得农牧保险知识的技术培训业务；家禽、牲畜、水生动物的配种和疾病防治业务的免税范围，包括与该项服务有关的提供药品和医疗用具的业务。

（11）纪念馆、博物馆、文化馆、文物保护单位管理机构、美术馆、展览馆、书画院、图书馆在自己的场所提供文化体育服务取得的第一道门票收入。

（12）寺院、官观、清真寺和教堂举办文化、宗教活动的门票收入。

（13）行政单位之外的其他单位收取的符合《营业税改征增值税试点实施办法》第十条规定条件的政府性基金和行政事业性收费。

（14）个人转让著作权。

（15）个人销售自建自用住房。

（16）2018年12月31日前，公共租赁住房经营管理单位出租公共租赁住房。

（17）纳税人提供的直接或者间接国际货物运输代理服务。

（18）符合规定条件的贷款、债券利息收入。

（19）被撤销金融机构以货物、不动产、无形资产、有价证券、票据等财产清偿债务。

（20）保险公司开办的一年期以上人身保险产品取得的保费收入。

（21）符合规定条件的金融商品转让收入。

（22）金融同业往来利息收入。

（23）同时符合规定条件的担保机构从事中小企业信用担保或者再担保业务取得的收入（不含信用评级、咨询、培训等收入）3年内免征增值税（已停止执行）。

（24）国家商品储备管理单位及其直属企业承担商品储备任务，从中央或者地方财政取得的利息补贴收入和价差补贴收入。

（25）纳税人提供技术转让、技术开发和与之相关的技术咨询、技术服务。

（26）同时符合规定条件的合同能源管理服务。

（27）2017年12月31日前，科普单位的门票收入，以及县级及以上党政部门和科协开展科普活动的门票收入。

（28）政府举办的从事学历教育的高等、中等和初等学校（不含下属单位），举办进修班、培训班取得的全部归该学校所有的收入。

（29）政府举办的职业学校设立的主要为在校学生提供实习场所并由学校出资自办、由学校负责经营管理、经营收入归学校所有的企业，从事《销售服务、无形资产、不动产注释》中现代服务（不含融资租赁服务、广告服务和其他现代服务）、生活服务（不含文化体育服务、其他生活服务和桑拿、氧吧）业务活动取得的收入。

（30）家政服务企业由员工制家政服务员提供家政服务取得的收入。

（31）福利彩票、体育彩票的发行收入。

（32）军队空余房产租赁收入。

（33）为了配合国家住房制度改革，企业、行政事业单位按房改成本价、标准价出售住房取得的收入。

（34）将土地使用权转让给农业生产者用于农业生产。

（35）涉及家庭财产分割的个人无偿转让不动产、土地使用权。

（36）土地所有者出让土地使用权和土地使用者将土地使用权归还给土地所有者。

（37）县级以上地方人民政府或自然资源行政主管部门出让、转让或收回自然资源使用权（不含土地使用权）。

（38）随军家属就业。

（39）军队转业干部就业。

（40）提供社区养老、托育、家政等服务取得的收入。

2.增值税即征即退。

（1）一般纳税人提供管道运输服务，对其增值税实际税负超过3%的部分实行增值税即征即退政策。

（2）经中国人民银行、中国银行保险监督管理委员会（以下简称"银保监会"）或者中华人民共和国商务部（以下简称"商务部"）批准从事融资租赁业务的试点纳税人中的一般纳税人，提供有形动产融资租赁服务和有形动产融资性售后回租服务，对其增值税实际税负超过3%的部分实行增值税即征即退政策。商务部授权的省级商务主管部门和国家经济技术开发区批准的从事融资租赁业务和融资性售后回租业务的试点纳税人中的一般纳税人，2016年5月1日后实收资本达到1.7亿元的，从达到标准的当月起按照上述规定执行；2016年5月1日后实收资本未达到1.7亿元但注册资本达到1.7亿元的，在2016年7月31日前仍可按照上述规定执行，2016年8月1日后开展的有形动产融资租赁业务和有形动产融资性售后回租业务不得按照上述规定执行。

（3）《营业税改征增值税试点过渡政策的规定》所称增值税实际税负，是指纳税人当期提供应税服务实际缴纳的增值税税额占纳税人当期提供应税服务取得的全部价款和价外费用的比例。

3. 扣减增值税规定。

（1）退役士兵创业就业。

自主就业退役士兵从事个体经营的，自办理个体工商户登记当月起，在 3 年（36 个月，下同）内按每户每年 12 000 元为限额依次扣减其当年实际应缴纳的增值税、城市维护建设税、教育费附加、地方教育附加和个人所得税。限额标准最高可上浮 20%，各省、自治区、直辖市人民政府可根据本地区实际情况在此幅度内确定具体限额标准。

（2）重点群体创业就业。

重点群体是指：

① 纳入全国扶贫开发信息系统的建档立卡贫困人口；

② 在人力资源社会保障部门公共就业服务机构登记失业半年以上的人员；

③ 零就业家庭、享受城市居民最低生活保障家庭劳动年龄内的登记失业人员；

④ 毕业年度内高校毕业生。高校毕业生是指实施高等学历教育的普通高等学校成人高等学校应届毕业的学生；毕业年度是指毕业所在自然年，即 1 月 1 日至 12 月 31 日。

重点群体从事个体经营的，自办理个体工商户登记当月起，在 3 年（36 个月，下同）内按每户每年 12 000 元为限额依次扣减其当年实际应缴纳的增值税、城市维护建设税、教育费附加、地方教育附加和个人所得税。限额标准最高可上浮 20%，各省、自治区、直辖市人民政府可根据本地区实际情况在此幅度内确定具体限额标准。

纳税人年度应缴纳税款小于上述扣减限额的，减免税额以其实际缴纳的税款为限；大于上述扣减限额的，以上述扣减限额为限。

4. 金融企业发放贷款后，自结息日起 90 日内发生的应收未收利息按现行规定缴纳增值税，自结息日起 90 日后发生的应收未收利息暂不缴纳增值税，待实际收到利息时按规定缴纳增值税。

5.个人将购买不足 2 年的住房对外销售的，按照 5% 的征收率全额缴纳增值税；个人将购买 2 年以上（含 2 年）的住房对外销售的，免征增值税。上述政策适用于北京市、上海市、广州市和深圳市之外的地区。

个人将购买不足 2 年的住房对外销售的，按照 5% 的征收率全额缴纳增值税；个人将购买 2 年以上（含 2 年）的非普通住房对外销售的，以销售收入减去购买住房价款后的差额按照 5% 的征收率缴纳增值税；个人将购买 2 年以上（含 2 年）的普通住房对外销售的，免征增值税。上述政策仅适用于北京市、上海市、广州市和深圳市。

（三）跨境应税行为免征增值税的政策规定

境内的单位和个人销售的下列服务和无形资产免征增值税，但财政部和国家税务总局规定适用增值税零税率的除外。

（1）工程项目在境外的建筑服务。

（2）工程项目在境外的工程监理服务。

（3）工程、矿产资源在境外的工程勘察勘探服务。

（4）会议展览地点在境外的会议展览服务。

（5）存储地点在境外的仓储服务。

（6）标的物在境外使用的有形动产租赁服务。

（7）在境外提供的广播影视节目（作品）的播映服务。

（8）在境外提供的文化体育服务、教育医疗服务、旅游服务。

（9）为出口货物提供的邮政服务、收派服务、保险服务。为出口货物提供的保险服务，包括出口货物保险和出口信用保险。

（10）向境外单位提供的完全在境外消费的下列服务和无形资产。

① 电信服务。

② 知识产权服务。

③ 物流辅助服务（仓储服务、收派服务除外）。

④ 鉴证咨询服务。

⑤ 专业技术服务。

⑥商务辅助服务。

⑦广告投放地在境外的广告服务。

⑧无形资产。

（11）提供国际运输服务。

①以无运输工具承运方式提供的国际运输服务。

②以水路运输方式提供国际运输服务但未取得国际船舶运输经营许可证的。

③以公路运输方式提供国际运输服务但未取得道路运输经营许可证或者国际汽车运输行车许可证，或道路运输经营许可证的经营范围未包括"国际运输"的。

④以航空运输方式提供国际运输服务但未取得公共航空运输企业经营许可证，或者其经营范围未包括"国际航空客货邮运输业务"的。

⑤以航空运输方式提供国际运输服务但未持有通用航空经营许可证，或者其经营范围未包括"公务飞行"的。

（12）为境外单位之间的货币资金融通及其他金融业务提供的直接收费金融服务，且该服务与境内的货物、无形资产和不动产无关。

（13）财政部和国家税务总局规定的其他服务。

（四）起征点

纳税人发生应税销售行为的销售额未达到增值税起征点的，免征增值税；达到起征点的，全额计算缴纳增值税。

增值税起征点的适用范围限于个体工商户小规模纳税人和其他个人（自然人），不适用于登记为一般纳税人的个体工商户。增值税应税行为的起征点如下。

1.按期纳税的，为月销售额 5 000 ～ 20 000 元（含本数）。

2.按次纳税的，为每次（日）销售额 300 ～ 500 元（含本数）。

起征点的调整由财政部和国家税务总局规定。省、自治区、直辖市财政厅（局）和税务局应当在规定的幅度内，根据实际情况确定本地区适用的起征点，并报财政部和国家税务总局备案。

（五）小微企业免税规定

1. 自 2019 年 1 月 1 日至 2021 年 12 月 31 日，增值税小规模纳税人发生增值税应税销售行为，合计月销售额未超过 10 万元的，免征增值税。其中，以 1 个季度为纳税期限的增值税小规模纳税人，季度销售额未超过 30 万元的，免征增值税。

小规模纳税人发生增值税应税销售行为，合计月销售额超过 10 万元，但扣除本期发生的销售不动产的销售额后未超过 10 万元的，其销售货物、劳务、服务、无形资产取得的销售额免征增值税。

2. 增值税小规模纳税人月销售额未超过 10 万元的，当期因开具增值税专用发票已经缴纳的税款，在增值税专用发票全部联次追回或者按规定开具红字专用发票后，可以向主管税务机关申请退还。

3. 其他个人采取一次性收取租金形式出租不动产取得的租金收入，可在租金对应的租赁期内平均分摊，分摊后的月租金收入不超过 10 万元的，可享受小微企业免征增值税的优惠政策。

（六）其他减免税规定

1. 纳税人兼营免税、减税项目的，应当分别核算免税、减税项目的销售额；未分别核算销售额的，不得免税、减税。

2. 纳税人发生应税销售行为适用免税规定的，可以放弃免税，依照《增值税暂行条例》或者《营业税改征增值税试点实施办法》的规定缴纳增值税。放弃免税后，36 个月内不得再申请免税。

3. 纳税人发生应税销售行为同时适用免税和零税率规定的，可以选择适用免税或者零税率规定。

2.1.6　增值税征收管理

（一）纳税义务发生时间

1. 纳税人发生应税销售行为，其纳税义务发生时间为收讫销售款项或者取得索取销售款项凭据的当天；先开具发票的，为开具发票的当天。具体如下。

（1）采取直接收款方式销售货物，无论货物是否发出，均为收到销售款或者取得索取销售款凭据的当天。

纳税人生产经营活动中采取直接收款方式销售货物，已将货物移送对方并暂估销售收入入账，但既未取得销售款或取得索取销售款凭据，也未开具销售发票的，其纳税义务发生时间为取得销售款或取得销售款凭据的当天；先开具发票的，为开具发票的当天。

（2）采取托收承付和委托银行收款方式销售货物，为发出货物并办妥托收手续的当天。

（3）采取赊销和分期收款方式销售货物，为书面合同约定的收款日期的当天，无书面合同的或者书面合同没有约定收款日期的，为货物发出的当天。

（4）采取预收货款方式销售货物，为货物发出的当天；但生产销售生产工期超过 12 个月的大型机械设备、船舶、飞机等货物，为收到预收款或者书面合同约定的收款日期的当天。

（5）委托其他纳税人代销货物，为收到代销单位的代销清单或者收到全部或部分货款的当天。未收到代销清单及货款的，为发出代销货物满 180 天的当天。

（6）纳税人提供租赁服务采取预收款方式的，其纳税义务发生时间为收到预收款的当天。

（7）纳税人从事金融商品转让的，为金融商品所有权转移的当天。

（8）纳税人发生相关视同销售货物行为的，为货物移送的当天。

（9）纳税人发生视同销售服务、无形资产或者不动产情形的，其纳税义务发生时间为服务、无形资产转让完成的当天或者不动产权属变更的当天。

2.纳税人进口货物，其纳税义务发生时间为报关进口的当天。

3.增值税扣缴义务发生时间为纳税人增值税纳税义务发生的当天。

（二）纳税地点

1.固定业户应当向其机构所在地的主管税务机关申报纳税。总机构和分支机构不在同一县（市）的，应当分别向各自所在地的主管税务机关申报纳税；经财政部和国家税务总局或者其授权的财政和税务机关批准，可以由总机构汇总向总机构所在地的主管税务机关申报纳税。

2.固定业户到外县（市）销售货物或者应税劳务，应当向其机构所在地的主管税务机关报告外出经营事项，并向其机构所在地的主管税务机关申报纳税；未报告的，应当向销售地或者劳务发生地的主管税务机关申报纳税；未向销售地或者劳务发生地的主管税务机关申报纳税的，由其机构所在地的主管税务机关补征税款。

3.非固定业户销售货物或者劳务，应当向销售地或者劳务发生地的主管税务机关申报纳税；未向销售地或者劳务发生地的主管税务机关申报纳税的，由其机构所在地或者居住地的主管税务机关补征税款。

4.进口货物，应当向报关地海关申报纳税。

5.其他个人提供建筑服务、销售或者租赁不动产、转让自然资源使用权，应向建筑服务发生地、不动产所在地、自然资源所在地主管税务机关申报纳税。

6.扣缴义务人应当向其机构所在地或者居住地的主管税务机关申报缴纳其扣缴的税款。

（三）纳税期限

根据《增值税暂行条例》及其实施细则和《营业税改征增值税试点实施办法》的规定，增值税的纳税期限分别为1日、3日、5日、10日、15日、1个月或者1个季度。

纳税人的具体纳税期限，由主管税务机关根据纳税人应纳税额的大小分别核定；不能按照固定期限纳税的，可以按次纳税。以 1 个季度为纳税期限的规定适用于小规模纳税人、银行、财务公司、信托投资公司、信用社，以及财政部和国家税务总局规定的其他纳税人。

纳税人以 1 个月或者 1 个季度为 1 个纳税期的，自期满之日起 15 日内申报纳税；以 1 日、3 日、5 日、10 日或者 15 日为 1 个纳税期的，自期满之日起 5 日内预缴税款，于次月 1 日起 15 日内申报纳税并结清上月应纳税款。

扣缴义务人解缴税款的期限，依照上述规定执行。

纳税人进口货物，应当自海关填发进口增值税专用缴款书之日起 15 日内缴纳税款。

2.1.7 增值税专用发票使用规定

增值税专用发票（以下简称"专用发票"），是增值税一般纳税人发生应税销售行为开具的发票，是购买方支付增值税税额并可按照增值税有关规定据以抵扣增值税进项税额的凭证。2019 年 10 月出台的《关于增值税发票管理等有关事项的公告》（国家税务总局公告 2019 年第 33 号），自 2020 年 2 月 1 日起，正式实施小规模纳税人开具专用发票的政策。

一般纳税人应通过增值税防伪税控系统使用专用发票。使用，包括领购、开具、缴销、认证、稽核比对专用发票及其相应的数据电文。

（一）专用发票的联次及用途

专用发票由基本联次或者基本联次附加其他联次构成，基本联次为 3 联，分别为：

1. 发票联，作为购买方核算采购成本和增值税进项税额的记账凭证；
2. 抵扣联，作为购买方报送主管税务机关认证和留存备查的扣税凭证；
3. 记账联，作为销售方核算销售收入和增值税销项税额的记账凭证。

其他联次用途由一般纳税人自行确定。自 2014 年 8 月 1 日起启用新版专用发票。

（二）专用发票的领购

一般纳税人领购专用设备后，凭增值税专用发票最高开票限额申请单、发票领购簿到主管税务机关办理初始发行。初始发行，是指主管税务机关将一般纳税人的企业名称，税务登记代码，开票限额，购票限量，购票人员姓名、密码，开票机数量，国家税务总局规定的其他信息等载入空白金税盘或IC卡的行为。一般纳税人凭发票领购簿、金税盘（或IC卡）和经办人身份证明领购专用发票。

一般纳税人有下列情形之一的，不得领购、开具专用发票。

1.会计核算不健全，不能向税务机关准确提供增值税销项税额、进项税额、应纳税额数据及其他有关增值税税务资料的。

2.有《税收征管法》规定的税收违法行为，拒不接受税务机关处理的。

3.有下列行为之一，经税务机关责令限期改正而仍未改正的：

（1）虚开专用发票；

（2）私自印制专用发票；

（3）向税务机关以外的单位和个人买取专用发票；

（4）借用他人专用发票；

（5）未按规定开具专用发票；

（6）未按规定保管专用发票和专用设备；

（7）未按规定申请办理防伪税控系统变更发行；

（8）未按规定接受税务机关检查。

有上列情形的，如已领购专用发票，主管税务机关应暂扣其结存的专用发票和IC卡。

（三）专用发票的使用管理

1.专用发票开票限额。

专用发票实行最高开票限额管理。最高开票限额，是指单份专用发票开具的销售额合计数不得达到的上限额度。

最高开票限额由一般纳税人申请，区县税务机关依法审批。一般纳税人申请最高开票限额时，需填报增值税专用发票最高开票限额申请单。主管税务机关受理纳税人申请以后，根据需要进行实地查验，实地查验的范围和方法由各省税务机关确定。自 2017 年 5 月 1 日起，一般纳税人申请专用发票最高开票限额不超过 10 万元的，主管税务机关不需要事前进行实地查验。

2. 专用发票开具范围。

一般纳税人发生应税销售行为，应当向索取专用发票的购买方开具专用发票。属于下列情形之一的，不得开具专用发票：

（1）商业企业一般纳税人零售烟、酒、食品、服装、鞋帽（不包括劳保专用部分）、化妆品等消费品的；

（2）应税销售行为的购买方为消费者个人的；

（3）发生应税销售行为适用免税规定的；

（4）小规模纳税人发生应税销售行为的（需要开具专用发票的，可向税务机关申请代开，国家税务总局另有规定的除外）。

3. 专用发票开具要求。

专用发票应按下列要求开具：

（1）项目齐全，与实际交易相符；

（2）字迹清楚，不得压线、错格；

（3）发票联和抵扣联加盖财务专用章或者发票专用章；

（4）按照增值税纳税义务的发生时间开具。

2.2　增值税进项税额及其转出的会计处理

2.2.1　会计账户的设置

（一）一般纳税人增值税核算的会计账户

我国增值税严格实行"价外计税"的办法，即以不含增值税税额的价格为计税依据。同时根据增值税专用发票注明税额实行税款抵扣制度，按购进扣税法的原则计算应纳税额。因此，货物和应税劳务的价款、税款应分别核算。

一般纳税人应当在"应交税费"科目下设置"应交增值税""未交增值税""预交增值税""待抵扣进项税额""待认证进项税额""待转销项税额""增值税留抵税额""简易计税""转让金融商品应交增值税""代扣代交增值税"等明细科目。

1. 一般纳税人应在"应交增值税"明细账内设置"进项税额""销项税额抵减""已交税金""转出未交增值税""减免税款""出口抵减内销产品应纳税额""销项税额""出口退税""进项税额转出""转出多交增值税"等专栏。

①"进项税额"专栏，记录一般纳税人购进货物、加工修理修配劳务、服务、无形资产或不动产而支付或负担的、准予从当期销项税额中抵扣的增值税税额。

②"销项税额抵减"专栏，记录一般纳税人按照现行增值税制度规定因扣减销售额而减少的销项税额。

③"已交税金"专栏，记录一般纳税人当月已缴纳的应交增值税税额。

④"转出未交增值税"和"转出多交增值税"专栏，分别记录一般纳税人月度终了转出当月应交未交或多交的增值税税额。

⑤"减免税款"专栏，记录一般纳税人按现行增值税制度规定准予减免的增值税税额。

⑥"出口抵减内销产品应纳税额"专栏，记录实行"免、抵、退"办法的一般纳税人按规定计算的出口货物的进项税额抵减内销产品的应纳税额。

⑦"销项税额"专栏，记录一般纳税人销售货物、加工修理修配劳务、服务、无形资产或不动产应收取的增值税税额。

⑧"出口退税"专栏，记录一般纳税人出口货物、加工修理修配劳务、服务、无形资产按规定退回的增值税税额。

⑨ "进项税额转出"专栏，记录一般纳税人购进货物、加工修理修配劳务、服务、无形资产或不动产等发生非正常损失以及其他原因而不应从销项税额中抵扣、按规定转出的进项税额。

⑩ "转出多交增值税"专栏，本项目应根据"应交税金－应交增值税"明细科目"转出多交增值税"专栏的记录填列。

2. "未交增值税"明细科目，核算一般纳税人月度终了从"应交增值税"或"预交增值税"明细科目转入当月应交未交、多交或预缴的增值税税额，以及当月缴纳以前期间未交的增值税税额。

3. "预交增值税"明细科目，核算一般纳税人转让不动产、提供不动产经营租赁服务、提供建筑服务、采用预收款方式销售自行开发的房地产项目等，以及其他按现行增值税制度规定应预缴的增值税税额。

4. "待抵扣进项税额"明细科目，核算一般纳税人已取得增值税扣税凭证并经税务机关认证，按照现行增值税制度规定准予以后期间从销项税额中抵扣的进项税额。其包括：一般纳税人自2016年5月1日后取得并按固定资产核算的不动产或者2016年5月1日后取得的不动产在建工程，按现行增值税制度规定准予以后期间从销项税额中抵扣的进项税额；实行纳税辅导期管理的一般纳税人取得的尚未交叉稽核比对的增值税扣税凭证上注明或计算的进项税额。

5. "待认证进项税额"明细科目，核算一般纳税人由于未经税务机关认证而不得从当期销项税额中抵扣的进项税额。其包括：一般纳税人已取得增值税扣税凭证、按照现行增值税制度规定准予从销项税额中抵扣，但尚未经税务机关认证的进项税额；一般纳税人已申请稽核但尚未取得稽核相符结果的海关缴款书进项税额。

6. "待转销项税额"明细科目，核算一般纳税人销售货物、加工修理修配劳务、服务、无形资产或不动产，已确认相关收入（或利得）但尚未发生增值税纳税义务而需于以后期间确认为销项税额的增值税税额。

7. "增值税留抵税额"明细科目，核算兼有销售服务、无形资产或者不动产的原增值税一般纳税人，截止到纳入营改增试点之日前的增值税期末留抵税额按照现行增值税制度规定不得从销售服务、无形资产或不动产的销项税额中抵扣的增值税留抵税额。

8."简易计税"明细科目，核算一般纳税人采用简易计税方法发生的增值税计提、扣减、预缴、缴纳等业务。

9."转让金融商品应交增值税"明细科目，核算增值税纳税人转让金融商品发生的增值税税额。

10."代扣代交增值税"明细科目，核算纳税人购进在境内未设经营机构的境外单位或个人在境内的应税行为代扣代缴的增值税。

（二）小规模纳税人增值税核算的会计账户

小规模纳税人只需在"应交税费"科目下设置"应交增值税"明细科目，不需要设置上述专栏及除"转让金融商品应交增值税""代扣代交增值税"外的明细科目。

2.2.2 会计账表的设置

（一）账簿设置

1.一般纳税人增值税账簿的设置。

企业应根据增值税核算的会计科目设置账簿。"应交税费——应交增值税"账簿的设置有以下两种方法。

（1）在"应交增值税"二级科目下，按明细项目设置专栏，在一张账页上总括反映所有明细项目的发生和结转情况，可以达到一目了然的效果。但因账页较长，登账时必须注意不要串栏、串行，以免发生记账错误。

（2）将"进项税额""销项税额"等明细项目在"应交税费"账户下分别设置明细账进行核算。月终时，应将有关明细科目的余额结转至"应交税费——应交增值税"科目的借方或贷方，然后再将期末多交或未交增值税结转至"应交税费——未交增值税"科目。

外商投资企业，若以人民币为记账本位币，其"应交税费——应交增值税"账簿的设置，可与内资企业相同，并在上述两种方法中选用一种。

外商投资企业，若以某种外币作为记账本位币，就不便采用上述第一种办法，即按明细项目设专栏，可参照上述第二种方法在"借方""贷方""余额"三栏的基础上，增设专栏。

期末，应结出各明细科目的余额，并按期末余额转账。

（1）将"出口退税""进项税额转出"明细科目余额转入"进项税额"明细科目的贷方。

（2）将"已交税金""出口抵减内销产品应纳税额"明细科目的余额转入"销项税额"明细科目的借方。

（3）进行上述转账后，将"进项税额"明细科目余额与"销项税额"明细科目余额进行比较。如果销项税额大于进项税额，则将"进项税额"明细科目的余额转入"销项税额"明细科目的借方；转账后的"销项税额"明细科目的余额，表示企业尚未缴纳的增值税。如果进项税额大于销项税额，则应将"销项税额"明细科目的余额转入"进项税额"明细科目的贷方；转账后的"进项税额"明细科目的余额，表示企业多交或待扣的增值税。"进项税额"或"销项税额"明细科目的余额（对同一纳税人来说，二者必居其一）应与"应交税费——应交增值税"二级明细科目的余额相同。然后，再将期末未交或多交（但不包括待抵扣）的增值税，结转至"应交税费——未交增值税"二级明细科目。因此，这种做法不需要在"应交增值税"一级明细科目下设"转出多交增值税""转出未交增值税"明细科目。

"应交税费——未交增值税"科目，可设"借方""贷方""余额"三栏式明细账页，企业也可以将"应交增值税明细账"与"未交增值税明细账"合并设置，这样可以在一本账上反映增值税核算的全貌。

2. 小规模纳税人增值税账簿的设置。

小规模纳税人应根据"应交税费——应交增值税"科目，设三栏式明细账页。

（二）报表设置

为了反映企业增值税的应交、已交、多交、减免、未交、欠交、未抵扣等具体情况，企业除了正常编报财务报告、纳税申报表外，还应专门编制"应交增值税明细表"，并将其作为资产负债表的附表上报主管税务机关。

2.2.3 工业企业进项税额的会计处理

（一）外购材料进项税额的会计处理

1. 收料与付款同时进行。

企业外购材料已经验收入库并支付货款或开具并承兑商业汇票，同时也收到销货方开出的增值税专用发票的发票联和抵扣联。这时，企业应按材料的实际成本，借记"原材料"科目；按当月已认证的可抵扣增值税税额，借记"应交税费——应交增值税（进项税额）"科目，按当月未认证的可抵扣增值税税额，借记"应交税费——待认证进项税额"科目；按材料的实际成本和增值税税额之和，贷记"银行存款""库存现金""其他货币资金""应付票据"科目。

【例2-1】天华公司购入甲材料4 000千克，不含税价格为6元/千克，代垫运杂费2 800元（其中运输发票上列明的运费为2 000元），增值税进项税额为3 120元（4 000×6×13%），已开出银行承兑汇票，材料验收入库。运费允许抵扣的税额为180元（2 000×9%）。做会计分录如下。

借：原材料——甲材料		26 620
应交税费——应交增值税（进项税额）		3 300
贷：应付票据——银行承兑汇票		29 920

【例2-2】天华公司向本市某公司购进乙材料3 000千克，不含税价格为5元/千克，增值税进项税额为1 950元（3 000×5×13%），材料入库，发票收到并开出转账支票支付。做会计分录如下。

借：原材料——乙材料		15 000
应交税费——应交增值税（进项税额）		1 950
贷：银行存款		16 950

2.发票结算凭证已到，货款已经支付，但材料尚未收到。发生时应依据有关发票，借记"在途物资""应交税费"科目，贷记"银行存款""其他货币资金""应付票据"等科目；按当月已认证的可抵扣增值税税额，借记"应交税费——应交增值税（进项税额）"科目，按当月未认证的可抵扣增值税税额，借记"应交税费——待认证进项税额"科目。在途物资入库后，借记"原材料"科目，贷记"在途物资"科目。

【例 2-3】天华公司 6 月 6 日收到银行转来的购买光明公司丙材料的托收承付结算凭证及发票，数量为 5 000 千克，价格为 11 元 / 千克，增值税进项税额为 7 150 元，支付运杂费为 6 500 元，其中运费发票上列明的运费为 500 元，应抵扣的运费进项税额为 45 元。采用验单付款。验单付款后做会计分录如下。

借：在途物资——丙材料　　　　　　　　　　　　　　61 455
　　应交税费——应交增值税（进项税额）　　　　　　7 195
　　贷：银行存款　　　　　　　　　　　　　　　　　　68 650

按现行税法规定，工业企业购进货物并取得防伪税控增值税专用发票后，如果在未到主管税务机关进行认证之前入账，其购进货物的进项税额还不能确认是否符合抵扣条件，应借记"应交税费——待认证进项税额"科目。

【例 2-4】沿用【例 2-3】，在未到主管税务机关进行认证之前入账时，先做会计分录如下。

借：在途物资——丙材料　　　　　　　　　　　　　　61 445
　　应交税费——待认证进项税额　　　　　　　　　　7 195
　　贷：银行存款　　　　　　　　　　　　　　　　　　68 650
材料验收入库时。
借：原材料——丙材料　　　　　　　　　　　　　　　61 445
　　贷：在途物资——丙材料　　　　　　　　　　　　　61 445
天华公司在 90 天之内到主管税务机关进行认证并获得认证后。
借：应交税费——应交增值税（进项税额）　　　　　　7 195
　　贷：应交税费——待认证进项税额　　　　　　　　　7 195
如果天华公司在 90 天之内到主管税务机关进行认证，但未获得认证通过，或者超过 90 天未到主管税务机关进行认证。

借：原材料——丙材料   7 195

 贷：应交税费——待认证进项税额   7 195

3. 预付材料款。

因采购业务尚未成立，企业还未取得材料的所有权，企业在按合同规定预付款项时，借记"预付账款"科目，贷记"银行存款""其他货币资金"等科目；当企业收到所购材料并验收入库后，依增值税专用发票所列金额，借记"原材料"科目，按当月已认证的可抵扣增值税税额，借记"应交税费——应交增值税（进项税额）"科目，按当月未认证的进项税额，借记"应交税费——待认证进项税额"科目；贷记"预付账款"科目，同时补付或收回未交或退回的货款。

【例2-5】新华公司开出转账支票预付向××单位购买甲材料货款30 000元。做会计分录如下。

借：预付账款——××单位   30 000

 贷：银行存款   30 000

购买7 600千克的甲材料，已收到并验收入库，发票所列价款为35 000元，增值税进项税额为4 550元（35 000×13%），开出转账支票补付余款9 550元。做会计分录如下。

借：原材料——甲材料   35 000

 应交税费——应交增值税（进项税额）   4 550

 贷：预付账款——××单位   30 000

  银行存款   9 550

4. 国外进口原材料。

从国外购进原材料，也应依法缴纳增值税，应根据海关开具的"完税凭证"记账。其计税依据是海关审定的关税完税价格，加上关税、消费税（如果属于应纳消费税的货物）。

【例2-6】天华公司从国外进口一批材料（材料已验收入库），海关审定的关税完税价格为1 000 000元，应纳关税为150 000元，应纳消费税为50 000元。

增值税计算如下。

增值税进项税额＝（1 000 000+150 000+50 000）×13％ =156 000（元）

做会计分录如下。

借：原材料   1 200 000

　　应交税费——应交增值税（进项税额）   156 000

　　贷：银行存款   1 356 000

（二）外购材料发生退货、折让时进项税额的会计处理

1. 发生全部退货。

在未付款并未进行账务处理的情况下，只需将发票联和抵扣联退还给销货方即可；如果已付款或者货款未付但已进行账务处理，而发票联和抵扣联无法退还，购货方必须取得当地主管税务机关开具的进货退出及索取折让证明单（下称"证明单"）送交销售方，作为销售方开具红字增值税专用发票的合法依据。销售方在未收到证明单以前，不得开具红字增值税专用发票。销售方收到证明单以后，根据退回货物的数量、价款、税款，向购买方开具红字增值税专用发票。红字增值税专用发票的存根联和记账联作为销售方冲销当期销项税额的凭证，其发票联和抵扣联作为购买方扣减当期进项税额的凭证。发生退货的，如原增值税专用发票已做认证，应根据税务机关开具的红字增值税专用发票做相反的会计分录；如原增值税专用发票未做认证，应将发票退回并做相反的会计分录。

【例2-7】天华公司8月26日收到光明公司转来的托收承付结算凭证（验单付款）及发票，所列甲材料价款5 000元，增值税税额650元，委托银行付款。做会计分录如下。

借：在途物资——甲材料   5 000

　　应交税费——应交增值税（进项税额）   650

　　贷：银行存款   5 650

9月10日材料运到，验收后因质量不符而全部退货并取得当地主管税务机关开具的证明单并送交销售方，代垫退货运杂费800元。9月20日收到光明公司开具的红字增值税专用发票的发票联和抵扣联。做会计分录如下。

9月10日将证明单转交光明公司时。

借：应收账款——光明公司   5 800

贷：在途物资——甲材料　　　　　　　　　　　　　　　5 000

　　银行存款　　　　　　　　　　　　　　　　　　　　800

9月20日收到光明公司开来的红字增值税专用发票及款项时。

借：银行存款　　　　　　　　　　　　　　　　　　　6 450

贷：应交税费——应交增值税（进项税额）　　　　　　650

　　应收账款——光明公司　　　　　　　　　　　　5 800

该笔业务在付款时也可借记"应交税费——待认证进项税额"科目650元，待收到销货方开来的红字增值税专用发票时，用红字借记"应交税费——待认证进项税额"科目650元。

2. 发生部分退货。

购进的材料如果发生部分退货，在货款已付，发票无法退还的情况下，应向当地税务机关索取证明单转交销货方，并根据销货方转来的红字增值税专用发票的发票联和抵扣联，借记"应收账款"或"银行存款"科目，贷记"应交税费——应交增值税（进项税额）"科目（记账时，用红字记入借方）、"在途物资"科目。如果部分退货而货款未付且未进行账务处理，则把增值税专用发票退还销货方，由销货方按实重新开具增值税专用发票，其账务处理同前。发生退货的，如原增值税专用发票已认证，应根据税务机关开具的红字增值税专用发票做相反的会计分录；如原增值税专用发票未认证，应将发票退回并做相反的会计分录。

3. 发生进货折让。

购进的材料，如果质量不符，经与销售方协商，给予一部分折让。在采用验货付款的情况下，由于既未付款也未做账务处理，购货方应退回增值税专用发票，由销货方按折让后的价款和税额重新开具增值税专用发票。在采用验单付款的情况下，款已付而发票无法退回，购货方应向当地主管税务机关索取证明单转交销货方，并根据销货方转来的红字增值税专用发票的发票联和抵扣联进行相应的账务处理。

【例2-8】此前采用托收承付结算方式（验单付款）购进材料2 000千克，价格为5元/千克，增值税进项税额为1 300元。材料验收入库时发现质量不符，经与销货方协商后同意折让 10%。做会计分录如下。

材料验收入库，按扣除折让后的金额入账，并将证明单转交销货方时。

借：原材料　　　　　　　　　　　　　　　　　　　　　　9 000

　　应收账款　　　　　　　　　　　　　　　　　　　　　1 000

　　　贷：在途物资　　　　　　　　　　　　　　　　　　　　10 000

收到销货方转来的折让金额红字增值税专用发票及款项时。

借：银行存款　　　　　　　　　　　　　　　　　　　　1 130

　　　贷：应交税费——应交增值税（进项税额）　　　　　　　130

　　　　　应收账款　　　　　　　　　　　　　　　　　　　1 000

（三）外购材料发生短缺与损耗时进项税额的会计处理

由于材料短缺或损耗的原因不同，其损失的承担者不同，所以，短缺或损耗材料中所含的进项税额的会计处理也不同。

材料短缺损失若为合理损耗，如运输途中的合理损耗，其进项税额应予以抵扣。

凡属由供应单位造成的短缺，若对方决定近期予以补货，则短缺材料的进项税额暂不得抵扣，需待补来材料验收入库后，再予以抵扣。若对方决定退赔货款，应视不同情况比照销货退回进行处理：如购买方未付货款且未做账务处理，应退回原增值税专用发票，供应单位将其注明作废后，重开增值税专用发票；如已付款或已做账务处理，必须取得当地主管税务机关开具的进货退出及索取折让证明单交供应单位，购买方则应在取得对方开具的红字增值税专用发票后，以红字冲减原已登记的进项税额。

凡属运输单位造成的短缺或毁损，应向运输部门索赔，索赔款中的进项税额应由"应交税费——应交增值税（进项税额转出）"科目的贷方转入"其他应收款"科目的借方。

凡属购入途中发生的非常损失，其进项税额不得抵扣，而应由"应交税费——应交增值税（进项税额转出）"科目的贷方，转入"待处理财产损溢"科目的借方，与损失的材料成本一并处理。经批准转销时，将扣除残料价值和过失人、保险公司赔款后的净损失，计入营业外支出。

【例2-9】天华公司向外地大明公司购进丁材料，采取验单付款，收到大明公司转来的托收承付结算凭证及增值税专用发票，上列数量400千克，单价60元/千克，增值税进项税额3 120元。做会计分录如下。

借：在途物资——丁材料　　　　　　　　　　　　　　　24 000
　　应交税费——应交增值税（进项税额）　　　　　　　3 120
　　贷：银行存款　　　　　　　　　　　　　　　　　　　27 120

购进材料验收入库时，发生短缺10千克，属于购入途中发生的净损失，原因待查。做会计分录如下。

借：待处理财产损溢　　　　　　　　　　　　　　　　　600
　　原材料　　　　　　　　　　　　　　　　　　　　23 400
　　贷：在途物资　　　　　　　　　　　　　　　　　　24 000

（四）购建固定资产进项税额的会计处理

我国目前采用的是消费型增值税，因此，企业购进设备或购进用于固定资产建设项目的材料，如果取得增值税专用发票，且已注明税额，可以从销项税额中抵扣。

【例2-10】天华公司当月购进设备1台，价款110 000元，增值税专用发票注明增值税税额14 300元；又购进用于在建工程的材料28 000元，增值税专用发票注明增值税税额3 640元。款已付，货已入库。做会计分录如下。

借：固定资产　　　　　　　　　　　　　　　　　　110 000
　　应交税费——应交增值税（进项税额）　　　　　　14 300
　　贷：银行存款　　　　　　　　　　　　　　　　　124 300
借：在建工程　　　　　　　　　　　　　　　　　　28 000
　　应交税费——应交增值税（进项税额）　　　　　　3 640
　　贷：银行存款　　　　　　　　　　　　　　　　　31 640

（五）支付水电费进项税额的会计处理

按现行增值税法规定，企业支付水电费，可以根据增值税专用发票注明的增值税税额进行税款抵扣。

【例2-11】天华公司10月收到电力公司开来的电力增值税专用发票，因该公司生产经营用电和职工生活用电采用一个电度表，所以，增值税专用发票的增值税税额中有属于职工个人消费的部分。10月该工厂用电总价20 000元，其中：生产用电的总价为18 000元，职工生活用电的总价是2 000元。电力公司开来的增值税专用发票，总价20 000元，税额2 600元，价税合计22 600元。该公司对职工生活用电的价税计算到个人，在发工资时扣。做会计分录如下。

可抵扣的增值税进项税额 =2 600×（18 000÷20 000）=2 340（元）

应计入应付职工薪酬金额=2 000+（2 600-2 340）=2 260（元）

借：制造费用　　　　　　　　　　　　　　　　　　18 000

　　应交税费——应交增值税（进项税额）　　　　　　2 340

　　应付职工薪酬　　　　　　　　　　　　　　　　　2 260

　　贷：银行存款　　　　　　　　　　　　　　　　　　　22 600

（六）投资转入货物进项税额的会计处理

企业接受投资转入的货物，按照增值税专用发票上注明的增值税税额，借记"应交税费——应交增值税（进项税额）"科目，按照投资确认的价值（已扣除增值税税额），借记"原材料""库存商品"等科目，按照投资确认的货物价值与增值税税额的合计数，贷记"实收资本"科目。如果对方是以固定资产（如机器、设备等）进行投资，进项税额不通过"应交税费——应交增值税（进项税额）"科目核算，而是直接计入固定资产。按投资确认的价值与增值税税额的合计数，借记"固定资产"科目，贷记"实收资本"科目。

【例2-12】某联营工业企业接受参加联营的某企业用原材料投资，开具一份增值税专用发票，直接将货物送到仓库验收入库。增值税专用发票上注明：货价265 487元，税额34 513元，价税合计300 000元。做会计分录如下。

借：原材料　　　　　　　　　　　　　　　　　　　265 487

　　应交税费——应交增值税（进项税额）　　　　　　34 513

　　贷：实收资本——××企业　　　　　　　　　　　　　300 000

（七）接受捐赠货物进项税额的会计处理

企业接受捐赠转入的货物，按照增值税专用发票上注明的增值税税额，借记"应交税费——应交增值税（进项税额）"账户，按照接受捐赠确认的价值，借记"原材料"等账户，按照货物的价值和增值税税额的合计数，贷记"营业外收入"账户。

【例2-13】天华公司接受长虹厂捐赠的丙材料，增值税专用发票上列明：价款40 000元，税额5 200元。材料已验收入库。做会计分录如下。

借：原材料   40 000

  应交税费——应交增值税（进项税额）   5 200

  贷：营业外收入   45 200

（八）委托加工材料、接受应税劳务进项税额的会计处理

提供委托加工服务的单位，如为一般纳税人，应使用增值税专用发票，分别注明加工、修理修配的成本和税额，接受服务的单位即可据以编制会计分录。按所发材料的实际成本与支付的加工费、运杂费之和，借记"委托加工物资"等账户；按应税服务加工费的增值税税额，借记"应交税费——应交增值税（进项税额）"账户；贷方记"银行存款"。等加工完毕收回后，再由"委托加工物资"账户转入"原材料"等账户。

【例2-14】天华公司委托东方公司加工产品包装用木箱，发出材料16 000元，支付加工费3 600元和增值税税额468元。支付往返运杂费380元，其中运费300元，应计运费进项税额27元（300×9%）。做会计分录如下。

发出材料时。

借：委托加工物资   16 000

  贷：原材料   16 000

支付加工费和增值税税额时。

借：委托加工物资   3 600

  应交税费——应交增值税（进项税额）   468

  贷：银行存款   4 068

用银行存款支付往返运杂费时。

借：委托加工物资   353

  应交税费——应交增值税（进项税额）   27

　　贷：银行存款　　　　　　　　　　　　　　　　　　　　　380

结转加工材料成本时。

　　借：周转材料——木箱　　　　　　　　　　　　　　　19 953

　　　　贷：委托加工物资　　　　　　　　　　　　　　　　19 953

　　企业接受应税劳务，按照增值税专用发票注明的增值税税额，借记"应交税费——应交增值税（进项税额）"账户；按增值税专用发票记载的加工、修理和修配费用，借记"其他业务成本""制造费用""委托加工物资""管理费用"等账户；按应付或实际支付金额，贷记"应付账款""银行存款"等账户。

（九）购进不动产或不动产在建工程进项税额抵扣的会计处理

　　一般纳税人自 2019 年 4 月 1 日后取得并按固定资产核算的不动产或者 2019 年 4 月 1 日后取得的不动产在建工程，其进项税额按现行增值税制度规定不再分 2 年抵扣，在会计处理时，应当按取得成本，借记"固定资产""在建工程"等科目，按可抵扣的增值税税额，借记"应交税费——应交增值税（进项税额）"科目，按应付或实际支付的金额，贷记"应付账款""应付票据""银行存款"等科目。

（十）小规模纳税人的会计处理

　　由于小规模纳税人不实行税款抵扣制，因此，不论是收到普通发票，还是收到增值税专用发票，其所付税款均不必单独反映，可直接计入采购成本。按应付或实际支付的价款和进项税额，借记"材料采购""原材料""管理费用"等账户，贷记"应付账款""银行存款""库存现金"等账户。

2.2.4　商业企业进项税额的会计处理

（一）商品批发企业进项税额的会计处理

　　商品批发企业增值税进项税额的会计处理，主要涉及"材料采购""库存商品""应交税费——应交增值税（进项税额）"等账户。按现行税法规定，商业企业（一般纳税人）购进商品，进项税额实行付款抵扣制，即只有付款或开出并承兑商业汇票后，才允许抵扣进项税额。为了正确确认每期应抵扣的进项税额，也可记入"应交税费——待认证进项税额"账户。

（1）同城商品购进。

商品批发企业向本地生产企业或商业企业购进商品，分提货制和送货制两种购货方式，一般采用支票、商业汇票、现金结算方式。结算货款时，按购买价格，借记"材料采购"等账户，按增值税专用发票上注明的增值税税额，借记"应交税费——应交增值税（进项税额）"账户，按购买价格与增值税之和，贷记"应付账款""应付票据""银行存款"等账户；商品验收入库时，借记"库存商品"账户，贷记"材料采购"等账户。

【例2-15】某批发企业从本市某服装公司购进衬衣 1 000 件，价格为 88 元/件，增值税专用发票注明：价款 88 000 元，税额 11 440 元（88 000×13%）。以转账支票付款。做会计分录如下。

付款时。

借：材料采购——衬衣 88 000

应交税费——应交增值税（进项税额） 11 440

贷：银行存款 99 440

商品验收入库时。

借：库存商品——衬衣 88 000

贷：材料采购——衬衣 88 000

（2）异地商品采购。

商品批发企业向外地供货单位购进商品，一般采用发货制购货方式，货款结算通常采用异地托收承付等结算方式。由于商品发运与货款结算完成时间不一致，往往形成"单货同到""货到单未到""单到货未到"的情况。所以，会计核算一般分为两步：接收商品和结算货款。

在"单到货未到"的情况下，购货单位收到银行转来的供货单位的托收承付结算凭证、发货单及增值税专用发票，经审核无误后，在规定承付时间内办理货款结算，应借记"材料采购"和"应交税费——应交增值税（进项税额）"等账户，贷记"银行存款"等账户；商品验收入库，财会部门根据仓库转来的收货单，应借记"库存商品"账户，贷记"材料采购"等账户。

【例 2-16】某商业企业向外地某自行车厂购入自行车 400 辆，价格为 400 元 / 辆，增值税专用发票上注明：价款 160 000 元，税额 20 800 元（400×400×13%）。采用托收承付结算方式结算，单货俱到。做会计分录如下。

承付货款时。

借：材料采购——自行车　　　　　　　　　　　　　160 000
　　应交税费——应交增值税（进项税额）　　　　　　20 800
　　　　贷：银行存款　　　　　　　　　　　　　　　　　180 800

验收入库时。

借：库存商品——自行车　　　　　　　　　　　　　160 000
　　　　贷：材料采购——自行车　　　　　　　　　　　　160 000

在"货到单未到"的情况下，平时先不记账。若到月终结算时，凭证仍未到达，按暂估的进货原价入账，借记"库存商品"等账户，贷记"应付账款"等账户；下月初再用红字做相同的会计分录冲回。

商业企业购进货物，必须在购进货物付款后才能申报抵扣进项税额，尚未付款或尚未开出商业承兑汇票的，其进项税额不得作为纳税人当期进项税额予以抵扣。

若进货时已收到发票，企业因资金周转困难暂时不能付款，在核算时，既要如实反映应付账款的金额，又不能将未付款的进项税额列入当期进项税额予以抵扣。可增设"待抵扣进项税额"账户。也可以利用"长期待摊费用"账户核算暂不能抵扣的进项税额。零售商业企业发生上述情况的，也可以比照这种方法进行会计处理。

（二）商品零售企业进项税额的会计处理

商品零售企业在商品验收入库时，以商品的售价（含税）金额，借记"库存商品"账户，以商品的进价（不含税）金额，贷记"材料采购"账户，以商品含税零售价大于不含税进价的差额，贷记"商品进销差价"账户。"商品进销差价"账户，是商品零售企业用来核算商品售价（含税）与进价（不含税）之间的差额（毛利＋销项税额）的专门账户。该账户借方反映取得商品进价大于零售价的差额，月终分摊的商品进销差价和库存商品售价调整时调低售价的差额；贷方反映商品零售价大于进价的差额和库存商品售价调整时调高售价的差额；贷方余额反映库存商品进价小于售价的差额，借方余额则反映库存商品进价大于售价的差额，余额一般在贷方。

1. 购进商品进项税额的会计处理。

商品零售企业购进商品、进项税额的确认及会计处理，只是库存商品实行售价金额核算，其会计处理与商品批发企业有所不同，其他基本相同。

【例 2-17】某零售企业向本市无线电公司购入 VCD 150 台，价格为 1 000 元／台，增值税专用发票上注明：价款 150 000 元，税额 19 500 元（150 000×13％）。做会计分录如下。

（1）企业付款时。

借：材料采购——VCD　　　　　　　　　　　　　　　　　　150 000

　　应交税费——应交增值税（进项税额）　　　　　　　　　　19 500

　　贷：银行存款　　　　　　　　　　　　　　　　　　　　　169 500

（2）商品验收入库（设每台 VCD 含税售价 1 560 元）时。

借：库存商品——VCD　　　　　　　　　　　　　　　　　　234 000

　　贷：材料采购——VCD　　　　　　　　　　　　　　　　　150 000

　　　　商品进销差价　　　　　　　　　　　　　　　　　　　84 000

当然，上述会计处理方法也有其局限性，即"商品进销差价"账户并不能清楚反映进价与销价的差价。这样，就不便于分析商品的差价率（毛利率）。为此，也可以采用以下会计处理方法。

（1）库存商品价值、商品进销差价均不含税。

【例 2-18】沿用【例 2-17】，第一笔会计分录不变，第二笔会计分录如下。

每台 VCD 不含税售价 =1 560÷（1+13％）=1 381（元）

借：库存商品——VCD　　　　　　　　　　　　　　　　　　207 150

　　贷：材料采购——VCD　　　　　　　　　　　　　　　　　150 000

　　　　商品进销差价　　　　　　　　　　　　　　　　　　　57 150

（2）在"商品进销差价"账户下，设"毛利""销项税额"两个二级账户。

【例 2-19】沿用【例 2-17】，第一笔会计分录不变，第二笔会计分录如下。

借：库存商品——VCD　　　　　　　　　　　　　　234 000
　　贷：材料采购——VCD　　　　　　　　　　　　150 000
　　　　商品进销差价——毛利　　　　　　　　　　 57 150
　　　　　　　　——销项税额　　　　　　　　　　 26 850

（3）在"库存商品"账户下，增设"销项税额"明细账。

【例 2-20】沿用【例 2-17】，第一笔会计分录不变，第二笔会计分录如下。

借：库存商品——VCD　　　　　　　　　　　　　　234 000
　　贷：材料采购——VCD　　　　　　　　　　　　150 000
　　　　商品进销差价　　　　　　　　　　　　　　 57 150
　　　　库存商品——销项税额　　　　　　　　　　 26 850

上述会计处理方法各有利弊，企业在不违反现行有关法规的前提下，可以选择其中之一或创造更好的处理方法。

2. 购进商品溢余、短缺进项税额的会计处理。

商品零售企业购进商品，验收入库时，如发现实收数量与应收数量不符，应查明原因，针对不同原因进行相应的会计处理。其会计处理方法可参照本节关于进项税额转出的会计处理。

3. 进货退出进项税额的会计处理。

进货退出是指商业企业购入的商品已验收入库并支付货款，事后发现商品质量或规格等存在问题，经与供货方协商同意，将商品退回供货方。发生进货退出业务，应由商业企业业务部门填红字进货单并向当地主管税务机关取得证明单，然后将红字进货单和证明单各一联送交供货方，作为供货方开具红字增值税专用发票的合法依据。

【例 2-21】某商业企业在拆包整理商品时，发现上月购入的乙商品有 2 箱不符规格，经与供货方协商，同意退回商品，进价 1 000 元 / 箱。做会计分录如下。

供货方财会部门收到红字进货单时。

采用进价核算的企业。

借：库存商品——乙商品　　　　　　　　　　　　　　　　　　　2 000

　　贷：应收账款　　　　　　　　　　　　　　　　　　　　　　　　　2 000

采用售价核算的企业（含税零售价 1 500 元 / 箱）。

借：库存商品——乙商品　　　　　　　　　　　　　　　　　　　3 000

　　贷：应收账款　　　　　　　　　　　　　　　　　　　　　　　　　2 000

　　　　商品进销差价　　　　　　　　　　　　　　　　　　　　　　　1 000

商业企业收到供货方开来的红字增值税专用发票和退货款时。

借：银行存款　　　　　　　　　　　　　　　　　　　　　　　　2 260

　　贷：应交税费——应交增值税（进项税额）　　　　　　　　　　　　　260

　　　　应收账款　　　　　　　　　　　　　　　　　　　　　　　　　2 000

上述会计分录，在登账时，"应交税费""应收账款"应用红字记入借方发生额。

4. 购入商品退补价款进项税额的会计处理。

购入商品退补价款是指商品零售企业在商品购进核算完成后，供货方计价有误，以致多付或少付货款，供货方退还多付货款或购货方补付少付货款。

退价与补价的核算，应在原账务处理的基础上加以调整，不涉及商品实物数量的变动。发生购入商品退补价款业务，由供货方填制销货更正单和红字或蓝字增值税专用发票转交购货方；购货方有关部门审核后，填制进货更正单，连同红字或蓝字增值税专用发票交财会部门据以办理价款结算，调整库存商品的价格。

退价时，购货方应根据红字增值税专用发票的抵扣联调减进项税额，根据红字增值税专用发票的发票联调减库存商品成本或商品销售成本。如退价商品尚未出售，或虽已出售但尚未结转销售成本，则调减库存商品成本；如退价商品已全部或部分售出，并已结转销售成本，则应调减商品销售成本。补价时，购货方也应根据补价商品的存销情况，比照退货做相应的账务处理，即根据蓝字增值税专用发票的抵扣联调增进项税额，根据蓝字增值税专用发票的发票联调增库存商品成本或商品销售成本。

【例 2-22】某商品零售企业 4 月初从某皮鞋厂购入皮鞋 400 双，进价 60 元 / 双，价款 24 000 元，增值税税额 3 120 元，以银行存款支付。现收到银行转来的供货方信汇凭证收款通知单、退价销货更正单以及红字增值税专用发票，上列每双鞋退价 5 元，共计价款 2 000 元，增值税税额 260 元。做会计分录如下。

当该批鞋尚未销售或虽销售但尚未结转成本时。

采用进价核算的企业。

借：银行存款	2 260
贷：应交税费——应交增值税（进项税额）	260
库存商品——皮鞋	2 000

采用售价核算的企业（不调整库存商品，全部计入商品进销差价）。

借：银行存款	2 260
贷：应交税费——应交增值税（进项税额）	260
商品进销差价	2 000

当该批鞋已全部销售并已结转成本时。

借：银行存款	2 260
贷：应交税费——应交增值税（进项税额）	260
商品销售成本	2 000

5. 购入商品拒付货款、拒收商品进项税额的会计处理。

商品零售企业采用托收承付结算方式和发货制从异地购入商品，当收到供货方的托收单时发现金额有误，或商品到达、验收入库时发现与合同要求不符，均可向供货方提出拒付货款或拒收商品。

2.2.5　进项税额转出的会计处理

企业购进的货物（包括商品、原材料、包装物、免税农业特产品等）发生非正常损失及改变用途等情况，其进项税额不能从销项税额中扣除。由于这些货物的增值税税额在其购进时已作为进项税额从当期的销项税额中扣除，因此，应将其从进项税额中转出，借记有关成本、费用、损失等账户，贷记"应交税费——应交增值税（进项税额转出）"账户。另外，按我国现行出口退税政策规定，进项税额与出口退税额的差额，也应做进项税额转出的会计处理。

（一）购进货物改变用途转出进项税额的会计处理

为生产、销售购进的货物，企业支付的增值税税额已计入进项税额，若该货物购进后被用于免税项目、非应税项目、集体福利、个人消费（不开具发票，只填开出库单），应将其负担的增值税税额从进项税额中转出，计入货物成本。这类业务与货物在购入时就已明确自用不同，若货物购入时就确认用于免税项目、非应税项目、集体福利、个人消费，应将其发票上注明的增值税税额，计入购进货物及接受劳务的成本，不计入进项税额。这类业务与视同销售也不相同。视同销售是指将经过自己加工或委托加工的货物用于上述目的，或者将未经加工的货物对外投资和赠送（开具发票）。

【例2-23】某企业8月购进生产经营用钢材112吨，价格为3 500元/吨，增值税专用发票上注明：价款392 000元，税额50 960元（392 000×13%）。款项已通过银行支付，货物已验收入库。9月，本企业基建需要从仓库中领用上月购入钢材28吨。做会计分录如下。

借：在建工程　　　　　　　　　　　　　　　　　98 000
　　贷：原材料——钢材　　　　　　　　　　　　　　　98 000

（二）非正常损失货物进项税额转出的会计处理

购进货物发生非正常损失后，不可能再出售，其税负也就不能转嫁。因此，税法规定对发生非正常损失的企业（作为应税货物的最终消费者）应征收该货物的增值税。由于进货时支付的增值税税额已计入进项税额并抵扣了企业销项税额，发生非正常损失后要将其转出。

非正常损失的在产品、库存商品所耗用的购进货物或者应税劳务的进项税额，一般都已在以前的纳税期抵扣，发生非正常损失后，一般很难核实所损失的货物是在过去何时购进的，其原始进价和进项税额也无法准确核定。因此，应按货物的实际成本计算不得抵扣进项税额。对于非正常损失的在产品、库存商品所耗用外购货物或应税劳务的实际成本，还需要参照企业近期的成本资料加以计算。

企业应根据税法的规定，正确界定非正常损失与正常损失。正常损失额确认后，可计入管理费用或销售费用，不做进项税额转出处理。

1. 意外损失进项税额转出的会计处理。

【例 2-24】某企业本月发生火灾，烧毁库存外购彩电 10 台，账面售价为 40 000 元，进销差价率为 20%。不得抵扣的进项税额为 4 160 元 [40 000×（1-20%）×13%]。做会计分录如下。

借：待处理财产损溢　　　　　　　　　　　　　　　　　44 160

　　贷：库存商品　　　　　　　　　　　　　　　　　　　40 000

　　　　应交税费——应交增值税（进项税额转出）　　　　　4 160

借：商品进销差价　　　　　　　　　　　　　　　　　　8 000

　　贷：待处理财产损溢　　　　　　　　　　　　　　　　8 000

2. 购进货物短缺进项税额转出的会计处理。

【例 2-25】某采用进价核算的商业企业从外地永明公司购进 A 商品 4 000 千克，增值税专用发票上列明：价款 80 000 元，税额 10 400 元。该商业企业接到银行转来的托收承付结算凭证及有关凭证，经审核无误，如数以银行存款支付，商品尚未运到。做会计分录如下。

借：材料采购　　　　　　　　　　　　　　　　　　　80 000

　　应交税费——应交增值税（进项税额）　　　　　　　10 400

　　贷：银行存款　　　　　　　　　　　　　　　　　　90 400

商品验收入库时，实收 3 000 千克，短缺 1 000 千克，原因待查。做会计分录如下。

借：库存商品　　　　　　　　　　　　　　　　　　　60 000

　　待处理财产损溢　　　　　　　　　　　　　　　　　22 600

　　贷：材料采购　　　　　　　　　　　　　　　　　　80 000

　　　　应交税费——应交增值税（进项税额转出）　　　　2 600

短缺 1 000 千克，经查属于对方单位少发，现收到对方单位补发来的商品。做会计分录如下。

借：库存商品　　　　　　　　　　　　　　　　　　　20 000

　　应交税费——应交增值税（进项税额转出）　　　　　2 600

贷：待处理财产损溢   22 600

2.2.6　购买方作为扣缴义务人的会计处理

按照现行增值税制度规定，境外单位或个人在境内发生应税行为，在境内未设有经营机构的，以购买方为增值税扣缴义务人。境内一般纳税人购进服务、无形资产或不动产，按应计入相关成本费用或资产的金额，借记"生产成本""无形资产""固定资产""管理费用"等科目，按可抵扣的增值税税额，借记"应交税费——应交增值税（进项税额）"科目（小规模纳税人应借记相关成本费用或资产科目），按应付或实际支付的金额，贷记"应付账款"等科目，按应代扣代缴的增值税税额，贷记"应交税费——代扣代交增值税"科目。实际缴纳代扣代缴增值税时，按代扣代缴的增值税税额，借记"应交税费——代扣代交增值税"科目，贷记"银行存款"科目。

2.2.7　进项税额抵扣情况发生改变的会计处理

因发生非正常损失或改变用途等，原已计入进项税额、待抵扣进项税额或待认证进项税额，但按现行增值税制度规定不得从销项税额中抵扣的，借记"待处理财产损溢""应付职工薪酬""固定资产""无形资产"等科目，贷记"应交税费——应交增值税（进项税额转出）""应交税费——待抵扣进项税额""应交税费——待认证进项税额"科目；原不得抵扣且未抵扣进项税额的固定资产、无形资产等，因改变用途等用于允许抵扣进项税额的应税项目的，应按允许抵扣的进项税额，借记"应交税费——应交增值税（进项税额）"科目，贷记"固定资产""无形资产"等科目。固定资产、无形资产等经上述调整后，应按调整后的账面价值在剩余尚可使用寿命内计提折旧或摊销。

2.3　增值税销项税额的会计处理

2.3.1　工业企业销项税额的会计处理

工业企业增值税销项税额的会计处理所涉及的会计账户主要有："主营业务收入""发出商品""应交税费——应交增值税（销项税额）""银行存款""应收账款""应收票据"等。

（一）销售产品的销项税额的会计处理

1.采用支票、汇兑、银行本票、银行汇票等结算方式销售产品的销项税额的会计处理。

采用支票、汇兑、银行本票、银行汇票等结算方式销售产品，按税法的规定，属于直接收款方式销售货物，不论货物是否发出，其纳税义务发生时间均为收到货款或取得索取销货款的凭据的当天。企业应根据销售结算凭证和银行存款进账单，借记"银行存款""应收账款""应收票据"科目。按照国家统一的会计制度确认收入或利得的时点早于按照增值税制度确认增值税纳税义务发生时点的，应将相关销项税额记入"应交税费——待转销项税额"科目，待实际发生纳税义务时再转入"应交税费——应交增值税（销项税额）"或"应交税费——简易计税"科目。按照增值税制度确认增值税纳税义务发生时点早于按照国家统一的会计制度确认收入或利得的时点的，应按应纳增值税税额，借记"应收账款"科目；贷记"应交税费——应交增值税（销项税额）"或"应交税费——简易计税"科目；按照国家统一的会计制度确认收入或利得时，应按扣除增值税销项税额后的金额确认收入，按实际销货额，贷记"主营业务收入"科目。

【例 2-26】天华公司采用汇兑结算方式向光明公司销售甲产品 360 件，价格为 600 元 / 件，增值税专用发票上列明：价款 216 000 元，税额 28 080 元（360×600×13%）。开出转账支票支付代垫杂费 1 000 元，货款尚未收到。做会计分录如下。

借：应收账款——光明公司　　　　　　　　　　　　245 080

　　贷：主营业务收入　　　　　　　　　　　　　　　　216 000

应交税费——应交增值税（销项税额）	28 080
银行存款	1 000

2. 采用商业汇票结算方式销售产品的销项税额的会计处理。

采用商业汇票结算方式销售产品，当收到购货方交来的商业汇票时，销售收入实现并发生纳税义务。按照国家统一的会计制度确认收入或利得的时点早于按照增值税制度确认增值税纳税义务发生时点的，应将相关销项税额记入"应交税费——待转销项税额"科目，待实际发生纳税义务时再转入"应交税费——应交增值税（销项税额）"或"应交税费——简易计税"科目。按照增值税制度确认增值税纳税义务发生时点早于按照国家统一的会计制度确认收入或利得的时点的，应按应纳增值税税额，借记"应收账款"科目，贷记"应交税费——应交增值税（销项税额）"或"应交税费——简易计税"科目；按照国家统一的会计制度确认收入或利得时，应按扣除增值税销项税额后的金额确认收入。

【例2-27】天华公司向永兴公司销售甲产品100件，价格为600元/件，价款60 000元，增值税税额7 800元（100×600×13%），已收到购货单位交来承兑期为4个月的银行承兑汇票。做会计分录如下。

借：应收票据——银行承兑汇票	67 800
贷：应交税费——应交增值税（销项税额）	7 800
主营业务收入	60 000

3. 采用委托收款或托收承付结算方式销售产品的销项税额的会计处理。

企业采用委托收款或托收承付结算方式销售产品，尽管结算程序不同，但按增值税制度的规定，均应于发出商品并向银行办妥托收手续的当天，确认销售实现并发生纳税义务。企业应根据委托收款或托收承付结算凭证和发票，借记"应收账款"科目。按照国家统一的会计制度确认收入或利得的时点早于按照增值税制度确认增值税纳税义务发生时点的，应将相关销项税额记入"应交税费——待转销项税额"科目，待实际发生纳税义务时再转入"应交税费——应交增值税（销项税额）"或"应交税费——简易计税"科目。按照增值税制度确认增值税纳税义务发生时点早于按照国家统一的会计制度确认收入或利得的时点的，应按应纳增值税税额，借记"应收账款"科目，贷记"应交税费——应交增值税（销项税额）"或"应交税费——简易计税"科目；按照国家统一的会计制度确认收入或利得时，应按扣除增值税销项税额后的金额确认收入，并确认相关的营业收入，贷记"主营业务收入"科目。对不完全符合收入确认条件的销售业务，只要开出并转交增值税专用发票，也应确认纳税义务的发生。

【例2-28】天华公司向外地B公司发出乙产品200件，价格为460元/件，价款92 000元，增值税税额11 960元（200×460×13%），代垫杂费2 000元。根据发货票和铁路运单等，已向银行办妥委托收款手续。做会计分录如下。

借：应收账款——B公司　　　　　　　　　　　　　105 960
　　贷：应交税费——应交增值税（销项税额）　　　　　11 960
　　　　主营业务收入　　　　　　　　　　　　　　　92 000
　　　　银行存款　　　　　　　　　　　　　　　　　2 000

若已知B公司近期财务状况不好，难以在规定的结算期内承付货款。但天华公司为减少库存，同时也为保持双方的长期业务关系，仍然同意以该种结算方式将产品卖给B公司。已知该批发出产品成本为400元/件。

由于该项销售业务不具备收入确认的条件，应按其成本做账。做会计分录如下。

借：发出商品——乙产品　　　　　　　　　　　　　80 000
　　贷：库存商品——乙产品　　　　　　　　　　　　80 000

同时：

借：应收账款——B公司　　　　　　　　　　　　　13 960
　　贷：应交税费——应交增值税（销项税额）　　　　　11 960
　　　　银行存款　　　　　　　　　　　　　　　　　2 000

若在15日后，获知对方财务状况好转，并承诺近期付款，可确认收入。做会计分录如下。

借：应收账款——B公司　　　　　　　　　　　　　92 000
　　贷：主营业务收入　　　　　　　　　　　　　　　92 000

4.采用赊销和分期收款方式销售产品的销项税额的会计处理。

采用赊销和分期收款方式销售产品，按增值税制度的规定，销售实现并发生纳税义务和开具增值税专用发票的时间为合同约定收款日期的当天。发出商品时，借记"发出商品"科目，贷记"库存商品"科目，按合同约定收款日期开具增值税专用发票，并按增值税专用发票上的金额，借记"银行存款"或"应收账款"科目。按照国家统一的会计制度确认收入或利得的时点早于按照增值税制度确认增值税纳税义务发生时点的，应将相关销项税额记入"应交税费——待转销项税额"科目，待实际发生纳税义务时再转入"应交税费——应交增值税（销项税额）"或"应交税费——简易计税"科目。按照增值税制度确认增值税纳税义务发生时点早于按照国家统一的会计制度确认收入或利得的时点的，应按应纳增值税税额，借记"应收账款"科目，贷记"应交税费——应交增值税（销项税额）"或"应交税费——简易计税"科目；按照国家统一的会计制度确认收入或利得时，应按扣除增值税销项税额后的金额确认收入，并确认相关的营业收入，贷记"主营业务收入"科目。

【例2-29】天华公司向Y公司销售丙产品200件，价格为540元/件，产品成本为80 000元，增值税税率为13%。按合同规定，货款分3个月支付，本月为第1期产品销售实现月，增值税专用发票上列明：价款36 000元，税额4 680元（36 000×13%）。已收到款项。本月做会计分录如下。

```
借：发出商品                                    80 000
    贷：库存商品                                       80 000
借：银行存款                                    40 680
    贷：应交税费——应交增值税（销项税额）              4 680
        主营业务收入                                  36 000
借：主营业务成本                             26 666.67
    贷：发出商品                                    26 666.67
```

5.混合销售行为的会计处理。

按照增值税制度的规定，一项销售行为如果既涉及服务又涉及货物，就是混合销售行为。从事货物的生产、批发或者零售的单位和个体工商户的混合销售行为，按照销售货物缴纳增值税。其他单位和个体工商户的混合销售行为，按照销售服务缴纳增值税。

【例2-30】某钢窗公司销售钢制防盗门，售价为300元（含税），另收取运输及安装费50元（含税）。做会计分录如下。

　　　防盗门不含税价 =300÷（1+13%）=265.49（元）

　　　防盗门增值税销项税额=265.49×13%=34.51（元）

　　　运输及安装不含税价 =50÷（1+13%）=44.25（元）

　　　运输及安装增值税销项税额=44.25×13%=5.75（元）

　　　混合销售行为增值税销项税额=34.51+5.75=40.26（元）

　　借：库存现金（或银行存款）　　　　　　　　　　　　350

　　　贷：主营业务收入　　　　　　　　　　　　　　　　265.49

　　　　　其他业务收入　　　　　　　　　　　　　　　　44.25

　　　　　应交税费——应交增值税（销项税额）　　　　　40.26

6. 生产周期超过一年的长期合同产品销项税额的会计处理。

对生产周期超过一年的长期合同产品，由于财务会计是采用完工百分比（完工进度）法确认其业务收入的，如果在确认收入时，税务会计按增值税制度计算增值税销项税额，并进行相应的会计处理，势必加重企业的税负。

（二）销货退回及折让、折扣的销项税额的会计处理

企业在产品销售过程中，如果发生因品种、规格、质量等不符合要求而被退货或要求折让，不论是当月销售的退货与折让，还是以前月份销售的退货与折让，均应冲减当月的主营业务收入，在收到购货方退回的增值税专用发票或寄来的证明单后，根据不同情况分别进行账务处理。

1. 销货退回的销项税额的会计处理。

（1）全部退回。

① 销货全部退回并收到购货方退回的增值税专用发票的发票联和抵扣联，因采用托收承付结算方式，对方尚未付款。其具体做法：一是如果属于当月销售，尚未登账，应在退回的发票联、抵扣联及本企业保存的存根联和记账联上均注明"作废"字样，并作废原做的记账凭证；二是如果属于以前月份的销售，应在退回的发票联和抵扣联上注明"作废"字样，并根据冲销

当期的产品销售收入和销项税额的凭证,借记"主营业务收入""应交税费——应交增值税(销项税额)"(实际登账时,应以红字记入贷方)、"销售费用"科目,贷记"应收账款"或"银行存款"(如属预收货款)、"应付账款"科目。

【例2-31】天华公司上月26日销售给天方公司的丁产品发生全部退货,已收到对方转来的增值税专用发票的发票联和抵扣联,上列价款80 000元、税额10 400元,并转来原代垫运费500元(应计进项税额45元)和退货运费600元(应计进项税额54元)的单据。开具红字增值税专用发票(第二联、第三联与退回联订在一起保存)。做会计分录如下。

```
借:应收账款——天方公司                      90 400(红字)
    应交税费——应交增值税(进项税额)          45(红字)
    销售费用                                 455(红字)
  贷:主营业务收入                          80 000(红字)
      应交税费——应交增值税(销项税额)     10 400(红字)
      其他应付款                             500(红字)
借:销售费用                                  546
    应交税费——应交增值税(进项税额)          54
  贷:其他应付款——天方公司                    600
```

② 销货全部退回并收到购货方转来的证明单,应根据证明单上所列退货数量、价款和增值税税额,开具红字增值税专用发票,并作为冲销当月主营业务收入和当月销项税额的凭证,借记"主营业务收入""应交税费——应交增值税(销项税额)""销售费用——运输费""应交税费——应交增值税(进项税额)"科目,贷记"应收账款"(购货方未付款)、"应付账款"(购货方已付款)、"银行存款"(购货方已付款,现支付退货款)科目。实际记账时,应以红字记入"主营业务收入""应交税费——应交增值税(销项税额)"科目的贷方。

(2)部分退回。

① 销货部分退回并收到购货方退回的增值税专用发票的发票联和抵扣

联，一般情况是购货方尚未付款。

如果销售方尚未登账，应将退回的增值税专用发票发票联、抵扣联、存根联和记账联以及所填的记账凭证予以作废，然后再按购货方实收数量、价款和增值税税额重新开具增值税专用发票，并进行相应的账务处理。

如果属以前月份销售，销售方已填制记账凭证并登账，应将退回的发票联和抵扣联注明"作废"字样，然后根据购货方实收数量、价款和增值税税额重新开具增值税专用发票，将作废的发票联和抵扣联与新开的增值税专用发票的记账联，作为冲销当月主营业务收入和当月销项税额的凭据，按原发票和新发票所列价款的差额和增值税税额的差额，借记"主营业务收入""应交税费——应交增值税（销项税额）"账户，贷记"银行存款""应付账款""应收账款"账户。

【例 2-32】天华公司上月销售给长城公司甲产品 50 000 元，退货 10 000 元，已收到原开具的增值税专用发票的发票联和抵扣联以及退货运杂费 480 元的单据，其中运费发票不含税金额 400 元。天华厂在退回的发票联和抵扣联上注明"作废"字样，按购货方实收金额和税额开具增值税专用发票，应冲销的主营业务收入为 10 000 元，应冲销的销项税额为 1 300 元（6 500-5 200），应增加销售费用 444 元，应计进项税额 36 元。做会计分录如下。

借：应收账款——长城公司　　　　　　　　　　11 300（红字）

　　应交税费——应交增值税（进项税额）　　　　36

　　销售费用　　　　　　　　　　　　　　　　444

贷：主营业务收入——甲产品　　　　　　　　　10 000（红字）

　　应交税费——应交增值税（销项税额）　　　1 300（红字）

　　其他应付款　　　　　　　　　　　　　　　480

② 销货部分退回并收到购货方转来的证明单，销货方一般已进行账务处理并收到款项。销货方应根据证明单上所列退货数量、价款和增值税税额，开具红字增值税专用发票，作为冲销当月主营业务收入和当月销项税额的依据，其账务处理基本同上。

2. 销货折让的销项税额的会计处理。

销售产品因质量等原因，购销双方协商后不需退货，销货方收取折让一定比例后的价款和增值税税额。

（1）如果购货方尚未进行账务处理，也未付款，销货方应在收到购货方转来的原增值税专用发票的发票联和抵扣联上注明"作废"字样。

如属当月销售，销货方尚未进行账务处理，则不需要进行冲销当月产品销售收入和销项税额的账务处理，只需根据双方协商的扣除折让后的价款和增值税税额重新开具增值税专用发票，并进行账务处理。

如属以前月份销售，销货方已进行账务处理，则应根据扣除折让后的价款和增值税税额重新开具增值税专用发票，按原增值税专用发票的发票联和抵扣联与新开的增值税专用发票的记账联的差额，冲销当月主营业务收入和当月销项税额，借记"主营业务收入""应交税费——应交增值税（销项税额）"账户，贷记"应收账款"账户。

【例2-33】天华公司7月20日采用托收承付结算方式（验货付款）销售给光明公司乙产品40 000元，增值税税额5 200元，由于质量原因，双方协商折让30%。8月18日收到光明公司转来的增值税专用发票的发票联和抵扣联。做会计分录如下。

7月20日办妥托收手续时。

借：应收账款——光明公司　　　　　　　　　　　　　　　45 200

　　贷：主营业务收入——乙产品　　　　　　　　　　　　　40 000

　　　　应交税费——应交增值税（销项税额）　　　　　　　　5 200

8月18日收到转来的增值税专用发票时，按扣除折让后的价款28 000元[40 000×（1-30%）]和增值税税额3 640元[5 200×（1-30%）]，重新开具增值税专用发票，冲销主营业务收入12 000元（40 000-28 000）和增值税税额1 560元（5 200-3 640）。做会计分录如下。

借：应收账款　　　　　　　　　　　　　　　　　　13 560（红字）

　　贷：主营业务收入——乙产品　　　　　　　　　　12 000（红字）

　　　　应交税费——应交增值税（销项税额）　　　　　1 560（红字）

（2）购货方如果已进行账务处理，已无法退还发票联和抵扣联。这时，销货方一般也已进行了账务处理，销货方应根据购货方转来的证明单，按折让金额（价款和增值税税额）开具红字增值税专用发票，作为冲销当期主营业务收入和销项税额的凭据。

【例 2-34】天华公司上月销售给耀华公司丙产品 40 件，由于质量不符合要求，双方协商折让 20 %。耀华公司转来的证明单上列明：折让价款 20 000 元，折让税额 2 600 元。天华公司根据证明单开出红字增值税专用发票，并通过银行汇出款项。做会计分录如下。

借：主营业务收入——丙产品　　　　　　　　　　　　　20 000

　　应交税费——应交增值税（销项税额）　　　　　　　　 2 600

　　贷：银行存款　　　　　　　　　　　　　　　　　　　　　 22 600

实际登账时，应以红字记入"主营业务收入""应交税费——应交增值税（销项税额）"账户的贷方。

3. 销售折扣的销项税额的会计处理。

在财务会计中，销售折扣分为商业折扣和现金折扣两种形式。商业折扣也就是税法所称的折扣销售，它是在实现销售时确认的，销货方应在开出的同一张增值税专用发票上分别写明销售额和折扣额，以按折扣后的余额作为计算销项税额的依据，其会计处理同前述产品正常销售相同。但若将折扣额另开增值税专用发票，不论财务会计如何处理，计算销项税额都要按未折扣的销售额乘以税率。如果是现金折扣，应在购货方实际付现时才能确认折扣额。现金折扣是企业的一种理财行为，因此，按税法的规定，这种折扣不得从销售额中抵减，应该记入"财务费用"账户。现金折扣的会计处理方法有全价（总价）法和净价法两种。现举例说明采用现金折扣时，购销双方各自的会计处理方法。

【例 2-35】某企业销售一批产品给 B 企业，价款 200 000 元，增值税税额 26 000 元（200 000×13%），规定现金折扣条件为"2/10，1/20，n/30"。双方做会计分录如下。

（1）销货方。

产品发出并办理完托收手续时。

借：应收账款　　　　　　　　　　　　　　　　　　　　226 000

  贷：主营业务收入   200 000

    应交税费——应交增值税（销项税额） 26 000

上述货款在十日内付清时。

① 全价法。

借：银行存款   222 000

  财务费用   4 000

  贷：应收账款   226 000

② 净价法。

借：银行存款   222 000

  贷：应收账款   222 000

上述货款超过二十日付清时。

借：银行存款   226 000

  贷：应收账款   226 000

（2）购货方。

购货方收到货物及结算凭证时。

全价法。

借：原材料   200 000

  应交税费——应交增值税（进项税额） 26 000

  贷：应付账款   226 000

上述货款在十日内付清时。

全价法。

借：应付账款   226 000

  贷：银行存款   222 000

    财务费用   4 000

上述货款超过二十日付清时。

全价法。

借：应付账款   226 000

  贷：银行存款   226 000

（三）以物易物的会计处理

以物易物是一种较为特殊的购销活动。它是指业务双方进行交易时，不以货币结算，而以同等价款的货物相互结算，从而实现货物购销的一种交易方式。按增值税制度的规定，以物易物，双方都要进行购销处理，以各自发出的货物核定销售额并计算销项税额，以各自收到的货物核定购货额，并依据对方开具的增值税专用发票抵扣进项税额。

【例 2-36】A 企业以 A 产品 100 件，成本 8 000 元，售价 10 000 元，交换 B 企业甲材料 500 千克，价款 10 000 元，双方都为对方开具增值税专用发票。A 企业做会计分录如下。

收到材料时。

借：原材料——甲材料 　　　　　　　　　　　　　　　　10 000

　　应交税费——应交增值税（进项税额）　　　　　　　　1 300

　　贷：主营业务收入　　　　　　　　　　　　　　　　　　10 000

　　　　应交税费——应交增值税（销项税额）　　　　　　　1 300

结转销售成本时。

借：主营业务成本　　　　　　　　　　　　　　　　　　8 000

　　贷：库存商品——A 产品　　　　　　　　　　　　　　　8 000

在进行会计处理时，只有得到对方开具的增值税专用发票，才能据以借记"应交税费——应交增值税（进项税额）"科目，而不能仅据材料入库单自行估算进项税额；再则，对发出的产品必须按售价贷记"主营业务收入"科目，而不能直接冲减库存商品，漏记收入。

（四）视同销售的销项税额的会计处理

对于视同销售行为，在会计处理上需要解决以下问题。

视同销售行为是否进行主营业务收入核算。在理论和实务上有两种观点和做法：一种是按正常的销售程序核算，即按售价计入主营业务收入并计提销项税额，再按成本结转主营业务成本；另一种是不通过"主营业务收入"账户核算，直接按成本结转，同时按售价计提销项税额。前者是在财务会计与税务会计没有分开时，财务会计服从税法的做法；后者是在两种会计分离时，符合各自目标的做法。对于该问题，本书按以下原则划分：视同销售行为是否会使企业获得收益；这种行为体现的是企业内部关系还是企业与外部的关系。如果能使企业获得收益或体现企业与外部的关系，就作为主营业务收入处理；除此之外，均按成本结转。

视同销售行为的应交增值税税额，是作为销项税额还是作为进项税额转出处理。考虑到既然为视同销售行为，在发生时也必须开具增值税专用发票，而增值税专用发票上记载的税额为销项税额，这与一般的进项税额转出的意义不同，为了便于征收管理，会计上将其作为销项税额处理。

视同销售行为的价格（税基或计税依据）如何确定。根据国家的有关规定，有的按照确认的价值确定，有的按照主管税务部门认可的价格确定，有的按照销售额确定。

视同销售的账务处理，主要是区分会计销售和不形成会计销售的应税销售。对于会计销售业务，要以凭证为依据，确认主营业务收入，将其记入"主营业务收入""其他业务收入"等收入类账户，并将增值税税额计入销项税额。对于不形成会计销售的应税销售，不记入收入类账户，不作为主营业务收入处理，而按成本转账，并根据税法的规定，按货物的成本或双方确认的价值、同类产品的销售价格、组成计税价格等乘以适用税率计算销项税额。

根据我国增值税法的现行规定，视同销售有八种类型，以下分别介绍七种视同销售的会计处理方法。

1. 将货物交给他人代销与销售代销货物的销项税额的会计处理。

增值税法之所以规定委托方与受托方都进行销售处理，是为了保证增值税的征收链条不断裂，使各环节的税负更趋合理。对销售的确认，应该由受托方开始，即当受托方销售代销货物后，要给购买方开出增值税专用发票，自己据以进行销售处理；然后再按与委托方签订的协议，定期填制货物代销清单，与委托方结算货款及手续费，委托方根据代销清单，给受托方开出增值税专用发票，并据以进行销售处理。这里只介绍工业企业委托代销的会计处理方法，在"2.3.2　商业企业销项税额的会计处理"再以商业企业为例，说明受托方与委托方各自的会计处理方法。

委托其他单位代销产品，按增值税法的规定，其纳税义务发生时间为收到受托方送交的代销清单的当天，此时，委托方应开具增值税专用发票。收到代销清单时，借记"应收账款"或"银行存款"账户，贷记"应交税费——应交增值税（销项税额）""主营业务收入"账户。委托方支付的代销手续费，应在接到委托方转来的普通发票后，借记"销售费用"账户，贷记"银行存款""应收账款"账户。

【例 2-37】天华公司委托光大商行代销甲产品 200 件，不含税代销价 550 元 / 件，增值税税率 13%，单位成本 400 元。月末收到光大商行转来的代销清单，上列：已售甲产品 120 件，价款 66 000 元，收取增值税税额 8 580 元。开出增值税专用发票。代销手续费按不含税代销价的 5% 支付，已收到扣除代销手续费的全部款项。做会计分录如下。

发出代销商品时。

借：委托代销商品　　　　　　　　　　　　　　　　　　80 000

　　贷：库存商品　　　　　　　　　　　　　　　　　　80 000

收到光大商行转来的代销清单并结转代销手续费时。

借：银行存款　　　　　　　　　　　　　　　　　　　　71 280

　　贷：主营业务收入　　　　　　　[66 000×（1-5%）]62 700

　　　　应交税费——应交增值税（销项税额）　　　　　8 580

借：销售费用　　　　　　　　　　　　　（66 000×5%）3 300

　　贷：银行存款　　　　　　　　　　　　　　　　　　3 300

结转代销商品成本时。

借：主营业务成本　　　　　　　　　　　　　　　　　　48 000

　　贷：委托代销商品　　　　　　　　　　　　　　　　48 000

2. 设有两个以上机构并实行统一核算的纳税人，将货物从一个机构移送至其他机构（不在同一县、市）用于销售的销项税额的会计处理。

货物移送要开具增值税专用发票，所列增值税税额，调出方计入销项税额，调入方计入进项税额。

【例 2-38】某工业联合总公司核心企业生产的货物，拨给各股东企业为原料，4

月发生以下经济业务。

（1）总公司核心企业将生产的产品给甲分厂作为原料，开出增值税专用发票，产品销售额 100 000 元，增值税税额 13 000 元，账务通过应收、应付科目核算。

（2）总公司核心企业将生产的产品分销给丙分厂作为原料，开出增值税专用发票，产品销售额 160 000 元，增值税税额 20 800 元，货款已记入"其他应付款"科目。

对以上业务做会计分录如下。

借：应收账款		113 000
贷：主营业务收入		100 000
应交税费——应交增值税（销项税额）		13 000
借：其他应付款		180 800
贷：主营业务收入		160 000
应交税费——应交增值税（销项税额）		20 800

3. 将自产或委托加工的货物用于非应税项目的销项税额的会计处理。

企业将自产或委托加工的货物用于非应税项目（包括提供非应税劳务、转让无形资产、销售不动产、用于固定资产或在建工程），按财务会计制度的规定，并非销售业务，但自产或委托加工的货物本身消耗的原材料、支付的加工费所含的进项税额已抵扣。另外，如果这些非应税项目直接耗用外购的包含有增值税的货物，则这些非应税项目的材料成本中包含有增值税。为了使各非应税项目成本便于比较，非应税项目领用自产或委托加工货物，应按税法规定视同销售货物计算应交增值税。应税销售成立、发生纳税义务并开具普通发票的时间为货物移送的当天。在移送货物时，按自产或委托加工货物的成本与按所用货物的计税价格乘以适用税率计算的应交增值税之和，借记"其他业务成本""在建工程"等账户（纳税人新建、扩建、改建、修缮、装饰建筑物，无论会计制度规定如何核算，均属固定资产在建工程）；按自产或委托加工货物的成本，贷记"库存商品""原材料""低值易耗品"等账户；按应纳税额，贷记"应交税费——应交增值税（销项税额）"账户。

若购进货物时明确用于非应税项目，不属于增值税纳税范围，不视同销售。

【例 2-39】天华公司新建一车间，发出水泥若干吨，价值 40 000 元，委托加工预制板，并支付加工费 4 400 元和增值税税额 572 元，预制板收回后直接用于该新建工程。做会计分录如下。

发出水泥时。

借：委托加工物资　　　　　　　　　　　　　　　　　　40 000

　　贷：原材料——水泥　　　　　　　　　　　　　　　　　40 000

支付加工费时。

借：委托加工物资　　　　　　　　　　　　　　　　　　4 400

　　应交税费——应交增值税（进项税额）　　　　　　　　572

　　贷：银行存款　　　　　　　　　　　　　　　　　　　4 972

预制板收回结转委托加工成本时。

借：原材料——预制板　　　　　　　　　　　　　　　　44 400

　　贷：委托加工物资　　　　　　　　　　　　　　　　　44 400

领用预制板时。

该产品没有同类产品的销售价格，只能按组成计税价格计算。组成计税价格 48 840 元 [44 400×（1+10%）]，应纳增值税税额 6 349.2 元（48 840×13%），计入在建工程 50 749.2 元（44 400+6 349.2）。

借：在建工程　　　　　　　　　　　　　　　　　　　　50 749.2

　　贷：应交税费——应交增值税（销项税额）　　　　　　6 349.2

　　　　原材料——预制板　　　　　　　　　　　　　　　44 400

4. 企业将自产、委托加工或购买的货物作为投资的销项税额的会计处理。

按税法的规定，企业将应税货物作为投资提供给其他单位或个体经营者，应视同销售货物计算缴纳增值税。应税销售成立、发生纳税义务并开具增值税专用发票的时间为移送货物的当天。按依所投资货物的售价或组成计税价格乘以适用税率计算的应交增值税与投资货物的账面价值之和，借记"长期股权投资"账户；按货物成本，贷记"库存商品""原材料"等账户；按货物成本或账面原价与重估价值的差额，借记或贷记"资本公积"账户；按应交增值税，贷记"应交税费——应交增值税（销项税额）"账户。

【例 2-40】某工业企业 6 月将购入的一批原材料对外投资，其账面成本 200 000 元，未计提跌价准备。做会计分录如下。

借：长期股权投资　　　　　　　　　　　　　　　　　226 000
　　贷：原材料　　　　　　　　　　　　　　　　　　　200 000
　　　　应交税费——应交增值税（销项税额）　　　　　 26 000

若上述对外投资的不是外购原材料，而是企业生产的 A 产品，投出的 A 产品成本 180 000 元，市场售价 200 000 元。则做会计分录如下。

对外投资时。

借：长期股权投资　　　　　　　　　　　　　　　　　226 000
　　贷：主营业务收入——A 产品　　　　　　　　　　　200 000
　　　　应交税费——应交增值税（销项税额）　　　　　 26 000

结转投出 A 产品成本时。

借：主营业务成本　　　　　　　　　　　　　　　　　180 000
　　贷：库存商品——A 产品　　　　　　　　　　　　　180 000

5. 企业将自产的、委托加工或购买的货物分配给股东或投资者的销项税额的会计处理。

这一视同销售行为，确认销售成立、发生纳税义务并开具增值税专用发票（股东或投资者为法人且为一般纳税人）或普通发票（投资者或股东为自然人或小规模纳税人）的时间，为分配货物的当天。按分配货物的售价、组成计税价格或市场价格和按其适用税率计算的应交增值税之和，借记"应付利润"账户；按应税货物的售价、组成计税价格或市场价格，贷记"主营业务收入""其他业务收入"账户；按应交增值税，贷记"应交税费——应交增值税（销项税额）"账户。

【例 2-41】天华公司将自产的甲产品和委托加工的丁产品作为应付利润分配给投资者。甲产品不含税售价为 60 000 元，委托加工的丁产品没有同类产品售价，委托加工成本为 40 000 元。做会计分录如下。

甲产品应计销项税额 =60 000×13% =7 800（元）

丁产品组成计税价格 =40 000×（1+10%）=44 000（元）

丁产品应计销项税额 =44 000×13％ =5 720（元）

借：应付利润   117 520

    贷：主营业务收入   60 000

         其他业务收入   44 000

         应交税费——应交增值税（销项税额）   13 520

6. 企业将自产或委托加工的货物用于集体福利或个人消费的销项税额的会计处理。

企业将自产或委托加工的货物用于集体福利或个人消费，应视同销售货物计算缴纳增值税。其应税销售成立、发生纳税义务并开具普通发票的时间为移送货物的当天。按所用货物的成本与按货物售价或组成计税价格乘以适用税率计算的应交增值税之和，借记"在建工程""固定资产""应付职工薪酬"等账户；按所用货物成本，贷记"库存商品""原材料"等账户；按应交增值税，贷记"应交税费——应交增值税（销项税额）"账户。若购进货物直接用于集体福利、个人消费，购进时的进项税额不允许抵扣，因购入的货物直接被消费，所以不视同销售。

【例2-42】某企业职工俱乐部领用本企业生产的空调器5台，生产成本8 000元 /台，售价10 000元 / 台。作为职工福利，发给职工抽油烟机400台，生产成本200元 / 台，售价250元 / 台。做会计分录如下。

应交增值税 =5×10 000×13％ +400×250×13％ =6 500+13 000=19 500（元）

应计入固定资产的价值 =5×8 000+6 500=46 500（元）

应计入福利费的金额 =400×200+13 000=93 000（元）

借：固定资产   46 500

    应付职工薪酬——职工福利费   93 000

       贷：应交税费——应交增值税（销项税额）   19 500

           库存商品——空调器   40 000

                ——抽油烟机   80 000

7. 企业将自产、委托加工或购买的货物无偿赠送他人的销项税额的会计处理。

按税法的规定，这类业务活动要视同销售货物计算缴纳增值税。其应税销售成立、发生纳税义务并开具增值税专用发票或普通发票的时间为移送货物的当天。按所赠货物的成本与按所赠货物售价或组成计税价格乘以适用税率计算的应交增值税之和，借记"营业外支出"账户；按所赠货物成本，贷记"库存商品""原材料"等账户；按应交增值税，贷记"应交税费——应交增值税（销项税额）"账户。

【例2-43】天华公司将自产的乙产品无偿赠送他人，生产成本9 000元，售价11 000元。将购进的A材料400千克无偿赠送他人，该材料计划成本30元/千克，材料成本差异率为-2%。做会计分录如下。

乙产品应计销项税额 =11 000×13% =1 430（元）

A材料实际成本 =400×30×（1-2%）=11 760（元）

A材料应计销项税额 =11 760×13% =1 528.8（元）

借：营业外支出　　　　　　　　　　　　　　　　　23 628.8

　　贷：库存商品　　　　　　　　　　　　　　　　　　9 000

　　　　原材料　　　　　　　　　　　　　　　　　　11 760

　　　　应交税费——应交增值税（销项税额）　　　　2868.8

（五）销售包装物及没收押金的销项税额的会计处理

1. 销售包装物的销项税额的会计处理。

（1）随同产品销售并单独计价的包装物。

按税法的规定，随同产品销售并单独计价的包装物应计算缴纳增值税，借记"银行存款""应收账款"账户，贷记"主营业务收入""其他业务收入""应交税费——应交增值税（销项税额）"账户。随同产品销售不单独计价的包装物的会计处理参考本章前面相关内容。

【例2-44】天华公司销售给本市天众公司带包装物的丁产品600件，包装物单独计价，开出的增值税专用发票列明：产品销售价款96 000元，包装物销售价款10 000元，增值税税额13 780元。款未收到。做会计分录如下。

借：应收账款——天众公司　　　　　　　　　　　119 780

　　贷：主营业务收入——丁产品　　　　　　　　　　96 000

　　　　其他业务收入——包装物销售　　　　　　　　10 000

　　应交税费——应交增值税（销项税额）　　　　　　　　　13 780

（2）销售产品，包装物出租。

包装物租金属于价外费用，应缴纳增值税。

【例 2-45】天华公司采用银行汇票结算方式，销售给东平机械厂甲产品 400 件，价格为 400 元 / 件，增值税税额为 20 800 元（400×400×13%），出租包装物 400 个，承租期为两个月，共计租金 4 680 元，一次收取包装物押金 23 400 元，总计结算金额 208 880 元（400×400+20 800+4 680+23 400）。做会计分录如下。

按税法规定，收取的包装物租金应计算的销售额，不包括向购买方收取的销项税额。

包装物租金销售额=4 680÷（1+13%）=4 141.59（元）

包装物租金应计销项税额=4 141.59×13%=538.4（元）

借：银行存款　　　　　　　　　　　　　　　　　　208 880

　　贷：主营业务收入　　　　　　　　　　　　　　160 000

　　　　其他业务收入　　　　　　　　　　　　　4 141.59

　　　　应交税费——应交增值税（销项税额）　　21 338.41

　　　　其他应付款——存入保证金　　　　　　　23 400

2. 包装物押金的销项税额的会计处理。

按现行财务会计制度的规定，包装物押金分类如图 2-1 所示。

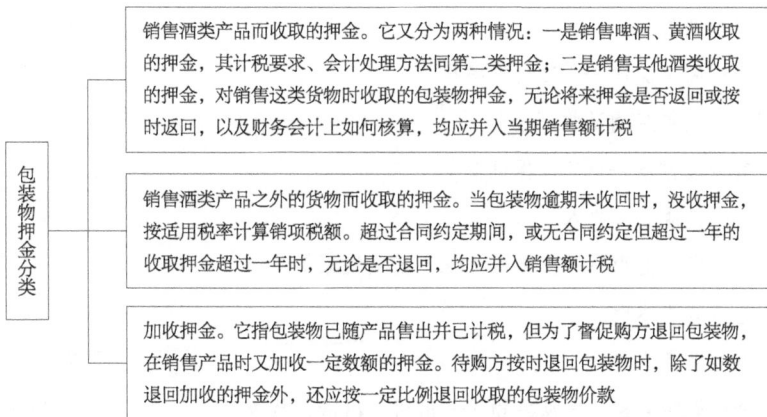

包装物押金分类

销售酒类产品而收取的押金。它又分为两种情况：一是销售啤酒、黄酒收取的押金，其税要求、会计处理方法同第二类押金；二是销售其他酒类收取的押金，对销售这类货物时收取的包装物押金，无论将来押金是否返回或按时返回，以及财务会计上如何核算，均应并入当期销售额计税

销售酒类产品之外的货物而收取的押金。当包装物逾期未收回时，没收押金，按适用税率计算销项税额。超过合同约定期间，或无合同约定但超过一年的收取押金超过一年时，无论是否退回，均应并入销售额计税

加收押金。它指包装物已随产品售出并已计税，但为了督促购方退回包装物，在销售产品时又加收一定数额的押金。待购方按时退回包装物时，除了如数退回加收的押金外，还应按一定比例退回收取的包装物价款

图 2-1　包装物押金分类

计算包装物押金应纳税额时应注意三点：① 包装物押金是含税的，计算

时应将包装物押金还原为不含税价格，再并入其他业务收入征税；② 没收包装物押金适用的税率是销售的包装货物的适用税率，因为没收包装物押金的行为相当于提高了该包装货物的售价；③ 对没收包装物押金而计提消费税，应记入"其他业务成本"账户，而不能记入"税金及附加"账户，这符合会计核算的收入与支出配比原则。

【例2-46】某企业销售A产品100件，成本价350元/件，售价500元/件，每件收取包装物押金93.6元，包装物成本价为70元/件。该产品是征收消费税产品，税率为10%。做会计分录如下。

销售产品时。

借：银行存款　　　　　　　　　　　　　　　　　　　　65 860

　　贷：主营业务收入——A产品　　　　　　　　　　　　50 000

　　　　应交税费——应交增值税（销项税额）　　　　　　6 500

　　　　其他应付款——存入保证金　　　　　　　　　　　9 360

结转销售成本时。

借：主营业务成本——A产品　　　　　　　　　　　　　　35 000

　　贷：库存商品——A产品　　　　　　　　　　　　　　35 000

计提消费税时。

借：税金及附加　　　　　　　　　　　　　　　　　　　　5 000

　　贷：应交税费——应交消费税　　　　　　　　　　　　5 000

逾期未退还包装物没收押金时。

借：其他应付款——存入保证金　　　　　　　　　　　　　9 360

　　贷：其他业务收入　　　　　　　　　　　　　　　　　8 283

　　　　应交税费——应交增值税（销项税额）　　　　　　1 077

结转包装物成本时。

借：其他业务成本　　　　　　　　　　　　　　　　　　　7 000

　　贷：周转材料——包装物——出租、出借包装物　　　　7 000

计提没收押金的消费税时。

借：其他业务成本　　　　　　　　　　　　　　　　　　　828

　　贷：应交税费——应交消费税　　　　　　　　　　　　828

（六）销售自己使用过的固定资产的销项税额的会计处理

由于出售固定资产并不是企业的经营目的，出售收益不应列作营业收入。按现行会计制度的规定，出售固定资产，使用"固定资产清理"账户，发生净损益记入"营业外支出"或"营业外收入"账户。

【例 2-47】某企业出售固定资产目录所列并已使用过的机床 1 台，原值 30 000 元，已计提折旧 2 000 元，支付清理费用 500 元，售价 34 980 元。做会计分录如下。

固定资产转入清理时。

借：固定资产清理　　　　　　　　　　　　　　　　28 000
　　累计折旧　　　　　　　　　　　　　　　　　　2 000
　　　贷：固定资产　　　　　　　　　　　　　　　　30 000

支付清理费用时。

借：固定资产清理　　　　　　　　　　　　　　　　500
　　　贷：银行存款　　　　　　　　　　　　　　　　500

收到价款时。

借：银行存款　　　　　　　　　　　　　　　　　　34 980
　　　贷：固定资产清理　　　　　　　　　　　　　　30 956
　　　　　应交税费——应交增值税（销项税额）　　4 024

结转固定资产清理后的净收益时。

借：固定资产清理　　　　　　　　　　　　　　　　2 456
　　　贷：营业外收入　　　　　　　　　　　　　　　2 456

（七）销售抵账货物的销项税额的会计处理

企业销售抵账货物行为不属于销售自己使用过的其他属于货物的固定资产。因此，应对其销售额，按简易计税办法即依照 3% 的征收率计算缴纳增值税。

【例 2-48】某公司生产汽车制动泵，无汽车经营权。销售给某企业汽车制动泵，该企业愿用 1 辆汽车抵顶欠款，该公司同意并收到该辆汽车。对方原欠款 113 000 元，该辆汽车作价 110 000 元，余欠 3 000 元，对方以银行存款支付。该公司将收到的汽车销售出去，开具普通发票，销售额为 110 000 元。做会计分录如下。

（1）当初售给对方汽车制动泵时。

借：应收账款——××企业	113 000	
贷：主营业务收入		100 000
应交税费——应交增值税（销项税额）		13 000

（2）收到抵账汽车时。

借：库存商品	110 000	
贷：应收账款——××企业		110 000

（3）收到剩余欠款时。

借：银行存款	3 000	
贷：应收账款——××企业		3 000

将该辆汽车售出（采用商业汇票结算）时。

借：应收票据	110 000	
贷：主营业务收入		97 345
应交税费——应交增值税（销项税额）		12 655

（八）小规模纳税人销售货物的增值税的会计处理

按我国现行增值税法的规定，小规模纳税人实行简易征收法，按不含税销售额与征收率相乘即可得出应交增值税，不实行税款抵扣办法。

【例2-49】某工业企业属小规模纳税人，3月产品销售收入10 300元，货款尚未收到。受外单位委托代为加工产品一批，收取加工费15 450元，以银行存款结算。做会计分录如下。

确认销售收入时。

应交增值税 =10 300÷（1+3%）×3% =300（元）

借：应收账款	10 300	
贷：主营业务收入		10 000
应交税费——应交增值税		300

结算加工费时。

应交增值税 =15 450÷（1+3%）×3% =450（元）

借：银行存款	15 450	
贷：主营业务收入		15 000

应交税费——应交增值税	450

月末缴纳增值税时。

借：应交税费——应交增值税　　　　　　　　　　　　750

　　贷：银行存款　　　　　　　　　　　　　　　　　750

2.3.2　商业企业销项税额的会计处理

（一）商品销售的销项税额的会计处理

1.直接收款方式销售商品的销项税额的会计处理。

直接收款方式销售商品，一般采用提货制或送货制，货款结算方式大多采用现金或支票结算方式。批发企业根据增值税专用发票的记账联和银行结算凭证，借记"银行存款"账户，贷记"主营业务收入""应交税费——应交增值税（销项税额）"账户；零售企业应在每日营业终了时，由销售部门填制销货日报表，连同销货款一并送交财会部门，倒算出销售额，借记"银行存款"账户，贷记"主营业务收入""应交税费——应交增值税（销项税额）"账户。

【例 2-50】某商品零售企业 9 月 8 日各营业柜组交来销货款现金 8 475 元，货款已由财会部门集中送存银行。

按税法的规定，销售给消费者个人的商品，实行价税合并收取，所以应换算为不含税销售额。

不含税销售额 = 含税销售额 ÷（1+ 税率）=8 475÷（1+13%）=7 500（元）

销项税额 = 不含税销售额 × 适用税率 =7 500×13% =975（元）

上述两个公式也可简化如下。

销项税额 = 不含税销售额 × 税率 = 含税销售额 ÷（1+ 税率）× 税率

对于该项业务，财会部门根据各柜组的内部缴款单，填制销货日报表、进账单等凭证，并做会计分录如下。

借：银行存款　　　　　　　　　　　　　　　　　　8 475

　　贷：主营业务收入　　　　　　　　　　　　　　　7 500

　　　　应交税费——应交增值税（销项税额）　　　　975

上述做法，需要每天或每次计算销项税额，工作量大，也容易出现误差。为此，对采用售价金额核算、实物负责制的企业，按实收销货款（含税），借记"银行存款"账户，贷记"主营业务收入"账户；同时按售价金额结转成本，借记"主营业务成本"账户，贷记"库存商品"账户。这里的商品销售收入暂按含税价格全部计入。月末，按含税商品销售收入乘以13.79%或9.09%计算出全店的销项税额，借记"主营业务收入"账户，贷记"应交税费——应交增值税（销项税额）"账户，使商品销售收入由含税变为不含税。按月末差价表结转实际成本，借记"商品进销差价"（差价＋销项税额）账户，贷记"主营业务成本"（含税）账户，调整"主营业务成本"账户为实际的商品销售成本。

从增值税的链条来说，企业生产（销售）的商品有对应的进项税额和销项税额，但生产（销售）的赠品只有进项税额而没有销项税额，表面上不合理，其实赠品的销项税额隐含在售品的销项税额当中，只是没有剥离出来而已，因此，对于赠品的进项税额应允许其申报抵扣，赠送赠品时也不应该单独再次计算其销项税额。

【例2-51】某超市开展"买一赠一"的促销活动，当日卖出10大瓶花生油，每瓶售价（含税）90元，每瓶进价55元。按超市承诺，顾客购买1大瓶花生油，赠送1小瓶花生油。当日赠送10小瓶花生油，每小瓶进价15元，每小瓶售价30元。做会计分录如下。

销售花生油的销项税额＝90×10÷（1+9%）×9%＝74.31（元）

应结转售出和赠送花生油的成本＝（55+15）×10=700（元）

借：银行存款	900
贷：主营业务收入	825.69
应交税费——应交增值税（销项税额）	74.31

结转销售成本时。

借：主营业务成本	700
贷：库存商品	700

2.平销行为的销项税额的会计处理。

平销行为是指生产企业以商业企业经销价或高于商业企业经销价的价格将货物销售给商业企业，商业企业再以进货成本或低于进货成本的价格进行销售，生产企业则以返还利润等方式弥补商业企业的进销差价损失。在平销活动中，生产企业弥补商业企业进销差价损失的方式有：返还资金方式，如返还利润或向商业企业投资等；赠送实物或以实物投资方式。平销行为近年成增长之势，而且可能不限于生产企业和商业企业，也可能进一步发展为生产企业之间、商业企业之间平销。

对商业企业向供货方收取的与商品销售量、销售额挂钩（如以一定比例、金额、数量计算）的各种返还收入，均应按照平销行为的有关规定冲减当期增值税进项税额。商业企业向供货方收取的各种收入，一律不得开具增值税专用发票。当期应冲减进项税额计算公式如下：

当期应冲减进项税额 = 当期取得的返还资金 ÷ （1 + 所购货物适用的增值税税率） × 所购货物适用的增值税税率

【例2-52】某商业企业据2月取得的增值税专用发票等入账的进项税额为35 100元，当月从生产企业（供货方）取得返回资金14 300元，增值税税率13%。做会计分录如下。

当期应冲减进项税额 = 14 300 ÷ （1 + 13%） × 13% = 1 645（元）

如果采用返还资金方式。

借：银行存款	14 300
贷：应交税费——应交增值税（进项税额）	1 645（红字）
本年利润	12 655

如果采用实物投资方式。

借：库存商品等	14 300
贷：应交税费——应交增值税（进项税额）	1 645（红字）
资本公积或实收资本	12 655

（二）视同销售的销项税额的会计处理

这里侧重介绍委托代销、受托代销和以物易物的销项税额的会计处理，其余视同销售业务的销项税额的会计处理，与工业企业基本相同。

1. 委托单位委托代销商品的销项税额的会计处理。

委托代销是用来扩大企业商品销售范围和增加销售量的一种经营措施，是委托其他单位代为销售商品的一种销售方式。按税法的规定，将货物交付他人代销，应视同销售货物，其销售成立、发生纳税义务并开具增值税专用发票的时间为收到受托单位送交的代销清单的当天。代销清单应列明已销商品的数量、单价、销售收入，委托单位据此给受托单位开具增值税专用发票，并进行账务处理。账务处理方法视委托代销方式不同而有所区别。

（1）支付手续费方式的委托代销。

委托单位应按商品售价（不含税）反映销售收入，所支付的手续费记入"销售费用——手续费"账户。如果受托单位为一般纳税人，则应给其开具增值税专用发票，列明代销商品价款和增值税税款；如果受托单位为小规模纳税人，应按税款和价款合计开具普通发票。借记"应收账款"或"银行存款"账户，贷记"主营业务收入""应交税费——应交增值税（销项税额）"账户。收到受托单位开来的手续费普通发票后，借记"销售费用——手续费"账户，贷记"应收账款"或"银行存款"账户。

【例2-53】某商品批发企业委托天方商店（一般纳税人）代销B商品400件，合同规定含税代销价为226元/件，手续费按不含税代销额的5%支付，该商品进价150元/件。

拨付委托代销商品时（按进价）。

借：委托代销商品	60 000
贷：库存商品	60 000

收到天方商店报来的代销清单而款未收到时（代销清单列明销售数量150件，金额33 900元，倒算销售额并开具增值税专用发票，列明价款30 000元、增值税税额3 900元）。

借：应收账款——天方商店	33 900
贷：主营业务收入	30 000
应交税费——应交增值税（销项税额）	3 900

收到天方商店汇来的款项和支付手续费时，普通发票列明：扣除手续费 1 500 元（30 000×5%），实收金额 32 400 元。

借：银行存款　　　　　　　　　　　　　　　　　32 400

　　销售费用　　　　　　　　　　　　　　　　　1 500

　　　贷：应收账款——天方商店　　　　　　　　　　33 900

结转委托代销商品成本时。

借：主营业务成本　　　　　　　　　　　　　　　22 500

　　　贷：委托代销商品　　　　　　　　　　　　　　22 500

（2）视同买断方式的委托代销。

视同买断方式实质上是一种赊销方式，至于受托单位按什么价格销售，与委托单位无关。委托单位在收到受托单位的代销清单后，按商品代销价核算销售收入，其账务处理基本同前，只是不支付手续费。

【例 2-54】某商品零售企业委托大天商店代销 A 商品 300 件，双方协商含税代销价 113 元 / 件，原账面价 128.9 元 / 件，代销价低于原账面价的差额，冲销商品进销差价。做会计分录如下。

拨付委托代销商品时。

借：委托代销商品　　　　　　　　　　　　　　　33 900

　　商品进销差价　　　　　　　　　　　　　　　4 770

　　　贷：库存商品　　　　　　　　　　　　　　　　38 670

收到代销款并存入银行时（大天商店定期报来的代销清单载明代销商品全部销售金额 33 900 元，倒算销售额并开具增值税专用发票给受托单位，销售额为 30 000 元，增值税税额为 3 900 元）。

借：银行存款　　　　　　　　　　　　　　　　　33 900

　　　贷：主营业务收入　　　　　　　　　　　　　　30 000

　　　　　应交税费——应交增值税（销项税额）　　　3 900

收到代销清单时，也可以将代销货款（包括销项税额），借记"银行存款"账户，贷记"主营业务收入"账户。月份终了时，再根据全月的商品销售收入总额，计算销项税额并登记入账，将含税销售收入调整成为不含税销售额，借记"主营业务收入"账户，贷记"应交税费——应交增值税（进项税额）"账户。

结转委托代销商品成本时。

借：主营业务成本   33 900

  贷：委托代销商品   33 900

2.受托单位受托代销商品的销项税额的会计处理。

受托单位在登记代销商品入库时，应填制代销商品入库单并登记代销商品明细账；代销商品销售后，有关部门应定期填制代销商品清单，并将其提供给委托单位。由于受托代销商品的所有权不属于本企业，因此，应当在表外科目核算并登记受托代销商品登记簿。若企业受托代销商品业务规模较大，且难以根据实物形态与本企业自有商品进行区分，企业也可以设置"受托代销商品"和"受托代销商品款"账户进行核算，并区别不同的代销方式进行账务处理。

（1）收取手续费方式的受托代销。

受托单位一般不核算销售收入，只将代销手续费收入及其应缴纳的增值税等税费，通过"代购代销收入"账户核算。税法规定代销商品应作为应税销售，计算销项税额，如购货方为一般纳税人，就要为其开具增值税专用发票。

【例2-55】某商品零售企业接受代销B商品600件，委托单位规定代销价为60元/件（含税），代销手续费为不含税代销额的5%，增值税税率为13%。

收到代销商品时（按含税代销价）。

借：受托代销商品——B商品   36 000

  贷：受托代销商品款   36 000

代销商品全部售出时（本月20日代销商品全部售出，向委托单位报送代销清单，并向委托单位索要增值税专用发票。同时，计算代销商品的销项税额并调整应付账款和注销受托代销商品款和委托代销商品）。

代销商品销项税额 =600×60÷（1+13%）×13% =4 142（元）

借：银行存款   36 000

  贷：应交税费——应交增值税（销项税额）   4 142

     应付账款   31 858

借：受托代销商品款   36 000

  贷：受托代销商品——B 商品   36 000

收到委托单位的增值税专用发票时。

借：应交税费——应交增值税（进项税额）   4 142

  贷：应付账款   4 142

确认代销手续费收入时。

代销手续费收入 =31 858×5％ =1 592.9（元）

借：应付账款   1 592.9

  贷：主营业务收入   1 592.9

划转扣除代销手续费后的代销价款时。

借：应付账款   34 407

  贷：银行存款   34 407

零售企业商品品种繁多，业务繁忙，为简化业务核算，可将代销商品和自营商品的收入记入"主营业务收入"账户，待代销商品全部销售或月终时，再由各部、组填报代销商品分户盘存计销表，冲销主营业务收入，增加应付账款。

（2）视同买断方式的受托代销。

这种方式实属赊购商品销售，受托方不收取手续费，委托方和受托方规定接收价（含税），受托方则按高于或低于接收价的价格对外销售（批发或零售）。受托方销售受托代销商品的收益不表现为代销手续费收入，而是表现为售价（批发价或零售价）与接收价之间的差额。

① 批发企业受托代销商品。

根据代销商品收货单，按该商品的不含税接收价（含税接收价要倒算成不含税接收价，相当于进价），借记"受托代销商品"账户，贷记"受托代销商品款"账户。"受托代销商品"账户应按进价记账，"受托代销商品款"账户不能按含税进价记账。代销商品售出时，借记"银行存款"账户，贷记"主营业务收入""应交税费——应交增值税（销项税额）"账户。定期导出代销清单送交委托方，根据增值税专用发票，借记"受托代销商品款""应交税费——应交增值税（进项税额）"账户，贷记"应付账款"账户，同时转销代销商品成本，借记"主营业务成本"账户，贷记"受托代销商品"账户。

【例2-56】某批发企业受托为天明公司代销甲商品350件，采取视同买断方式。合同规定接收价为35.1元/件（含税），对外批发价为36元/件（不含税）。做会计分录如下。

接收代销商品时（应按不含税接收价入账）。

不含税接收价=350×35.1÷（1+13%）=10 872（元）

借：受托代销商品——甲商品   10 872

  贷：受托代销商品款   10 872

代销商品销售时（本月销售150件，开出增值税专用发票，列明价款5 400元、增值税税款702元）。

借：银行存款（或应收账款）   6 102

  贷：主营业务收入   5 400

    应交税费——应交增值税（销项税额） 702

月终或代销商品全部售完时（应向天明公司开具代销清单，并索取增值税专用发票。根据代销清单上记录的销售甲商品250件，汇总转销代销商品成本）。

已售代销商品成本=250×35.1÷（1+13%）=7 765（元）

借：主营业务成本   7 765

  贷：受托代销商品——甲商品   7 765

取得增值税专用发票时（列明代销商品价款7 765元、增值税税额1 009元。根据增值税专用发票，注销受托代销商品款）。

借：受托代销商品款   7 765

  应交税费——应交增值税（进项税额）   1 009

  贷：应付账款   8 774

支付代销商品价款及增值税时。

借：应付账款   8 774

  贷：银行存款   8 774

② 零售企业受托代销商品。

根据代销商品收货单，按本企业规定的该商品含税零售价，借记"受托代销商品"账户；按不含税接收价，贷记"受托代销商品款"账户（因受托单位没有取得委托单位开具的增值税专用发票，还不能按代销商品价款和税款之和增加或有负债，只能按代销商品价款增加或有负债），按两者的差额，贷记"商品进销差价"账户。代销商品售出时，按含税零售价，借记"银行存款"账户，贷记"主营业务收入"账户。定期向委托单位开出代销清单，根据代销清单转销受托代销商品成本，借记"主营业务成本"账户，贷记"受托代销商品"账户。收到委托单位开来的增值税专用发票，借记"应交税费——应交增值税（进项税额）"账户，按已销售商品的不含税接收价，借记"受托代销商品款"账户，同时按委托单位开具的增值税专用发票上的价款和税款之和，贷记"应付账款"账户。支付代销商品款时，借记"应付账款"账户，贷记"银行存款"账户。月末计算并结转代销商品的销项税额时，借记"主营业务收入"账户，贷记"应交税费——应交增值税（销项税额）"账户。月末计算分摊代销商品的进销差价，调整受托代销商品成本时，借记"商品进销差价"账户，贷记"主营业务成本"账户。

【例 2-57】某零售企业 4 月接收代销甲商品 400 件，含税接收价为 22.6 元 / 件，不含税接收价为 20 元 / 件。本企业规定该商品的含税零售价为 29.25 元 / 件。

接收代销商品时。

借：受托代销商品	11 700
贷：受托代销商品款	8 000
商品进销差价	3 700

在实际工作中，若自营商品和代销商品不易区分，可以把"受托代销商品"账户作为"库存商品"的二级账户处理。这样，在月末结转代销商品进销差价时，就不必区分是代销商品还是自营商品。

商品销售时（销售代销商品和自营商品共计收入 6 500 元）。

借：银行存款	6 500
贷：主营业务收入	6 500

月末结转已销商品成本时（根据各部、组填报的代销商品分户盘存计销表可知代销商品销售 240 件，向委托单位开出代销清单，共计货款 5 424 元。同时已售代销商品和自营商品成本共计 7 020 元）。

借：主营业务成本　　　　　　　　　　　　　　　　7 020
　　贷：受托代销商品　　　　　　　　　　　　　　　　7 020

收到委托单位开来的增值税专用发票时（增值税专用发票列明销售货款 4 800 元，增值税税额 624 元）。

借：应交税费——应交增值税（进项税额）　　　　　624
　　受托代销商品款　　　　　　　　　　　　　　　4 800
　　贷：应付账款　　　　　　　　　　　　　　　　　5 424

支付代销商品款时。

借：应付账款　　　　　　　　　　　　　　　　　5 424
　　贷：银行存款　　　　　　　　　　　　　　　　5 424

月末计算并结转代销商品销项税额时（若本月包括代销商品销售收入在内的"主营业务收入"账户贷方余额为 440 000 元）。

应计销项税额 =440 000×13%=57 200（元）

借：主营业务收入　　　　　　　　　　　　　　　57 200
　　贷：应交税费——应交增值税（销项税额）　　　57 200

月末计算分摊代销商品进销差价时（由于不分自营商品和代销商品，所以，已销代销商品与自营商品应一并分摊进销差价，经计算，本月综合差价率为 30.45%）。

应分摊的进销差价 =440 000×30.45% =133 980（元）

借：商品进销差价　　　　　　　　　　　　　　　133 980
　　贷：主营业务成本　　　　　　　　　　　　　　133 980

3. 以物易物的销项税额的会计处理。

以物易物是指业务双方进行交易时，不以货币结算或主要不以货币结算，而以货物相互结算，从而实现货物购销的一种交易方式。在财务会计中，此类业务属非货币性交易。它分换入、换出的均为货物和一方换出的是货物、另一方换出的是固定资产或无形资产两种类型。按增值税法规定，双方换出的均为货物，双方都要进行购销处理，以各自发出的货物核定销售额并计算销项税额，以各自收到的货物核定购货额，并依据对方开具的合格增值税专用发票抵扣进项税额，即同时反映进项税额、销项税额。若一方换出的是货物，另一方换出的是固定资产或无形资产，后者相应的增值税税额，记入其资产价值内，不单独反映。若同时换入多项资产，应按换入各项资产的公允价值占换入全部资产的公允价值总额的比例分别确认换入各项资产的入账价值。在此类交易中，还有以旧换新业务，其涉税会计处理在"（三）以旧换新的销项税额的会计处理"中单独说明。

非货币性交易，又分双方不涉及补付价款和涉及补付价款两种情况。

（1）不涉及补价的会计处理。

以非货币性交易换入的货物，如果不涉及补价，原则上应以换出资产的账面价值，加上需支付的相关税费，作为换入资产的入账价值。其计算公式如下：

换入资产入账价值 = 换出资产账面价值 + 应支付的相关税费

对上式中"税费"的处理如下。如果换入的资产是货物，上式中"换入资产入账价值"应减去准予抵扣的进项税额（单独反映），即"税费"不包括增值税进项税额；如果换入的资产不是货物，换入资产入账价值按上式计算。若换出的资产是货物，按销售货物计算销项税额，贷记"应交税费——应交增值税（销项税额）"账户；若换出的资产不是货物，应按其账面价值转出。但对换出的固定资产、无形资产，应按税法规定，计算缴纳流转税，并在会计记录中正确反映。

【例2-58】某酒厂10月以其自产其他酒10吨（账面价值20 000元）从农业生产者手中换取造酒原料（高粱）若干吨，双方不涉及补价，也没有发生相关费用。当月销售同类其他酒，最高售价2 500元/吨，最低售价2 100元/吨，加权平均价格为2 250元/吨。做会计分录如下。

按加权平均售价计算销项税额 =2 250×10×13% =2 925（元）

应交消费税（按最高售价）=2 500×10×10% =2 500（元）

销售10吨其他酒。

借：应收账款　　　　　　　　　　　　　　　　　　　22 925

贷：库存商品   20 000

  应交税费——应交增值税（销项税额）   2 925

换回高粱。

借：原材料   21 032

  应交税费——应交增值税（进项税额）   1 893

  贷：应收账款   22 925

从农业生产者手中换回，按9%计算进项税额。

应交消费税。

借：原材料   2 500

  贷：应交税费——应交消费税   2 500

（2）涉及补价的会计处理。

按会计准则、企业会计制度的规定，当收到的补价占换出资产公允价值的比例等于或小于25%时，作为非货币性交易；如若该比例高于25%，则作为货币性交易。不论何种交易方式，只要涉及货物，必须按税法规定正确计算反映增值税。如果涉及补价，则一方收到补价，另一方支付补价，其换入资产的入账价值确认有所不同。

① 支付补价时：

换入资产入账价值 = 换出资产的账面价值 + 补价 + 应支付的相关税费 - 可抵扣的进项税额

② 收到补价时：

换入资产入账价值 = 换出资产的账面价值 - 补价 - 待抵扣的进项税额 + 应支付的相关税费 + 应确认的收益

如果在非货币性交易中不涉及货物，则"换入资产入账价值"计算公式中也不涉及可抵扣的进项税额。

如果确认的是损失，则应减去确认的损失。收取补价方所收取的补价，能否弥补其换出资产的公允价值大于换入资产的公允价值的差额以及因收取补价而需要缴纳的税费，即由此而产生的损益，需要予以确认。应确认的收益公式如下。

应确认的收益 = 补价 - 补价 ÷ 换出资产公允价值 × 换出资产账面价值 - 补价 ÷ 换出资产公允价值 × 应交税费及附加

应交税费及附加 = 换出资产的计税价值 × 税率

应确认的收益 = 补价 × (1 - 换出资产账面价值 ÷ 换出资产公允价值) - 补价 ÷ 换出资产公允价值 × 应交税费及附加

如果换出资产是单项资产，则换出资产的公允价值和计税价格均是唯一的，对上述公式的理解和应用不会有偏差；若是多项资产，其"换出资产公允价值"是交易中的全部资产还是单项资产，应予以明确。本书认为应该是全部资产。这样，应确认的收益公式如下：

应确认收益 = 补价 - 补价 ÷ 全部换出资产公允价值 × 全部换出资产账面价值 - 补价 ÷ 全部换出资产的公允价值 × ∑ 应交税费及附加

上述计算的应确认的收益额，不论正负均应记入当期损益账户。

涉及补价时，增值税处理与不涉及补价基本相同，只是因为一方需向另一方补付价差款，如果换出、换入的都是货物，其借、贷方反映的进、销项税额不等。应予指出的是：如果换入的资产是货物（不是固定资产、无形资产），换入资产的入账价值实际上采用倒挤的方法，因为其他账户的金额都是明确的、既定的。

（三）以旧换新的销项税额的会计处理

1. 一般商品以旧换新的会计处理。

以旧换新销售方式，就是企业在销售自己的货物时，有偿收回旧货物的行为。按我国现行增值税法的规定，采取以旧换新方式销售货物的，应按新货物的同期销售价格确定销售额，不得冲减旧货物的收购价格。销售货物与有偿收购旧货物是两项不同的业务活动，销售额与收购额不能相互抵减。

【例 2-59】某百货公司销售 A 牌电冰箱，零售价 3 390 元 / 台，若顾客交还同品牌旧冰箱作价 1 000 元，交差价 2 390 元就可换全新冰箱。当月采用此种方式销售 A 牌电冰箱 100 台，做会计分录如下。

借：银行存款　　　　　　　　　　　　　　　　　239 000

库存商品——旧冰箱	100 000	
贷：主营业务收入——A牌电冰箱		300 000
应交税费——应交增值税（销项税额）		39 000

应特别注意的是：收回的旧冰箱不能计算进项税额。因为某百货公司不是专门从事废旧物资收购的单位；更不应以实收价款 239 000 元作为零售价格入账，否则就会少计销售收入，漏交增值税税款。

2. 金银首饰以旧换新的会计处理。

鉴于金银首饰以旧换新业务的特殊情况，《财政部 国家税务总局关于金银首饰等货物征收增值税问题的通知》明确规定，对金银首饰以旧换新业务，按销售方实际收取的不含增值税的全部价款征收增值税。

【例 2-60】某金银首饰零售商店为小规模纳税人，2×19 年 10 月取得含税销售收入 60 000 元；以旧换新业务收入 30 000 元（含税），其中收回旧首饰折价 21 000 元，实收 9 000 元。做会计分录如下。

应交增值税 =（60 000+9 000）÷（1+3%）×3% =2 010（元）

商品销售收入 =（60 000+9 000）÷（1+3%）+21 000=87 990（元）

借：银行存款	69 000	
库存商品——旧金银首饰	21 000	
贷：主营业务收入——金银首饰		87 990
应交税费——应交增值税		2 010

2.3.3 差额征收的会计处理

1. 企业发生相关成本费用允许扣减销售额的账务处理。

按现行增值税制度规定企业发生相关成本费用允许扣减销售额的，发生成本费用时，按应付或实际支付的金额，借记"主营业务成本""存货""工程施工"等科目，贷记"应付账款""应付票据""银行存款"等科目。待取得合规增值税扣税凭证且纳税义务发生时，按照允许抵扣的税额，借记"应交税费——应交增值税（销项税额抵减）"或"应交税费——简易计税"科目（小规模纳税人应借记"应交税费——应交增值税"科目），贷记"主营业务成本""存货""工程施工"等科目。

2.金融商品转让按规定以盈亏相抵后的余额作为销售额的账务处理。

金融商品实际转让月末，如产生转让收益，则按应纳税额借记"投资收益"等科目，贷记"应交税费——转让金融商品应交增值税"科目；如产生转让损失，则按可结转下月抵扣税额，借记"应交税费——转让金融商品应交增值税"科目，贷记"投资收益"等科目。缴纳增值税时，应借记"应交税费——转让金融商品应交增值税"科目，贷记"银行存款"科目。年末，本科目如有借方余额，则借记"投资收益"等科目，贷记"应交税费——转让金融商品应交增值税"科目。

2.4 增值税减免、上缴及查补调账的会计处理

2.4.1 减免增值税的会计处理

为核算纳税人出口货物应收取的出口退税款，设置"应收出口退税款"科目，该科目借方反映销售出口货物按规定向税务机关申报应退回的增值税和消费税等，贷方反映实际收到的出口货物应退回的增值税和消费税等。期末借方余额，反映尚未收到的应退税额。

1.未实行"免、抵、退"办法的一般纳税人出口货物按规定退税的，按规定计算的应收出口退税额，借记"应收出口退税款"科目，贷记"应交税费——应交增值税（出口退税）"科目，收到出口退税时，借记"银行存款"科目，贷记"应收出口退税款"科目；退税额低于购进时取得的增值税专用发票上的增值税税额的差额，借记"主营业务成本"科目，贷记"应交税费——应交增值税（进项税额转出）"科目。

2.实行"免、抵、退"办法的一般纳税人出口货物，在货物出口销售后结转产品销售成本时，按规定计算的退税额低于购进时取得的增值税专用发票上的增值税额的差额，借记"主营业务成本"科目，贷记"应交税费——

应交增值税（进项税额转出）"科目；按规定计算的当期出口货物的进项税抵减内销产品的应纳税额，借记"应交税费——应交增值税（出口抵减内销产品应纳税额）"科目，贷记"应交税费——应交增值税（出口退税）"科目。在规定期限内，内销产品的应纳税额不足以抵减出口货物的进项税额，不足部分按有关税法规定给予退税的，应在实际收到退税款时，借记"银行存款"科目，贷记"应交税费——应交增值税（出口退税）"科目。

（一）先征收后返回、先征后退增值税的会计处理

1. 按指定用途返回的会计处理。

（1）用于新建项目。

实际收到返回的增值税税款时，直接转作国家资本金。做会计分录如下。

借：银行存款

　　贷：实收资本——国家投入资本

（2）用于改建扩建、技术改造。

收到返回的增值税税款时，视同国家专项拨款。做会计分录如下。

借：银行存款

　　贷：专项应付款——××专项拨款

实际用于工程支出时，做会计分录如下。

借：在建工程——××工程

　　贷：银行存款等

工程完工，报经主管财政机关批准，对按规定予以核销的部分（不构成固定资产价值），做会计分录如下。

借：专项应付款——××专项拨款

　　贷：在建工程

对构成固定价值的部分，做会计分录如下。

借：固定资产

　　贷：在建工程

借：专项应付款

　　贷：资本公积

（3）用于归还长期借款。

经批准归还长期借款，即"贷改投"时，可转为国家资本金。做会计分录如下。

借：银行存款

　　贷：实收资本——国家投入资本

借：长期借款

　　贷：银行存款

2. 用于弥补企业亏损和未指定专门用途。

当纳税人实际收到返回的增值税时，做会计分录如下。

借：银行存款

　　贷：营业外收入

也可以通过"其他应收款"账户反映应收和实收过程。反映应收退税款时，做会计分录如下。

借：其他应收款——增值税税款

　　贷：营业外收入

实际收到退税款时。

借：银行存款

　　贷：其他应收款——增值税税款

（二）即征即退的会计处理

国家根据需要，可以规定对进口的某些商品应计征的增值税采取即征即退的办法，退税的直接受益者必须是以购进商品从事再加工的生产企业。

【例 2-61】某外贸企业进口原棉一批，进口棉花所征增值税实行即征即退办法。该批棉花价值折合人民币 500 000 元，应交增值税 45 000 元。做会计分录如下。

外贸企业入账时。

借：材料采购　　　　　　　　　　　　　　　　　　500 000

应交税费——应交增值税（进项税额）	45 000
贷：应付账款或银行存款等	545 000

收到进口商品退税款时。

借：银行存款	45 000
贷：应付账款——待转销进口退税	45 000

外贸企业将进口商品销售给生产企业时（假设销售价款为 600 000 元，增值税税额为 54 000 元）。

借：应收账款等	609 000
应付账款——待转销进口退税	45 000
贷：主营业务收入	600 000
应交税费——应交增值税（销项税额）	54 000

生产企业购进上述商品实际支付时（外贸企业要出具退税款证明）。

借：材料采购	555 000
应交税费——应交增值税（进项税额）	54 000
贷：应付账款等	609 000

（三）直接减免增值税的会计处理

1.小规模纳税人直接减免增值税的会计处理。

月份终了时，将应免税的销售收入折算为不含税销售额，按 5% 或 3% 的征收率计算免征增值税税额。做会计分录如下。

借：银行存款

　　贷：主营业务收入

　　　　应交税费——应交增值税

借：应交税费——应交增值税

　　贷：其他收益／营业外收入

2.一般纳税人直接减免增值税的会计处理。

（1）企业部分产品（商品）免税。

月份终了，按免税主营业务收入和适用税率计算出销项税额，然后减去按税法规定计算的应分摊的进项税额，其差额即当月销售免税货物应免征的税额。

结转免税产品（商品）应分摊的进项税额，做会计分录如下。

借：主营业务成本（应分摊的进项税额）

　　贷：应交税费——应交增值税（进项税额转出）

结转免税产品（商品）销项税额时，做会计分录如下。

借：主营业务收入

　　贷：应交税费——应交增值税（销项税额）

结转免征增值税税额时，做会计分录如下。

借：应交税费——应交增值税（减免税款）

　　贷：其他收益／营业外收入

（2）企业全部产品（商品）免税。

如果按税法的规定，企业的全部产品（商品）都免税，工业企业应在月终将免税主营业务收入参照上年度实现的增值率计算出增值额（产销较均衡的企业也可以按月用购进扣税法计算），并将其折算为不含税增值额，然后依适用税率，计算免征增值税税额；零售商业企业（批发企业可比照工业企业）应在月终将销售直接免税商品已实现的进销差价折算为不含税增值额，然后按适用税率计算免征增值税税额。

根据上述计算结果，做会计分录如下。

计算免征税额时。

借：主营业务收入

　　贷：应交税费——应交增值税（销项税额）

结转免征税额时。

借：应交税费——应交增值税（减免税款）

　　贷：其他收益／营业外收入

对生产经营粮油、饲料、氮肥等免税产品的企业，虽然其主产品免税，但也可能发生增值税应税行为。按国家规定价格销售免税粮食时，可免交增值税税额；但若加价销售，就不能免税。饲料企业如果将购入的原粮又卖出或在生产饲料的同时还生产供居民食用的制品，则要缴纳增值税，会计上应分别设账和分别核算。

2.4.2 上缴增值税的会计处理

（一）按月缴纳增值税的会计处理

平时，企业在"应交税费——应交增值税"多栏式明细账中核算增值税业务；月末，结出借、贷方合计和差额（余额，下同）。

若"应交税费——应交增值税"账户为借方差额，表示本月尚未抵扣的进项税额，应继续留在该账户借方，不再转出；若为贷方差额，表示本月应交增值税税额，通过"应交税费——应交增值税（转出未交增值税）"账户，转入"应交税费——未交增值税"账户的贷方。做会计分录如下。

借：应交税费——应交增值税（转出未交增值税）

贷：应交税费——未交增值税

由于以一个月为纳税期限的企业不存在当月预缴当月税款的情况，月末也不会有多交情况。若月末"应交税费——未交增值税"账户有借方余额，只能表示当月尚未抵扣完的进项税额（以后月份可继续抵扣）。

（二）按日缴纳增值税的会计处理

若主管税务机关核定纳税人按日（1、3、5、10、15 日）缴纳增值税，则平时按核定纳税期纳税时，属预缴性质；月末，在核实上月应交增值税后，应于下月 10 日前清缴。

平时，企业在"应交税费——应交增值税"明细账中核算增值税业务。其中，当月上缴当月增值税税额时，做会计分录如下。

借：应交税费——应交增值税（已交税金）

贷：银行存款

月末，结出该账户借方、贷方合计和差额。

若"应交税费——应交增值税"账户为贷方差额，表示本月应交未交的增值税税额，应转至"应交税费——未交增值税"账户的贷方，做会计分录如下。

借：应交税费——应交增值税（转出未交增值税）

　　贷：应交税费——未交增值税

若"应交税费——应交增值税"账户为借方差额，由于月中有预缴税款的情况，故该借方差额不仅可能是尚未抵扣的进项税额，而且还可能包含了多交的部分。多交税额是多少，尚未抵扣的进项税额又是多少，一般有以下三种情况。

1.当"应交税费——应交增值税"账户借方差额大于已交税金合计数时，表明当月已交的税金全部为多交。同时，两者差额为本月尚未抵扣的进项税额。

【例2-62】某企业4月"应交税费——应交增值税"账户资料如下。

借方差额1 500元中包括多交的1 200元税款和留待抵扣的300元进项税额，多交税额应从"转出多交增值税"明细账户转至"应交税费——未交增值税"账户的借方，尚未抵扣税额留在"应交税费——应交增值税"账户的借方。做会计分录如下。

借：应交税费——未交增值税　　　　　　　　　　　　　　　1 200

　　贷：应交税费——应交增值税（转出多交增值税）　　　　　　1 200

结转后的"应交税费——应交增值税"账户为借方余额300元。

2.当"应交税费——应交增值税"账户借方差额等于已交税金的合计数时，表明已交税金全部为多交。同时，本月无待抵扣进项税额。

3.当"应交税费——应交增值税"账户借方差额小于已交税金的合计数时，表明已交税金中部分为应交税额、部分为多交税额，借方差额即为多交税额。

（三）实际上缴增值税的会计处理

1.当月预缴、上缴当月应交增值税时，做会计分录如下。

借：应交税费——应交增值税（已交税金）

　　贷：银行存款

2.月初结清上月应交增值税或上缴以前月份（年度）欠交增值税时，做会计分录如下。

借：应交税费——未交增值税

贷：银行存款

（四）以留抵税额抵减欠交增值税的会计处理

若企业既存在欠交增值税，同时又有留抵税额，在当期销项税额小于同期进项税额而产生期末留抵税额时，应以期末留抵税额抵减欠交增值税。在企业用留抵税额抵减欠交增值税时，如果增值税欠税额大于期末留抵税额，按期末留抵税额用红字借记"应交税费——应交增值税（进项税额）"账户，贷记"应交税费——未交增值税"账户；如果增值税欠税额小于期末留抵税额，按增值税欠税额用红字借记"应交税费——应交增值税（进项税额）"账户，贷记"应交税费——未交增值税"账户。

（五）增值税期末留抵税额的会计处理

纳入营改增试点当月月初，原增值税一般纳税人应按不得从销售服务、无形资产或不动产的销项税额中抵扣的增值税留抵税额，借记"应交税费——增值税留抵税额"科目，贷记"应交税费——应交增值税（进项税额转出）"科目。待以后期间允许抵扣时，按允许抵扣的金额，借记"应交税费——应交增值税（进项税额）"科目，贷记"应交税费——增值税留抵税额"科目。

（六）增值税税控系统专用设备和技术维护费用抵减增值税的会计处理

按现行增值税制度规定，企业初次购买增值税税控系统专用设备支付的费用以及缴纳的技术维护费允许在增值税应纳税额中全额抵减，按规定抵减的增值税应纳税额，借记"应交税费——应交增值税（减免税款）"科目（小规模纳税人应借记"应交税费——应交增值税"科目），贷记"管理费用"等科目。

（七）关于小微企业免征增值税的会计处理规定

小微企业在取得销售收入时，应当按照税法的规定计算应交增值税，并确认为应交税费，在达到增值税制度规定的免征增值税条件时，将有关应交增值税转入当期损益。

2.4.3　增值税查补税款的会计处理

（一）查补偷税应纳税额的确定

增值税一般纳税人不报、少报销项税额或多报进项税额，均影响增值税的缴纳，为违法行为。偷税数额应当按销项税额的不报、少报部分或进项税额的多报部分确定。

一般纳税人若采取账外经营，即购销活动均不入账，而造成不交、少交增值税的，其偷税数额应按账外经营部分的销项税额抵扣账外经营部分中已销货物进项税额后的余额确定。此时偷税数额为应纳税额，即：

偷税数额 = 应纳税额 = 账外经营部分销项税额 – 账外经营部分中已销货物进项税额

已销货物进项税额 = 账外经营部分购货的进项税额 – 账外经营部分存货的进项税额

（二）查补税款金额的确定

一般纳税人发生偷税行为，确定偷税数额补征入库时，其补税数额应根据纳税人不同情况分别处理，即：根据检查核实后一般纳税人当期全部销项税额与进项税额（包括当期留抵税额），重新计算当期全部应纳税额。若应纳税额为正数，应当作补税处理；若应纳税额为负数，应按《增值税日常稽查办法》的规定执行。

（三）查补税款的会计处理

经税务机关检查后，一般纳税人应针对增值税进行相应的会计调整。为此，应设立"应交税费——增值税检查调整"账户。凡检查后应调减账面进项税额或调增销项税额和进项税额转出的数额，借记有关账户，贷记本账户；凡检查后应调增账面进项税额或调减销项税额和进项税额转出的数额，借记本账户，贷记有关账户；全部调账事项入账后，应结出本账户的余额，并对该余额进行处理。

1. 若余额在借方，全部视同留抵税额，按借方余额，借记"应交税费——应交增值税（进项税额）"账户，贷记本账户。

2. 若余额在贷方，且"应交税费——应交增值税"账户无余额，按贷方余额，借记本账户，贷记"应交税费——未交增值税"账户。

3. 若本账户余额在贷方，"应交税费——应交增值税"账户有借方余额且等于或大于本账户贷方余额，按贷方余额，借记本账户，贷记"应交税费——应交增值税"账户。

4. 若本账户余额在贷方，"应交税费——应交增值税"账户有借方余额但小于本账户贷方余额，应将这两个账户的余额冲出，按其差额贷记"应交税费——未交增值税"账户，借记本账户。

【例2-63】某工业企业为增值税一般纳税人。12月增值税纳税资料：当期销项税额236 000元，当期购进货物的进项税额为247 000元。"应交税费——应交增值税"账户的借方余额为11 000元。次年1月15日税务机关对其检查时，发现有以下两笔业务会计处理有误。

1. 12月3日，发出产品一批用于捐赠，成本价80 000元，无同类产品售价，企业已做以下会计处理。

借：营业外支出　　　　　　　　　　　　　　　　80 000
　　贷：库存商品　　　　　　　　　　　　　　　　　80 000

2. 12月24日，为基建工程购入材料33 900元，企业已做以下会计处理。

借：在建工程　　　　　　　　　　　　　　　　　30 000
　　应交税费——应交增值税（进项税额）　　　　3 900
　　贷：银行存款　　　　　　　　　　　　　　　　33 900

针对上述问题，应做查补税款的会计处理。

1. 对查出的问题进行会计调整。

（1）企业对外捐赠产品，应视同销售，计算销项税额，无同类产品售价的，按组成计税价格计算。企业按成本价直接冲减库存商品，但未计算销项税额，属偷税行为。

销项税额 =80 000×（1+10%）×13% =11 440（元）

据此，应调账如下。

借：营业外支出　　　　　　　　　　　　　　　　　　　　　11 440

　　贷：应交税费——增值税检查调整　　　　　　　　　　　　　11 440

（2）企业用于非应税项目的购进货物，其进项税额不得抵扣，企业这种多报进项税额的行为，属偷税行为。

据此，应调账如下。

借：在建工程　　　　　　　　　　　　　　　　　　　　　　3 900

　　贷：应交税费——增值税检查调整　　　　　　　　　　　　　3 900

2.确定企业偷税数额。

偷税数额 = 不报销项税额 + 多报进项税额

　　　　　=11 440+3 900=15 340（元）

本例中，按偷税数额的 1 倍罚款。

3.确定应补缴税额。

当期应补税额 =236 000−247 000+15 340=4 340（元）

4.进行会计处理。

借：应交税费——增值税检查调整　　　　　　　　　　　　　15 340

　　利润分配——未分配利润　　　　　　　　　　　　　　　15 340

　　　贷：应交税费——未交增值税　　　　　　　　　　　　　　4 340

　　　　　　　　——应交增值税　　　　　　　　　　　　　　11 000

　　　其他应付款——税收罚款　　　　　　　　　　　　　　　15 340

补缴税款及罚款时。

借：应交税费——未交增值税　　　　　　　　　　　　　　　4 340

　　其他应付款——税收罚款　　　　　　　　　　　　　　　15 340

　　贷：银行存款　　　　　　　　　　　　　　　　　　　　19 680

从此例可见，企业的偷税数额，不一定等于补税数额；罚款额是税务机关根据《税收征管法》做出的。

2.5　增值税的税收筹划思路

2.5.1　兼营行为的增值税税收筹划

我国现行增值税一般纳税人适用的增值税税率有4档——13％、9％、6％和零，在特定情况下适用5％或3％的征收率。税法规定，纳税人兼营销售货物、加工修理修配劳务，提供服务，销售无形资产或者不动产适用不同税率或者征收率的，应当分别核算适用不同税率或征收率的销售额，未分别核算销售额的，从高适用税率。

增值税应税服务项目，除了出租有形动产适用13％的增值税税率外，其他应税服务项目适用税率（9％、6％或零）都明显低于销售货物适用税率（13％或9％）。因此，存在兼营行为的企业在经营中应将应税服务项目与销售货物分别签订合同、分别开具发票、分别进行收入核算，这样才能分别适用税率。

有些情况下，兼营不同税率业务的企业，最好先去工商管理部门更正经营范围，明确主营业务和兼营业务。如建筑施工单位将自制建筑材料用到承包的建筑工程，首先应在经营范围上明确主营工程施工，兼营建材生产销售，或者主营建材生产销售，兼营工程施工；其次分别签订销售建材合同和工程承包合同；再次分别开具发票，分别核算主营收入和兼营收入；最后才能分别适用13％和9％的税率。若未分别核算，则需按照13％的税率征收增值税。

对于既销售货物又兼营运输的企业，首先也应明确主营和兼营的范围，其次分别签订销售货物合同和运输合同，再次，分别开具发票，分别核算主营收入和兼营收入，最后才能分别适用13％和9％的税率。

2.5.2　增值税计税依据的税收筹划

我国现行增值税采用间接计税法，增值税计税依据的税收筹划应从销项税额的税收筹划和进项税额的税收筹划两方面来考虑。

（一）销项税额的税收筹划

销项税额的税收筹划，应考虑销售方式的税收筹划和结算方式的税收筹划。企业在采用不同销售（结算）方式时，应考虑不同销售（结算）方式下企业的税收利益。

（二）进项税额的税收筹划

增值税实行的是凭票抵扣制度，站在一般纳税人的角度，只有取得合法的、可用于抵扣的票据，才能最大限度地减少应纳税额。故进项税额的税收筹划主要是供货方选择和资产购进时间的筹划。

2.5.3　增值税减免税的税收筹划

为了用税收政策促进经济发展，相关部门陆续出台了一些增值税减免税优惠政策。纳税人可以利用法定的减免税规定达到节税的目的。

增值税减免税税收筹划中常见的是利用农业生产者销售自产农产品免税政策和国家对福利企业的税收优惠政策进行的税收筹划。

2.5.4　增值税出口退税的税收筹划

增值税出口退税的税收筹划主要考虑出口方式的选择。对于有出口经营权的企业来说，其出口方式有两种：一种是自营出口，另一种是通过外贸企业代理出口。虽然通过这两种方式出口货物都可以享受免税并退税政策，但退税的数额却不尽相同。

2.6　增值税的税收筹划案例

2.6.1　运输费用的税收筹划案例

A 企业是从事环保产品生产的企业，2019 年销售额为 425 万元，该企业的负责人王经理在与其他企业的负责人对有关情况进行交流后，发现自己企业缴纳的增值税比具有同等销售额的其他企业缴纳的增值税多。后来注册税务师小方对该企业的纳税情况进行了全面调查，发现该企业收受发票不规范，许多项目应该取得增值税专用发票却没有取得。其中比较突出的问题是接受的运输发票不规范，该企业全年发生运费38万元，但支付运费时企业索取的都是普通收据，不是增值税专用发票，因而不能抵扣增值税进项税额。该企业销售甲产品需要专用设备——槽车进行运输，该企业没有这种专用槽车，而甲产品的购买者B企业需自备槽车。A企业与B企业签订供货合同时，金额是以B企业的入库价格结算的，B企业提供槽车所发生的费用则从甲产品的销售价格中扣减，B企业同时提供结算收据。而A企业不能凭该结算收据抵扣增值税进项税额，从而导致A企业的增值税税负明显加重。针对这个问题，A企业该如何解决？

【筹划方案】

方案一： 将用槽车运输改为由专业运输公司运输，这样A企业能够取得能够抵扣增值税进项税额的专用发票，并抵扣进项税额380 000÷（1+9%）×9%=31 376.15（元）。

方案二： 运输仍由B企业负责，但与B企业签订供货合同时，金额以A企业的出厂价格结算，从而降低A企业的销售额，降低A企业的增值税销项税额。

方案一和方案二都是可取的，A企业应根据增值税应纳税额计算公式，分别从销项税额、进项税额两方面入手进行税收筹划，以减轻税负。

【政策依据】

现行我国一般纳税人应缴纳的增值税计算公式为：应纳税额＝当期销项税额－当期进项税额。而常规情况下一般纳税人可抵扣的进项税额为从销售方取得的增值税专用发票（含税控机动车销售统一发票，下同）上注明的增值税。增值税专用发票，是增值税一般纳税人发生应税销售行为开具的发票，是购买方支付增值税并可按照增值税有关规定据以抵扣增值税进项税额的凭证。一般纳税人应通过增值税防伪税控系统使用专用发票。使用，包括领购、开具、缴销、认证、稽核比对专用发票及其相应的数据电文。

2.6.2　销售额的税收筹划案例

小张自己开了一家水果蔬菜零售店，登记为个体工商户，零售店每月含税销售额为 20 600 元，相关部门规定的增值税起征点为 20 000 元。请问小张如何进行税收筹划能使收益最大？

【筹划方案】

方案一：保持当前每月 20 600 元的含税销售额。

每月不含税销售额 =20 600÷（1+3%）=20 000（元）。

达到增值税起征点，全年应纳增值税税额 =20 600÷（1+3%）×3% ×12=7 200（元）。

如不考虑其他税费，小张每年收入 =20 600×12-7 200=240 000（元）。

方案二：将每月含税销售额降低为 20 500 元。

每月不含税销售额 =20 500÷（1+3%）=19 902.91（元）。

没有达到增值税起征点，不需缴纳增值税。

如不考虑其他税费，小张每年收入 =20 500×12=246 000（元）。

方案二的销售额降低，但收入反而增加了 246 000-240 000=6 000（元）。

【政策依据】

根据《营业税改征增值税试点实施办法》，个人发生应税行为的销售额未达到增值税起征点的，免征增值税；达到起征点的，全额计算缴纳增值税。增值税起征点不适用于登记为一般纳税人的个体工商户。关于起征点，具体从以下几个方面解读。

1.增值税起征点的适用范围。

增值税起征点仅适用于《财政部 国家税务总局关于全面推开营业税改征增值税试点的通知》（财税〔2016〕36 号）的附件 1《营业税改征增值税试点实施办法》第一条规定的个人（包括个体工商户和其他个人），但不适用于登记为一般纳税人的个体工商户，即增值税起征点仅适用于个体工商户小规模纳税人和其他个人。

2.销售额的确定。

销售额不包括应纳增值税税额。采用销售额和应纳税额合并定价方法的，按照下列公式计算销售额：

销售额＝含税销售额÷（1＋征收率）

3.达到增值税起征点的征税规定。

纳税人销售额达到增值税起征点的，应全额计算缴纳增值税，不应仅就超过增值税起征点的部分计算缴纳增值税。

按固定期限纳税的小规模纳税人可以选择以 1 个月或 1 个季度为纳税期限，一经选择，一个会计年度内不得变更。

小规模纳税人发生增值税应税销售行为，合计月销售额未超过 15 万元（以 1 个季度为 1 个纳税期的，季度销售额未超过 45 万元，下同）的，免征增值税。

小规模纳税人发生增值税应税销售行为，合计月销售额超过 15 万元，但扣除本期发生的销售不动产的销售额后未超过 15 万元的，其销售货物、劳务、服务、无形资产取得的销售额免征增值税。

《增值税暂行条例实施细则》第九条所称的其他个人，采取一次性收取租金形式出租不动产取得的租金收入，可在对应的租赁期内平均分摊，分摊后的月租金收入未超过 15 万元的，免征增值税。

按照现行规定应当预缴增值税税款的小规模纳税人，凡在预缴地实现的月销售额未超过 15 万元的，当期无需预缴税款。

2.6.3　选择供货商的税收筹划案例

A 企业是一家位于县城的生产型企业，属于增值税一般纳税人。其所使用的原材料有两种进货渠道：一种是从一般纳税人那里进货，含税价格为 12 元 / 件，可以开具税率为 13% 的增值税专用发票；另一种是从小规模纳税人那里进货，含税价格为 10 元 / 件，不能开具增值税专用发票。A 企业预计年进货量为 10 万件，它该选择哪种进货渠道呢？

【筹划方案】

方案一： 从小规模纳税人处进货。

进货成本 = 10 × 10 = 100（万元）

方案二： 从一般纳税人处进货。

进货成本 = [12-12÷（1+13%）×13%×（1+10%）]×10 = 104.81（万元）

从一般纳税人处进货比从小规模纳税人处进货成本约多 4.81（104.81-100）万元。

【政策依据】

小规模纳税人实行简易办法征收增值税的，可以自行开具增值税普通发票，征收率是 3%，也可以到主管税务机关申请代开增值税专用发票，税率是 3%。小规模纳税人购入货物所支付的增值税税款不可抵扣，按价税合计金额全部计入购入货物成本。而一般纳税人销售货物时，如果购货方是一般纳税人，应开具增值税专用发票，若不是一般纳税人，应开具增值税普通发票，税率都是 13%。一般纳税人销售货物产生的税额称为销项税额，在购入货物时，取得的增值税专用发票上注明的税额称为进项税额。如果在购入货物时取得普通发票，所注明的税额不可作为进项税额，而应当计入货物成本。一般纳税人每月应交增值税计算如下：

每月应申报缴纳的税款 = 销项税额 - 当月认证通过的进项税额

因此，选择供货商税收筹划的核心问题是确定一般纳税人产品的价格与小规模纳税人产品的价格之比。

假定小规模纳税人产品单价为 X，一般纳税人产品单价为 Y。因为增值税专用发票可以作为抵扣增值税进项税额及城建税和教育费附加的凭证，可以得到下列等式：

$Y - Y ÷（1+13\%）×13\%×（1+10\%）= X$

$Y = 1.14X$

处于平衡点时，二者的比约为 1.14。即当一般纳税人产品单价为 Y，小规模纳税人产品单价大于 $Y \div 1.14$ 时，从小规模纳税人处采购货物所承担的增值税负担较轻。

2.6.4 快递行业税收筹划案例

B 公司是一家快递公司，为一般纳税人。2020 年 1 月的应纳税收入为 100 万元，其中收件业务收入 60 万元、运输业务收入 30 万元、仓库出租收入 10 万元。本月 B 公司未取得相应的增值税专用发票。问：B 公司应如何进行增值税税收筹划？

【筹划方案】

未区分业务应缴纳的增值税 =100÷（1+9%）×9% =8.26（万元）

步骤一：区分不同收入分别核算。

① 收件业务收入应缴纳的增值税 =60÷（1+6%）×6% =3.40（万元）

② 运输业务收入应缴纳的增值税 =30÷（1+9%）×9% =2.48（万元）

③ 出租仓库收入应缴纳的增值税 =10÷（1+9%）×9% =0.83（万元）

④ 总共应缴纳的增值税 =3.40+2.48+0.83=6.71（万元）

节约税款 =8.26-6.71=1.55（万元）

步骤二：收件业务、运输业务申请享受简易计税。

① 收件业务收入应缴纳的增值税 =60÷（1+3%）×3% =1.75（万元）

② 运输业务收入应缴纳的增值税 =30÷（1+3%）×3% =0.87（万元）

③ 出租仓库收入应缴纳的增值税 =10÷（1+9%）×9% =0.83（万元）

④ 总共应缴纳的增值税 =1.75+0.87+0.83=3.45（万元）

节约税款 =6.71-3.45=3.26（万元）

步骤三：仓库出租转型为提供仓储服务。

① 收件业务收入应缴纳的增值税 =60÷（1+3%）×3% =1.75（万元）

② 运输业务收入应缴纳的增值税 =30÷（1+3%）×3% =0.87（万元）

③ 出租仓库收入应缴纳的增值税 =10÷（1+6%）×6% =0.57（万元）

④ 总共应缴纳的增值税 =1.75+0.87+0.57=3.19（万元）

节约税款 =3.26-3.19=0.07（万元）

续表

经过上述三步筹划，B 公司节约税款 5.07 万元，有利于增强企业市场竞争力。

【政策依据】

现在我国快递行业蓬勃发展，快递人员包括快递员、网点经营者、物流运输员等，快递环节包括收件、派件、仓储、租赁、运输等。快递行业一般纳税人与小规模纳税人各业务适用增值税税率比较如表 2-1 所示。各环节的增值税税率有所不同，纳税人可从此切入，进行增值税税收筹划。

表 2-1　快递行业一般纳税人与小规模纳税人各业务适用增值税税率比较

业务类型	工作内容	一般纳税人	小规模纳税人
收件	揽收快递	6%	3%
派件	派送快递	6%	3%
仓储服务	出租仓库、厂房并配备相应的人员提供仓储管理服务	6%	3%
租赁服务	出租仓库、厂房、车辆等，但不配备相应的人员提供仓库、厂房或车辆管理服务	9%	5%或3%
运输服务	提供陆路运输、航空运输、水路运输等服务	9%	3%

不同征收方式下，增值税税率也有所不同。快递行业纳税人针对各业务采用一般计税方法和简易计税方法适用增值税税率比较如表 2-2 所示。

表 2-2　一般计税方法和简易计税方法适用增值税税率比较

业务类型	一般计税方法	简易计税方法
收件	6%	3%
派件	6%	3%
运输服务	9%	3%

另外，纳税人从事国际货物运输代理的免征增值税。

第3章
消费税的会计核算与税收筹划

3.1 消费税概述

3.1.1 消费税的概念

消费税是指对消费品和特定的消费行为按流转额征收的一种商品税。理论上，应对所有消费品包括生活必需品和日用品普遍课征消费税；但从征收实践上看，我国主要对特定消费品等课征消费税。消费税主要以消费品为课税对象，属于间接税，税款随价格转嫁给消费者，消费者是税款的实际负担者。消费税的征收具有较强的选择性，是国家贯彻消费政策、引导消费结构从而引导产业结构的重要手段，因而在保证国家财政收入、体现国家经济政策等方面具有十分重要的意义。

3.1.2 消费税的特点

（1）征收范围具有选择性。我国根据产业政策与消费政策仅选择部分消费品征收消费税，而不是对所有消费品都征收消费税。

（2）一般情况下，征收环节具有单一性，主要在生产销售和进口环节征收消费税。

（3）平均税率水平比较高且税负差异大。消费税的平均税率水平比较高，并且不同应税项目的税负差异较大。诸如烟等需要限制或控制消费的消费品，通常税负较重。

（4）计税方法具有灵活性。消费税应纳税额的计税方法既有对消费品采用单位税额，以消费品的数量实行从量计征的计税方法；又有对消费品采用比例税率，以消费品的价格实行从价计征的计税方法，对消费品既有从价计征又有从量计征的计税方法。

3.1.3　消费税法

消费税法是指国家制定的、用以调整消费税征收与缴纳相关权利及义务关系的法律规范。现行消费税法的基本规范，是在 2008 年 11 月 5 日经国务院第 34 次常务会议修订通过，自 2009 年 1 月 1 日起施行的《中华人民共和国消费税暂行条例》（以下简称《消费税暂行条例》），以及 2008 年 12 月 15 日财政部、国家税务总局颁布的《中华人民共和国消费税暂行条例实施细则》（以下简称《消费税暂行条例实施细则》）。为进一步完善消费税制，自 2014 年 12 月 1 日起，取消气缸容量 250 毫升（不含）以下的小排量摩托车消费税、取消汽车轮胎税目、取消车用含铅汽油消费税、取消酒精消费税；分别在 2014 年 11 月、12 月和 2015 年 1 月先后三次提高成品油消费税单位税额；自 2015 年 2 月 1 日起对电池、涂料征收消费税；自 2015 年 5 月 10 日起，将卷烟批发环节从价税税率由 5% 提高至 11%，并按 0.005 元／支加征从量税；自 2016 年 10 月 1 日起，取消对普通美容、修饰类化妆品征收消费税，将"化妆品"税目名称更名为"高档化妆品"，同时将税率调整为 15%；自 2016 年 12 月 1 日起，对每辆零售价格为 130 万元（不含增值税）及以上的超豪华小汽车，在零售环节加征消费税，税率为 10%。这些构成了我国消费税法律制度的主要内容。

消费税法与增值税法、关税法等构成我国流转税新体系。

3.1.4　消费税纳税义务人

在中华人民共和国境内生产、委托加工和进口《消费税暂行条例》规定的消费品的单位和个人，以及国务院确定的销售《消费税暂行条例》规定的消费品的其他单位和个人，为消费税的纳税人。

在中华人民共和国境内，是指生产、委托加工和进口属于应当缴纳消费税的消费品的起运地或者所在地在境内。单位，是指企业、行政单位、事业单位、军事单位、社会团体及其他单位。个人，是指个体工商户及其他个人。

由于消费税是在对所有货物普遍征收增值税的基础上选择少量消费品征收的，因此，消费税纳税人同时也是增值税纳税人。

3.1.5　消费税征税范围

根据《消费税暂行条例》及其实施细则的规定，消费税的征收范围包括下列内容。

（一）生产应税消费品

纳税人生产的应税消费品，于纳税人销售时纳税。

纳税人自产自用的应税消费品，用于连续生产应税消费品的，不纳税；用于其他方面的，于移送使用时纳税。

用于连续生产应税消费品，是指纳税人将自产自用的应税消费品作为直接材料生产最终应税消费品，自产自用应税消费品构成最终应税消费品的实体。

用于其他方面，是指纳税人将自产自用的应税消费品用于生产非应税消费品、在建工程、管理部门、非生产机构、提供劳务、馈赠、赞助、集资、广告、样品、职工福利、奖励等方面。

工业企业以外的单位和个人的下列行为视为应税消费品的生产行为，按规定征收消费税：将外购的消费税非应税产品以消费税应税产品对外销售的；将外购的消费税低税率应税产品以高税率应税产品对外销售的。

（二）委托加工应税消费品

委托加工的应税消费品，是指由委托方提供原料和主要材料，受托方只收取加工费和代垫部分辅助材料加工的应税消费品。对于由受托方提供原材料生产的应税消费品，或者受托方先将原材料卖给委托方，然后再接受加工的应税消费品，以及由受托方以委托方名义购进原材料生产的应税消费品，不论在财务上是否作为销售处理，都不得作为委托加工应税消费品，而应当按照销售自制应税消费品缴纳消费税。

委托加工的应税消费品，除受托方为个人外，由受托方在向委托方交货时代收代缴消费税。委托个人加工的应税消费品，由委托方收回后缴纳消费税。

委托加工的应税消费品，委托方用于连续生产应税消费品的，所纳税款准予按规定抵扣。

委托方将收回的应税消费品，以不高于受托方的计税价格出售的，为直接出售，不再缴纳消费税；委托方以高于受托方的计税价格出售的，不属于直接出售，需按照规定申报缴纳消费税，在计税时准予扣除受托方已代收代缴的消费税。

（三）进口应税消费品

单位和个人进口应税消费品，于报关进口时缴纳消费税。为了减少征税成本，进口环节缴纳的消费税由海关代征。

（四）零售应税消费品

（1）零售金银首饰。自 1995 年 1 月 1 日起，金银首饰消费税由生产销售环节征收改为零售环节征收。改在零售环节征收消费税的金银首饰仅限于金、银和金基、银基合金首饰，以及金、银和金基、银基合金的镶嵌首饰（以下简称"金银首饰"）。自 2002 年 1 月 1 日起，钻石及钻石饰品消费税的纳税环节由生产环节、进口环节后移至零售环节。自 2003 年 5 月 1 日起，铂金首饰消费税改为在零售环节征收。

下列业务视同零售业务，在零售环节缴纳消费税。

① 为经营单位以外的单位和个人加工金银首饰。加工包括带料加工、翻新改制、以旧换新等业务，不包括修理和清洗。

② 经营单位将金银首饰用于馈赠、赞助、集资、广告样品、职工福利、

奖励等方面。

③ 未经中国人民银行总行批准，经营金银首饰批发业务的单位将金银首饰销售给经营单位。

（2）零售超豪华小汽车。自 2016 年 12 月 1 日起，对超豪华小汽车，在生产（进口）环节按现行税率征收消费税的基础上，在零售环节加征一道消费税，将超豪华小汽车销售给消费者的单位和个人为超豪华小汽车零售环节的纳税人。

（五）批发销售卷烟

自 2015 年 5 月 10 日起，将卷烟批发环节从价税税率由 5% 提高至 11%，并按 0.005 元／支加征从量税。

烟草批发企业将卷烟销售给其他烟草批发企业的，不缴纳消费税。

卷烟消费税改为在生产和批发两个环节征收后，批发企业在计算应纳税额时不得扣除已含的生产环节的消费税税款。

纳税人兼营卷烟批发和零售业务的，应当分别核算批发和零售环节的销售额、销售数量；未分别核算批发和零售环节销售额、销售数量的，按照全部销售额、销售数量计征批发环节消费税。

3.1.6 消费税税目

消费税的征收范围比较狭窄，同时也会根据经济发展、环境保护等国家政策方针进行修订，依据《消费税暂行条例》及相关法规规定，目前消费税税目包括烟、酒、高档化妆品等 15 种商品，部分税目还进一步划分了若干子目。

（一）烟

凡是以烟叶为原料加工生产的产品，不论使用何种辅料，均属于本税目的征收范围，包括卷烟（进口卷烟、白包卷烟、手工卷烟和未经国务院批准纳入计划的企业及个人生产的卷烟）、雪茄烟和烟丝。

在"烟"税目下分"卷烟"等子目，"卷烟"又分为"甲类卷烟"和

"乙类卷烟"。其中，甲类卷烟是指每标准条（200支，下同）调拨价格在70元（不含增值税）以上（含70元）的卷烟；乙类卷烟是指每标准条调拨价格在70元（不含增值税）以下的卷烟。

（二）酒

酒是酒精度在1度以上的各种酒类饮料，包括白酒、黄酒、啤酒和其他酒。

具体征税范围如下。

（1）白酒，包括粮食白酒和薯类白酒。

① 粮食白酒，是指以高粱、玉米、大米、糯米、大麦、小麦、青稞等各种粮食为原料，经过糖化、发酵后，采用蒸馏方法酿制的白酒。

② 薯类白酒，是指以白薯（红薯、地瓜）、木薯、马铃薯、芋头、山药等各种干鲜薯类为原料，经过糖化、发酵后，采用蒸馏方法酿制的白酒。用甜菜酿制的白酒，比照薯类白酒征税。

（2）黄酒，是指以糯米、粳米、籼米、大米、黄米、玉米、小麦、薯类等为原料，经加温、糖化、发酵、压榨酿制的酒，包括各种原料酿制的黄酒和酒精度超过12度（含12度）的土甜酒。

（3）啤酒，分为甲类啤酒和乙类啤酒，是指以大麦或其他粮食为原料，加入啤酒花，经糖化、发酵、过滤酿制的含有二氧化碳的酒。

对饮食业、商业、娱乐业举办的啤酒屋（啤酒坊）利用啤酒生产设备生产的啤酒，应当征收消费税。

（4）其他酒，是指除粮食白酒、薯类白酒、黄酒、啤酒以外，酒精度在1度以上的各种酒，包括糠麸白酒、其他原料白酒、除黄酒外的土甜酒、复制酒、果木酒、汽酒、药酒、葡萄酒等。

对以黄酒为酒基生产的配制或泡制酒，按其他酒征收消费税。调味料酒不征收消费税。

（三）高档化妆品

本税目征收范围包括高档美容、修饰类化妆品以及高档护肤类化妆品和成套化妆品。

高档美容、修饰类化妆品和高档护肤类化妆品是指生产（进口）环节销售（完税）价格（不含增值税）在10元／毫升（克）或15元／片（张）及以上的美容、修饰类化妆品和护肤类化妆品。

舞台、戏剧、影视演员化妆用的上妆油、卸妆油、油彩，不属于本税目的征收范围。

（四）贵重首饰及珠宝玉石

本税目的征收范围包括以金、银、铂金、宝石、珍珠、钻石、翡翠、珊瑚、玛瑙等高贵稀有物质以及其他金属、人造宝石等制作的各种纯金银首饰及镶嵌首饰和经采掘、打磨、加工的各种珠宝玉石。

（五）鞭炮、焰火

本税目征收范围包括各种鞭炮、焰火，具体包括喷花类、旋转类、旋转升空类、火箭类、吐珠类、线香类、小礼花类、烟雾类、造型玩具类、爆竹类、摩擦炮类、组合烟花类、礼花弹类等。

体育上用的发令纸、鞭炮药引线，不按本税目征收。

（六）成品油

本税目包括汽油、柴油、航空煤油、石脑油、溶剂油、润滑油、燃料油7个子目。

（1）汽油。汽油是指用原油或其他原料加工生产的辛烷值不小于66的可用作汽油发动机燃料的各种轻质油。

以汽油、汽油组分调和生产的甲醇汽油、乙醇汽油也属于本税目征收范围。

（2）柴油。柴油是指用原油或其他原料加工生产的凝点或倾点在 -50号 ~ 30 号的可用作柴油发动机燃料的各种轻质油和以柴油组分为主、经调和精制可用作柴油发动机燃料的非标油。

以柴油、柴油组分调和生产的生物柴油也属于本税目征收范围。

（3）石脑油。石脑油又叫化工轻油，是以原油或其他原料加工生产的用于化工原料的轻质油。

石脑油的征收范围包括除汽油、柴油、航空煤油、溶剂油以外的各种轻质油。

（4）溶剂油。溶剂油是以原油或其他原料加工生产的用于涂料、油漆、食用油、印刷油墨、皮革、农药、橡胶、化妆品生产的轻质油。

（5）航空煤油。航空煤油也叫喷气燃料，是以原油或其他原料加工生产的用于喷气发动机和喷气推进系统中作为燃料的各种轻质油。

（6）润滑油。润滑油是用于内燃机、机械加工过程的润滑产品。润滑油分为矿物性润滑油、植物性润滑油、动物性润滑油和化工原料合成润滑油。

润滑油的征收范围包括矿物性润滑油、矿物性润滑油基础油、植物性润滑油、动物性润滑油和化工原料合成润滑油。

（7）燃料油。燃料油也称重油、渣油。燃料油的征收范围包括用作电厂发电、锅炉用燃料、加热炉燃料、冶金和其他工业炉燃料的各类燃料油。

自 2012 年 11 月 1 日起，催化料、焦化料属于燃料油的征收范围，应当征收消费税。

（七）小汽车

小汽车是指由动力驱动，具有 4 个或 4 个以上车轮的非轨道承载的车辆。

本税目征收范围包括以下 3 类。

（1）乘用车。含驾驶员座位在内最多不超过 9 个座位（含）的，在设计和技术特性上用于载运乘客和货物的各类乘用车。

（2）中轻型商用客车。含驾驶员座位在内的座位数在 10~23 座（含 23 座）的，在设计和技术特性上用于载运乘客和货物的各类中轻型商用客车。

（3）超豪华小汽车。每辆零售价格在 130 万元（不含增值税）及以上的乘用车和中轻型商用客车。

用排气量小于 1.5 升（含）的乘用车底盘（车架）改装、改制的车辆属于乘用车征收范围；用排气量大于 1.5 升的乘用车底盘（车架）或用中轻型商用客车底盘（车架）改装、改制的车辆属于中轻型商用客车征收范围。

含驾驶员人数（额定载客）为区间值（如 8~10 人、17~26 人）的小汽车，按其区间值下限人数确定征收范围。

电动汽车不属于本税目征收范围。车身长度大于 7 米（含），并且座位数在 10~23 座（含）以下的商用客车，不属于中轻型商用客车征税范围，不征收消费税。

沙滩车、雪地车、卡丁车、高尔夫车不属于消费税征收范围，不征收消费税。

（八）摩托车

摩托车包括轻便摩托车和摩托车两种。对最大设计车速不超过 50 千米 / 小时，发动机气缸总工作容量不超过 50 毫升的三轮摩托车不征收消费税；对气缸容量在 250 毫升（不含）以下的小排量摩托车不征收消费税。

（九）高尔夫球及球具

高尔夫球及球具是指从事高尔夫球运动所需的各种专用装备，包括高尔夫球、高尔夫球杆及高尔夫球包（袋）等。

高尔夫球是指重量不超过 45.93 克、直径不超过 42.67 毫米的高尔夫球运动比赛、练习用球；高尔夫球杆是指被设计用来打高尔夫球的工具，由杆头、杆身和握把三部分组成；高尔夫球包（袋）是指专用于盛装高尔夫球及球杆的包（袋）。

本税目征收范围包括高尔夫球、高尔夫球杆、高尔夫球包（袋）。高尔夫球杆的杆头、杆身和握把属于本税目的征收范围。

（十）高档手表

高档手表是指销售价格（不含增值税）每只在 10 000 元（含）以上的各类手表。

本税目征收范围包括符合以上标准的各类手表。

（十一）游艇

游艇是指长度大于 8 米小于 90 米，船体由玻璃钢、钢、铝合金、塑料等多种材料制作，可以在水上移动的水上浮载体。按照动力划分，游艇分为无动力艇、帆艇和机动艇。

本税目征收范围包括艇身长度大于 8 米（含）小于 90 米（含），内置发动机，可以在水上移动，一般为私人或团体购置，主要用于水上运动和休闲娱乐等非营利活动的各类机动艇。

（十二）木制一次性筷子

木制一次性筷子，又称卫生筷子，是指以木材为原料经过锯段、浸泡、旋切、刨切、烘干、筛选、打磨、倒角、包装等环节加工而成的各类供一次性使用的筷子。

本税目征收范围包括各种规格的木制一次性筷子。未经打磨、倒角的木制一次性筷子属于本税目征税范围。

（十三）实木地板

实木地板是指以木材为原料，经锯割、干燥、刨光、截断、开榫、涂漆等工序加工而成的块状或条状的地面装饰材料。实木地板按生产工艺不同，可分为独板（块）实木地板、实木指接地板、实木复合地板三类；按表面处理状态不同，可分为未涂饰地板（白坯板、素板）和漆饰地板两类。

本税目征收范围包括各类规格的实木地板、实木指接地板、实木复合地板及用于装饰墙壁、天棚的侧端面为榫、槽的实木装饰板。未经涂饰的素板也属于本税目征税范围。

（十四）电池

电池，是一种将化学能、光能等直接转换为电能的装置，一般由电极、电解质、容器、极端，通常还有隔离层组成的基本功能单元，以及用一个或多个基本功能单元装配成的电池组。本税目征收范围包括原电池、蓄电池、燃料电池、太阳能电池和其他电池。

对无汞原电池、金属氢化物镍蓄电池（又称"氢镍蓄电池"或"镍氢蓄电池"）、锂原电池、锂离子蓄电池、太阳能电池、燃料电池和全钒液流电池免征消费税。

自2016年1月1日起，对铅蓄电池按4%税率征收消费税。

（十五）涂料

涂料是指涂于物体表面能形成具有保护、装饰或特殊性能的固态涂膜的一类液体或固体材料之总称。自2015年2月1日起对涂料征收消费税，对施工状态下挥发性有机物（Volatile Organic Compounds，VOC）含量低于420克/升（含）的涂料免征消费税。

3.1.7 消费税税率（额）及计税依据

（一）消费税税率

消费税采用比例税率和定额税率两种形式，以适应不同应税消费品的实际情况。

消费税根据不同的税目或子目确定相应的税率或单位税额。大部分应税消费品适用比例税率，如烟丝税率为30%，气缸容量为250毫升的摩托车税率为3%等；黄酒、啤酒、成品油按单位重量或单位体积确定单位税额；卷烟、白酒采用比例税率和定额税率双重征收形式。

消费税税目、税率表如表3-1所示。

表 3-1　消费税税目、税率表

税目	税率
一、烟	
1.卷烟	
（1）甲类卷烟（生产或进口环节）	56%加 0.003 元 / 支
（2）乙类卷烟（生产或进口环节）	36%加 0.003 元 / 支
（3）批发环节	11%加 0.005 元 / 支
2.雪茄烟	36%
3.烟丝	30%
二、酒	
1.白酒	20%加 0.5 元 /500 克（或者 500 毫升）
2.黄酒	240 元 / 吨
3.啤酒	
（1）甲类啤酒	250 元 / 吨
（2）乙类啤酒	220 元 / 吨
4.其他酒	10%
三、高档化妆品	15%
四、贵重首饰及珠宝玉石	
1.金银首饰、铂金首饰和钻石及钻石饰品	5%
2.其他贵重首饰和珠宝玉石	10%
五、鞭炮、焰火	15%
六、成品油	
1.汽油	1.52 元 / 升
2.柴油	1.2 元 / 升
3.航空煤油	1.2 元 / 升
4.石脑油	1.52 元 / 升
5.溶剂油	1.52 元 / 升
6.润滑油	1.52 元 / 升
7.燃料油	1.2 元 / 升
七、摩托车	
1.气缸容量（排气量，下同）为 250 毫升的	3%
2.气缸容量在 250 毫升以上的	10%

税目	税率
八、小汽车	
1.乘用车	
（1）气缸容量（排气量，下同）在1升（含1升）以下的	1%
（2）气缸容量在1升以上至1.5升（含1.5升）的	3%
（3）气缸容量在1.5升以上至2升（含2升）的	5%
（4）气缸容量在2升以上至2.5升（含2.5升）的	9%
（5）气缸容量在2.5升以上至3升（含3升）的	12%
（6）气缸容量在3升以上至4升（含4升）的	25%
（7）气缸容量在4升以上的	40%
2.中轻型商用客车	5%
3.超豪华小汽车（零售环节）	10%
九、高尔夫球及球具	10%
十、高档手表	20%
十一、游艇	10%
十二、木制一次性筷子	5%
十三、实木地板	5%
十四、电池	4%
十五、涂料	4%

消费税采取列举法按具体应税消费品设置税目、税率，征税界限清楚，一般不易发生错用税率的情况。但是存在下列情况时，纳税人应按照相关规定确定适用税率。

1.纳税人兼营不同税率的应税消费品，应当分别核算不同税率应税消费品的销售额、销售数量；未分别核算销售额、销售数量，或者将不同税率的应税消费品组成成套消费品销售的，从高适用税率。

2.配制酒适用税率的确定。配制酒（露酒）是指以发酵酒、蒸馏酒或食用酒精为酒基，加入可食用或药食两用的辅料或食品添加剂，进行调配、混合或再加工制成的并改变了其原酒基风格的饮料酒。

（1）以蒸馏酒或食用酒精为酒基，同时符合以下条件的配制酒，按其他酒适用税率征收消费税：① 具有国家相关部门批准的国食健字或卫食健字文号；② 酒精度低于 38 度（含）。

（2）以发酵酒为酒基，酒精度低于 20 度（含）的配制酒，按其他酒适用税率征收消费税。

（3）其他配制酒，按白酒适用税率征收消费税。

以上述蒸馏酒或食用酒精为酒基是指酒基中蒸馏酒或食用酒精的比重超过 80％（含）；以发酵酒为酒基是指酒基中发酵酒的比重超过 80％（含）。

（二）消费税计税依据

按照现行消费税法规定，消费税应纳税额的计算分为从价计征、从量计征和从价从量复合计征三种方法。消费税应纳税额计算方法如表 3-2 所示。

表 3-2　消费税应纳税额计算方法

税目	计算方法
啤酒、黄酒、成品油	从量计征
白酒、卷烟	从价从量复合计征
除啤酒、黄酒、成品油、卷烟、白酒以外的其他各项应税消费品	从价计征

1. 从价计征。

在从价定率计算方法下，应纳税额等于应税消费品的销售额乘以适用税率，应纳税额取决于应税消费品的销售额和适用税率两个因素。

（1）销售额的确定。

销售额为纳税人销售应税消费品向购买方收取的全部价款和价外费用。销售，是指有偿转让应税消费品的所有权；有偿，是指从购买方取得货币、货物或者其他经济利益；价外费用，是指价外向购买方收取的手续费、补贴、基金、集资费、返还利润、奖励费、违约金、滞纳金、延期付款利息、赔偿金、代收款项、代垫款项、包装费、包装物租金、储备费、优质费、运输装卸费以及其他各种性质的价外收费。但下列项目不包括在内。

① 同时符合以下条件的代垫运输费用：承运部门的运输费用发票开具给购买方的；纳税人将该项发票转交给购买方的。

② 同时符合以下条件代为收取的政府性基金或者行政事业性收费：由国务院或者财政部批准设立的政府性基金，由国务院或者省级人民政府及其财政、价格主管部门批准设立的行政事业性收费；收取时开具省级以上财政部门印制的财政票据；所收款项全额上缴财政。

其他价外费用，无论是否属于纳税人的收入，均应并入销售额计算征税。

实行从价定率办法计算应纳税额的应税消费品连同包装销售的，无论包装是否单独计价，也无论在会计上如何核算，均应并入应税消费品的销售额征收消费税。如果包装物不作价随同产品销售，而是收取押金，此项押金则不应并入应税消费品的销售额征税。但对因逾期未收回的包装物不再退还的或者已收取的时间超过 12 个月的押金，应并入应税消费品的销售额，按照应税消费品的适用税率缴纳消费税。

对既作价随同应税消费品销售，又另外收取押金的包装物的押金，凡纳税人在规定的期限内没有退还的，均应并入应税消费品的销售额，按照应税消费品的适用税率缴纳消费税。

从 1995 年 6 月 1 日起，对销售啤酒、黄酒外的其他酒类产品而收取的包装物押金，无论是否返还以及会计上如何核算，均应并入当期销售额征税。

白酒生产企业向商业销售单位收取的"品牌使用费"是随着应税白酒的销售而向购买方收取的，属于应税白酒销售价款的组成部分，因此不论企业采取何种方式或以何种名义收取价款，均应并入白酒的销售额缴纳消费税。

纳税人销售的应税消费品，以外汇结算销售额的，其销售额的人民币折合率可以选择结算的当天或者当月 1 日的国家外汇牌价（原则上为中间价）。纳税人应事先确定采取何种折合率，确定后 1 年内不得变更。

（2）含增值税销售额的换算。

应税消费品在缴纳消费税的同时，与一般货物一样，还应缴纳增值税。按照《消费税暂行条例实施细则》的规定，应税消费品的销售额不包括应向购买方收取的增值税税款。如果纳税人应税消费品的销售额中未扣除增值税税款或者因不得开具增值税专用发票而发生价款和增值税税款合并收取的，在计算消费税时，应将含增值税的销售额换算为不含增值税的销售额。其换算公式为：

应税消费品的销售额 = 含增值税的销售额 ÷（1+ 增值税税率或征收率）

在使用换算公式时，应根据纳税人的具体情况分别使用增值税税率或征收率。如果消费税的纳税人是增值税一般纳税人，应适用 13% 的增值税税率；如果消费税的纳税人是增值税小规模纳税人，应适用 3% 的征收率。

2. 从量计征。

在从量定额计算方法下，应纳税额等于应税消费品的销售数量乘以单位税额，应纳税额的多少取决于应税消费品的销售数量和单位税额两个因素。

（1）销售数量的确定。

销售数量是指纳税人生产、加工和进口应税消费品的数量。具体规定为：销售应税消费品的，为应税消费品的销售数量；自产自用应税消费品的，为应税消费品的移送使用数量；委托加工应税消费品的，为纳税人收回的应税消费品数量；进口应税消费品的，为海关核定的应税消费品进口征税数量。

（2）计量单位的换算标准。

《消费税暂行条例》规定，黄酒、啤酒是以吨为税额单位；成品油是以升为税额单位。但是考虑到在实际销售过程中，一些纳税人会把吨与升这两个计量单位混用，故规范了不同产品的计量单位，以准确计算应纳税额。吨与升两个计量单位的换算标准如表 3-3 所示。

表 3–3　计量单位吨与升的换算标准

序号	名称	计量单位的换算标准
1	黄酒	1 吨 = 962 升
2	啤酒	1 吨 = 988 升
3	汽油	1 吨 = 1 388 升
4	柴油	1 吨 = 1 176 升
5	航空煤油	1 吨 = 1 246 升
6	石脑油	1 吨 = 1 385 升
7	溶剂油	1 吨 = 1 282 升
8	润滑油	1 吨 = 1 126 升
9	燃料油	1 吨 = 1 015 升

3.从价从量复合计征。

现行消费税的征税范围中，只有卷烟、白酒采用复合计征方法。应纳税额等于应税消费品的销售数量乘以定额税率再加上应税销售额乘以比例税率。

生产销售卷烟、白酒从量定额计税依据为实际销售数量。进口、委托加工、自产自用卷烟、白酒从量定额计税依据分别为海关核定的进口征税数量、委托方收回数量、移送使用数量。

4.计税依据的特殊规定。

（1）自设非独立核算门市部销售应税消费品的计税规定。

纳税人通过自设非独立核算门市部销售的自产应税消费品，应当按照门市部对外销售额或者销售数量征收消费税。

（2）应税消费品用于换取生产资料和消费资料、投资入股和抵偿债务的计税规定。

纳税人用于换取生产资料和消费资料、投资入股和抵偿债务等方面的应税消费品，应当以纳税人同类应税消费品的最高销售价格作为计税依据计算消费税。

（3）卷烟计税价格的核定。

自 2012 年 1 月 1 日起，卷烟消费税最低计税价格（以下简称"计税价格"）核定范围为卷烟生产企业在生产环节销售的所有牌号、规格的卷烟。

计税价格由国家税务总局按照卷烟批发环节销售价格扣除卷烟批发环节批发毛利核定并发布。计税价格的核定公式为：

某牌号、规格卷烟计税价格＝批发环节销售价格×（1－适用批发毛利率）

卷烟批发环节销售价格，按照税务机关采集的所有卷烟批发企业在价格采集期内销售的该牌号、规格卷烟的数量、销售额进行加权平均计算。计算公式为：

$$批发环节销售价格 = \frac{\sum 该牌号、规格卷烟各采集点的销售额}{\sum 该牌号、规格卷烟各采集点的销售数量}$$

未经国家税务总局核定计税价格的新牌号、新规格卷烟，卷烟生产企业应按卷烟调拨价格申报纳税。

已经国家税务总局核定计税价格的卷烟，卷烟生产企业实际销售价格高于计税价格的，按实际销售价格确定适用税率，计算应纳税款并申报纳税；实际销售价格低于计税价格的，按计税价格确定适用税率，计算应纳税款并申报纳税。

（4）白酒最低计税价格的核定。

① 核定范围。

白酒生产企业销售给销售单位的白酒，白酒生产企业消费税计税价格低于销售单位对外销售价格（不含增值税，下同）70％以下的，税务机关应核定消费税最低计税价格。自 2015 年 6 月 1 日起，纳税人将委托加工收回的白酒销售给销售单位，消费税计税价格低于销售单位对外销售价格 70％以下的，也应核定消费税最低计税价格。

销售单位，是指销售公司、购销公司以及委托境内其他单位或个人包销本企业生产白酒的商业机构。销售公司、购销公司，是指专门购进并销售白酒生产企业生产的白酒，并与该白酒生产企业存在关联性质的公司。包销，是指销售单位依据协定价格从白酒生产企业购进白酒，同时承担大部分包装材料等成本费用，并负责销售白酒。

白酒生产企业应将各种白酒的消费税计税价格和销售单位销售价格，按照规定的式样及要求，在主管税务机关规定的时限内填报。白酒消费税最低计税价格由白酒生产企业自行申报，由税务机关核定。

主管税务机关应将白酒生产企业申报的销售给销售单位的消费税计税价格低于销售单位对外销售价格70%以下、年销售额1 000万元以上的各种白酒，按照规定的式样及要求，在规定的时限内逐级上报至国家税务总局。国家税务总局选择其中部分白酒核定消费税最低计税价格。

除国家税务总局已核定消费税最低计税价格的白酒外，其他按规定需要核定消费税最低计税价格的白酒，消费税最低计税价格由各省、自治区、直辖市和计划单列市国家税务局核定。

② 核定标准。

白酒生产企业销售给销售单位的白酒，白酒生产企业消费税计税价格高于销售单位对外销售价格70%（含）以上的，税务机关暂不核定消费税最低计税价格。

白酒生产企业销售给销售单位的白酒，白酒生产企业消费税计税价格低于销售单位对外销售价格70%以下的，消费税最低计税价格由税务机关根据生产规模、白酒品牌、利润水平等情况在销售单位对外销售价格50%~70%范围内自行核定。对于其中生产规模较大、利润水平较高的白酒生产企业生产的需要核定消费税最低计税价格的白酒，税务机关核价幅度原则上为销售单位对外销售价格的60%~70%。

③ 重新核定。

已核定最低计税价格的白酒，销售单位对外销售价格持续上涨或下降时间达到3个月以上、累计上涨或下降幅度在20%（含）以上的白酒，税务机关重新核定最低计税价格。

④ 计税价格的适用。

已核定最低计税价格的白酒，白酒生产企业实际销售价格高于消费税最低计税价格的，按实际销售价格申报纳税；实际销售价格低于消费税最低计税价格的，按最低计税价格申报纳税。

（5）金银首饰销售额的确定。

对既销售金银首饰，又销售非金银首饰的生产、经营单位，应将两类商品划分清楚，分别核算销售额。凡划分不清楚或不能分别核算的，在生产环节销售的，一律从高适用税率征收消费税；在零售环节销售的，一律按金银首饰征收消费税。金银首饰与其他产品组成成套消费品销售的，应按销售额全额征收消费税。

金银首饰连同包装物销售的，无论包装物是否单独计价，也无论会计上如何核算，均应并入金银首饰的销售额，计征消费税。

带料加工的金银首饰，应按受托方销售同类金银首饰的销售价格确定计税依据征收消费税。没有同类金银首饰销售价格的，按照组成计税价格计算纳税。

纳税人采用以旧换新（含翻新改制）方式销售的金银首饰，应按实际收取的不含增值税的全部价款确定计税依据征收消费税。

3.1.8　消费税应纳税额的计算

（一）生产销售环节应纳消费税的计算

纳税人在生产销售环节应缴纳的消费税，包括直接对外销售应税消费品应缴纳的消费税和自产自用应税消费品应缴纳的消费税。

1. 直接对外销售应税消费品应缴纳的消费税的计算。

直接对外销售应税消费品应缴纳的消费税涉及三种计算方法。

（1）从价定率计算。

在从价定率计算方法下，应纳税额等于应税消费品的销售额乘以适用税率。基本计算公式为：

应纳税额 = 应税消费品的销售额 × 比例税率

（2）从量定额计算。

在从量定额计算方法下，应纳税额等于应税消费品的销售数量乘以单位税额。基本计算公式为：

应纳税额 = 应税消费品的销售数量 × 定额税率

（3）从价定率和从量定额复合计算。

现行消费税的征税范围中，只有卷烟、白酒采用复合计算方法。基本计算公式为：

应纳税额 = 应税消费品的销售数量 × 定额税率 + 应税消费品的销售额 × 比例税率

2. 自产自用应税消费品应缴纳的消费税的计算。

所谓自产自用，就是纳税人生产应税消费品后，不是用于直接对外销售，而是用于自己连续生产应税消费品或用于其他方面。这种自产自用应税消费品形式，在实际经济活动中是很常见的，但也是在是否纳税或如何纳税方面最容易出现问题的。例如，有的企业把自己生产的应税消费品以福利或奖励等形式发给本企业职工，以为不是对外销售，不必计入销售额，无须纳税，就会导致漏交税款的现象。因此，纳税人有必要认真理解税法对自产自用应税消费品的有关规定。

（1）用于连续生产应税消费品。

纳税人自产自用的应税消费品用于连续生产应税消费品的，不用缴纳消费税。所谓"纳税人自产自用的应税消费品用于连续生产应税消费品的"，是指作为生产最终应税消费品的直接材料并构成最终产品实体的应税消费品。例如，卷烟厂生产出烟丝，再用生产出的烟丝连续生产卷烟，虽然烟丝是应税消费品，但用于连续生产卷烟的烟丝就不用缴纳消费税，只对生产销售的卷烟征收消费税。如果生产出的烟丝直接用于销售，则烟丝需要缴纳消费税。税法规定，对自产自用的应税消费品，用于连续生产应税消费品的不征税，体现了不重复课税原则。

（2）用于其他方面。

纳税人自产自用的应税消费品，除用于连续生产应税消费品外，凡用于其他方面的，于移送使用时缴纳消费税。用于其他方面是指纳税人将应税消费品用于生产非应税消费品，用于在建工程，用于管理部门，用于非生产机构，用于提供劳务，以及用于馈赠、赞助、集资、广告、样品、职工福利、奖励等方面。

所谓"用于生产非应税消费品"，是指把自产的应税消费品用于生产《消费税暂行条例》规定的消费税税目、税率表所列 15 类产品以外的产品。如原油加工厂用生产出的应税消费品汽油调和制成溶剂汽油，该溶剂汽油就属于非应税消费品，加工厂应就该自产自用行为缴纳消费税，但是不用缴纳增值税。所谓"用于在建工程"，是指把自产的应税消费品用于本单位的各项建设工程。例如，石化工厂把自己生产的柴油用于本厂基建工程的车辆、设备。所谓"用于管理部门、非生产机构"，是指把自产的应税消费品用于与本单位有隶属关系的管理部门或非生产机构。例如，汽车制造厂把生产出的小汽车提供给上级主管部门使用。所谓"用于提供劳务"，是指把自产的应税消费品用于为本单位相关部门提供劳务活动。例如，教育培训企业为本单位员工提供教育培训服务。所谓"用于馈赠、赞助、集资、广告、样品、职工福利、奖励"，是指把自产的应税消费品无偿赠送给他人，或以资金的形式投资于外单位，或作为商品广告、经销样品，或以福利、奖励的形式发给职工。例如，小汽车生产企业把自己生产的小汽车赠送或赞助给小汽车拉力赛赛手，兼作商品广告；酒厂把自产的滋补药酒以福利的形式发给职工等。总之，企业自产的应税消费品虽然没有用于销售或连续生产应税消费品，但只要是用于税法所规定的范围的都要视同销售，依法缴纳消费税。

（3）组成计税价格及税额的计算。

纳税人自产自用的应税消费品，凡用于其他方面，应当纳税的，按照纳税人生产的同类消费品的销售价格计算纳税。同类消费品的销售价格是指纳税人当月销售的同类消费品的销售价格，如果当月同类消费品各期销售价格不同，应按销售数量加权平均计算。但销售的应税消费品有下列情况之一的，不得用于加权平均计算：

① 销售价格明显偏低又无正当理由的；

② 无销售价格的。

如果当月无销售或者当月未完结，应按照同类消费品上月或者最近月份的销售价格计算纳税。

没有同类消费品销售价格的，按照组成计税价格计算纳税。组成计税价格的计算分为以下两种情况。

实行从价定率办法计算纳税的组成计税价格计算公式为：

组成计税价格 ＝（成本 ＋ 利润）÷（1－ 比例税率）

应纳税额 ＝ 组成计税价格 × 比例税率

实行复合计税办法计算纳税的组成计税价格计算公式为：

组成计税价格 ＝（成本 ＋ 利润 ＋ 自产自用数量 × 定额税率）÷（1－ 比例税率）

应纳税额 ＝ 组成计税价格 × 比例税率 ＋ 自产自用数量 × 定额税率

上述公式中所说的"成本"，是指应税消费品的产品生产成本。

上述公式中所说的"利润"，是指根据应税消费品的全国平均成本利润率计算的利润。应税消费品全国平均成本利润率由国家税务总局确定，具体如表3-4所示。

表3-4 应税消费品全国平均成本利润率

货物名称	利润率	货物名称	利润率
1. 甲类卷烟	10%	10. 贵重首饰及珠宝玉石	6%
2. 乙类卷烟	5%	11. 摩托车	6%
3. 雪茄烟	5%	12. 高尔夫球及球具	10%
4. 烟丝	5%	13. 高档手表	20%
5. 粮食白酒	10%	14. 游艇	10%
6. 薯类白酒	5%	15. 木制一次性筷子	5%

续表

货物名称	利润率	货物名称	利润率
7. 其他酒	5%	16. 实木地板	5%
8. 高档化妆品	5%	17. 乘用车	8%
9. 鞭炮、焰火	5%	18. 中轻型商用客车	5%

（二）委托加工环节应纳消费税的计算

企业、单位或个人由于设备、技术、人力等方面的局限或其他方面的原因，常常要委托其他单位代为加工应税消费品，然后将加工好的应税消费品收回，直接销售或自己使用。委托加工是生产应税消费品的另一种形式，其产品也需要纳入征收消费税的范围。例如，某企业将购来的小客车底盘和零部件提供给某汽车改装厂，加工、组装成小客车供自己使用，则加工、组装成的小客车就需要缴纳消费税。按照规定，委托加工的应税消费品，由受托方在向委托方交货时代收代缴税款。

1. 委托加工应税消费品的确定。

委托加工的应税消费品是指由委托方提供原料和主要材料，受托方只收取加工费和代垫部分辅助材料加工的应税消费品。对于由受托方提供原材料生产的应税消费品，或者受托方先将原材料卖给委托方，然后再接受加工的应税消费品，以及由受托方以委托方名义购进原材料生产的应税消费品，不论纳税人在财务上是否做销售处理，都不得作为委托加工应税消费品，而应当按照销售自制应税消费品缴纳消费税。

2. 代收代缴税款的规定。

对于确实属于委托方提供原料和主要材料，受托方只收取加工费和代垫部分辅助材料加工的应税消费品，税法规定，由受托方在向委托方交货时代收代缴消费税。这样，受托方就是法定的代收代缴义务人。如果受托方对委托加工的应税消费品没有代收代缴或少代收代缴消费税，应按照《税收征管法》的规定，承担代收代缴的法律责任。因此，受托方必须严格履行代收代缴义务，正确计算和按时代收代缴税款。为了加强对受托方代收代缴税款的管理，委托个人（含个体工商户）加工的应税消费品，由委托方收回后缴纳消费税。

对于委托加工的应税消费品，受托方在交货时已代收代缴消费税，委托方将收回的应税消费品以不高于受托方的计税价格出售的，为直接出售，不再缴纳消费税；委托方以高于受托方的计税价格出售的，不属于直接出售，需按照规定申报缴纳消费税，在计税时准予扣除受托方已代收代缴的消费税。

对于受托方没有按规定代收代缴税款的，不能因此免除委托方补缴税款的责任。在对委托方进行税务检查中，如果发现受其委托加工应税消费品的受托方没有代收代缴税款，则应按照《税收征管法》的规定，对受托方处以应代收代缴税款 50% 以上 3 倍以下的罚款。委托方要补缴税款，对委托方补征税款的计税依据是：如果在检查时，收回的应税消费品已经直接销售，按销售额计税；收回的应税消费品尚未销售或不能直接销售（如收回后用于连续生产等），按组成计税价格计税。组成计税价格的计算公式与下文"3.组成计税价格及应纳税额的计算"中组成计税价格公式相同。

3.组成计税价格及应纳税额的计算。

委托加工的应税消费品，按照受托方的同类消费品的销售价格计算纳税，同类消费品的销售价格是指受托方（即代收代缴义务人）当月销售的同类消费品的销售价格，如果当月同类消费品各期销售价格高低不同，应按销售数量加权平均计算。但销售的应税消费品有下列情况之一的，其销售数量不得用于加权平均计算：

（1）销售价格明显偏低又无正当理由的；

（2）无销售价格的。

如果当月无销售或者当月未完结，应按照同类消费品上月或最近月份的销售价格计算纳税。没有同类消费品销售价格的，按照组成计税价格计算纳税。组成计税价格的计算公式分为以下两种情况。

实行从价定率办法计算纳税的组成计税价格计算公式为：

组成计税价格 =（材料成本 + 加工费）÷（1- 比例税率）

实行复合计税办法计算纳税的组成计税价格计算公式为：

组成计税价格 =（材料成本 + 加工费 + 委托加工数量 × 定额税率）÷（1- 比例税率）

上述组成计税价格公式中两个重要概念的解释如下。

① 材料成本。

按照《消费税暂行条例实施细则》的解释，"材料成本"是指委托方所提供加工材料的实际成本。

委托加工应税消费品的纳税人，必须在委托加工合同上如实注明（或以其他方式提供）材料成本，凡未提供材料成本的，受托方所在地主管税务机关有权核定其材料成本。从这一条规定可以看出，税法对委托方提供原料和主要材料并要以明确的方式如实提供材料成本的要求是很严格的，其目的就是防止产生纳税人假冒委托加工应税消费品或少报材料成本，逃避纳税的现象。

② 加工费。

根据《消费税暂行条例实施细则》的规定，"加工费"是指受托方加工应税消费品向委托方所收取的全部费用（包括代垫辅助材料的实际成本，不包括增值税税额），这是税法对受托方的要求。受托方必须如实提供向委托方收取的全部费用，这样才能既保证组成计税价格及代收代缴消费税被准确地计算出来，也能使受托方按加工费正确计算其应纳的增值税。

（三）进口环节应纳消费税的计算

进口的应税消费品，于报关进口时缴纳消费税；进口的应税消费品的消费税由海关代征；进口的应税消费品，由进口人或者其代理人向报关地海关申报纳税；纳税人进口应税消费品，按照关税征收管理的相关规定，应当自海关填发海关进口消费税专用缴款书之日起 15 日内缴纳税款。

1993 年 12 月，国家税务总局、中华人民共和国海关总署（以下简称"海关总署"）联合颁发的《国家税务总局　海关总署关于进口货物征收增值税、消费税有关问题的通知》规定，进口应税消费品的收货人或办理报关手续的单位和个人，为进口应税消费品消费税的纳税义务人。进口应税消费品消费税的税目、税率，依照《消费税暂行条例》所附的"消费税税目税率表"执行。

纳税人进口应税消费品，按照组成计税价格和规定的税率计算应纳税额。计算方法如下。

1. 实行从价定率办法计征应纳税额的计算。

实行从价定率办法计算纳税的组成计税价格计算公式为：

组成计税价格＝（关税完税价格＋关税）÷（1－消费税比例税率）

应纳税额＝组成计税价格×消费税比例税率

2. 实行从量定额办法计征应纳税额的计算。

应纳税额的计算公式为：

应纳税额＝应税消费品数量×消费税定额税率

3. 实行从价定率和从量定额复合计税办法计征应纳税额的计算。

应纳税额的计算公式为：

组成计税价格＝（关税完税价格＋关税＋进口数量×消费税定额税率）÷（1－消费税比例税率）

应纳税额＝组成计税价格×消费税比例税率＋应税消费品进口数量×消费税定额税率

进口环节消费税除国务院另有规定外，一律不得给予减税、免税。

（四）已纳消费税扣除的计算

为了避免重复征税，现行消费税法规定，将外购应税消费品和委托加工收回的应税消费品继续生产应税消费品销售的，可以将外购应税消费品和委托加工收回的应税消费品已缴纳的消费税扣除。

1. 外购应税消费品已纳税款的扣除。

（1）外购应税消费品连续生产应税消费品。

由于某些应税消费品是用外购已缴纳消费税的应税消费品连续生产出来

的，在对这些连续生产出来的应税消费品计算征税时，税法规定应按当期生产领用数量计算准予扣除外购的应税消费品已纳的消费税税款。扣除范围包括：

① 外购已税烟丝生产的卷烟；

② 外购已税高档化妆品生产的高档化妆品；

③ 外购已税珠宝玉石生产的贵重首饰及珠宝玉石；

④ 外购已税鞭炮、焰火生产的鞭炮、焰火；

⑤ 外购已税高尔夫杆头、杆身和握把为原料生产的高尔夫球杆；

⑥ 外购已税木制一次性筷子为原料生产的木制一次性筷子；

⑦ 外购已税实木地板为原料生产的实木地板；

⑧ 外购已税汽油、柴油、石脑油、燃料油、润滑油为原料生产的应税成品油。

上述当期准予扣除外购应税消费品已纳消费税税款的计算公式为：

当期准予扣除的外购应税消费品已纳税款 = 当期准予扣除的外购应税消费品买价 × 外购应税消费品适用税率

当期准予扣除的外购应税消费品买价 = 期初库存的外购应税消费品的买价 + 当期购进的应税消费品的买价 − 期末库存的外购应税消费品的买价外购已税消费品的买价是指购货发票上注明的销售额（不包括增值税税款）。

（2）外购应税消费品后销售。

对自己不生产应税消费品，而只是购进后再销售应税消费品的工业企业，其销售的化妆品、护肤护发品、鞭炮、焰火和珠宝玉石，凡不能构成最终消费品直接进入消费品市场，而需进一步生产加工、包装、贴标的或者组合的珠宝玉石、化妆品、酒、鞭炮、焰火等，应当征收消费税，同时允许扣除上述外购应税消费品的已纳税款。

2.委托加工收回的应税消费品已纳税款的扣除。

委托加工的应税消费品因为已由受托方代收代缴消费税，委托方收回货物后用于连续生产应税消费品的，其已纳税款准予按照规定从连续生产的应税消费品应纳消费税税额中抵扣。按照国家税务总局的规定，下列连续生产的应税消费品准予从应纳消费税税额中按当期生产领用数量计算扣除委托加工收回的应税消费品已纳消费税税款：

① 以委托加工收回的已税烟丝为原料生产的卷烟；

② 以委托加工收回的已税高档化妆品为原料生产的高档化妆品；

③ 以委托加工收回的已税珠宝玉石为原料生产的贵重首饰及珠宝玉石；

④ 以委托加工收回的已税鞭炮、焰火为原料生产的鞭炮、焰火；

⑤ 以委托加工收回的已税高尔夫杆头、杆身和握把为原料生产的高尔夫球杆；

⑥ 以委托加工收回的已税木制一次性筷子为原料生产的木制一次性筷子；

⑦ 以委托加工收回的已税实木地板为原料生产的实木地板；

⑧ 以委托加工收回的已税汽油、柴油、石脑油、燃料油、润滑油为原料生产的应税成品油。

上述当期准予扣除委托加工收回的应税消费品已纳消费税税款的计算公式为：

当期准予扣除的委托加工应税消费品已纳税款 = 期初库存的委托加工应税消费品已纳税款 + 当期收回的委托加工应税消费品已纳税款 - 期末库存的委托加工应税消费品已纳税款

纳税人以进口、委托加工收回应税油品连续生产应税成品油，分别依据海关进口消费税专用缴款书、税收缴款书（代扣代收专用），按照现行政策规定计算扣除应税油品已纳消费税税款。

纳税人以外购、进口、委托加工收回的应税消费品（以下简称"外购应税消费品"）为原料连续生产应税消费品，准予按现行政策规定抵扣外购应税消费品已纳消费税税款。经主管税务机关核实上述外购应税消费品未缴纳消费税的，纳税人应将已抵扣的消费税税款，从核实当月允许抵扣的消费税中冲减。

需要说明的是，纳税人用委托加工收回的已税珠宝玉石生产的、该在零售环节征收消费税的金银首饰，在计税时一律不得扣除委托加工收回的珠宝玉石的已纳消费税税款。

（五）特殊环节应纳消费税的计算

1.卷烟批发环节应纳消费税的计算。

为了适当增加财政收入，完善烟产品消费税制度，自 2009 年 5 月 1 日起，在卷烟批发环节加征一道从价税。自 2015 年 5 月 10 日起，卷烟批发环节税率又有调整。

（1）纳税义务人：在中华人民共和国境内从事卷烟批发业务的单位和个人。

纳税人销售给纳税人以外的单位和个人的卷烟于销售时纳税，纳税人之间销售的卷烟不缴纳消费税。

（2）征收范围：纳税人批发销售的所有牌号、规格的卷烟。

（3）适用税率：从价税税率 11%，从量税税率 0.005 元 / 支。

（4）计税依据：纳税人批发卷烟的销售额（不含增值税）、销售数量。

纳税人应将卷烟销售额与其他商品销售额分开核算，未分开核算的，一并征收消费税。纳税人兼营卷烟批发和零售业务的，应当分别核算批发和零售环节的销售额、销售数量；未分别核算批发和零售环节销售额、销售数量的，按照全部销售额、销售数量计征批发环节消费税。

（5）纳税义务发生时间：纳税人收讫销售款或者取得索取销售款凭据的当天。

（6）纳税地点：卷烟批发企业的机构所在地，总机构与分支机构不在同一地区的，由总机构申报纳税。

（7）卷烟消费税在生产和批发两个环节征收后，批发企业在计算纳税时不得扣除已含的生产环节的消费税税款。

2.超豪华小汽车零售环节应纳消费税的计算。

为了引导合理消费、促进节能减排，自 2016 年 12 月 1 日起，在生产（进口）环节按现行税率征收消费税的基础上，超豪华小汽车在零售环节加征一道消费税。

（1）征税范围：每辆零售价格在 130 万元（不含增值税）及以上的乘用车和中轻型商用客车，即乘用车和中轻型商用客车子税目中的超豪华小汽车。

（2）纳税人：将超豪华小汽车销售给消费者的单位和个人。

（3）税率：10%。

（4）应纳税额的计算公式为：

应纳税额 = 零售环节销售额（不含增值税）× 零售环节税率

国内汽车生产企业直接销售给消费者的超豪华小汽车，消费税税率按照生产环节税率和零售环节税率加总计算。其消费税应纳税额计算公式为：

应纳税额 = 销售额（不含增值税）×（生产环节税率 + 零售环节税率）

（六）消费税出口退税的计算

对纳税人出口应税消费品，免征消费税；国务院另有规定的除外。

1.出口免税并退税。

有出口经营权的外贸企业购进应税消费品直接出口，以及外贸企业受其他外贸企业委托代理出口应税消费品。外贸企业只有受其他外贸企业委托，代理出口应税消费品才可办理退税；外贸企业受其他企业（主要是非生产性的商贸企业）委托，代理出口应税消费品是不予退（免）税的。

属于从价定率计征消费税的，为已征且未在内销应税消费品应纳税额中抵扣的购进出口货物金额；属于从量定额计征消费税的，为已征且未在内销应税消费品应纳税额中抵扣的购进出口货物数量；属于复合计征消费税的，按从价定率和从量定额的计税依据分别确定。

消费税应退税额 = 从价定率计征消费税的退税计税依据 × 比例税率 + 从量定额计征消费税的退税计税依据 × 定额税率

出口货物的消费税应退税额的计税依据，按购进出口货物的消费税专用缴款书和海关进口消费税专用缴款书确定。

2. 出口免税但不退税。

有出口经营权的生产性企业自营出口或生产企业委托外贸企业代理出口自产的应税消费品，依据其实际出口数量免征消费税，不予办理退还消费税。免征消费税是指对生产性企业按其实际出口数量免征生产环节的消费税。不予办理退还消费税，因为已免征生产环节的消费税，该应税消费品出口时，已不含有消费税，所以无须再办理退还消费税。

3. 出口不免税也不退税。

除生产企业、外贸企业外的其他企业，具体是指一般商贸企业，这类企业委托外贸企业代理出口应税消费品一律不予退（免）税。

3.1.9　消费税征收管理

（一）征税环节

目前，对消费税的征收分布于以下环节。

1. 对生产应税消费品在生产销售环节征税。

应税消费品生产销售环节是消费税征收的主要环节，因为在一般情况下，消费税具有单一环节征税的特点。对于大多数应税消费品而言，在生产销售环节征税以后，流通环节不用再缴纳消费税。纳税人生产应税消费品，除了直接对外销售应征收消费税外，如将生产的应税消费品换取生产资料、消费资料、投资入股、偿还债务，以及用于继续生产应税消费品以外的其他方面都应缴纳消费税。

另外，工业企业以外的单位和个人的下列行为视为应税消费品的生产行为，按规定征收消费税：

（1）将外购的消费税非应税产品以消费税应税产品对外销售的；

（2）将外购的消费税低税率应税产品以高税率应税产品对外销售的。

2.对委托加工应税消费品在委托加工环节征税。

委托加工应税消费品，是指委托方提供原料和主要材料，受托方只收取加工费和代垫部分辅助材料加工的应税消费品。由受托方提供原材料或其他情形的一律不能视同委托加工应税消费品。委托加工的应税消费品收回后，再继续用于生产应税消费品销售且符合现行政策规定的，其委托加工环节缴纳的消费税可以扣除。

3.对进口应税消费品在进口环节征税。

单位和个人进口属于消费税征税范围的货物，在进口环节要缴纳消费税。为了减少征税成本，进口环节缴纳的消费税由海关代征。

4.对零售特定应税消费品在零售环节征税。

经国务院批准，自1995年1月1日起，金银首饰消费税由生产销售环节征收改为零售环节征收。改在零售环节征收消费税的金银首饰仅限于金、银和金基、银基合金首饰，以及金、银和金基、银基合金的镶嵌首饰。进口环节暂不征收消费税，零售环节适用税率为5%，在纳税人销售金银首饰、钻石及钻石饰品时征收。其计税依据是不含增值税的销售额。

5.对移送使用应税消费品在移送使用环节征税。

如果企业在生产经营的过程中，将应税消费品移送用于加工非应税消费品，则应对移送部分征收消费税。

6.对批发卷烟在卷烟的批发环节征税。

与其他消费税应税商品不同的是，卷烟除了在生产销售环节征收消费税外，还在批发环节征收消费税。纳税人兼营卷烟批发和零售业务的，应当分别核算批发和零售环节的销售额、销售数量；未分别核算批发和零售环节销售额、销售数量的，按照全部销售额、销售数量计征批发环节消费税。纳税人销售给纳税人以外的单位和个人的卷烟于销售时纳税，纳税人之间销售的卷烟不缴纳消费税。卷烟批发企业的总机构与分支机构不在同一地区的，由总机构申报纳税。卷烟消费税在生产和批发两个环节征收后，批发企业在计算纳税时不得扣除已含的生产环节的消费税税款。

（二）纳税义务发生时间

消费税纳税义务发生的时间，以货款结算方式或行为发生时间分别确定。

1.纳税人销售的应税消费品，其纳税义务的发生时间如下。

（1）纳税人采取赊销和分期收款结算方式的，其纳税义务的发生时间为书面合同约定的收款日期的当天；书面合同没有约定收款日期或者无书面合同的，其纳税义务发生时间为发出应税消费品的当天。

（2）纳税人采取预收货款结算方式的，其纳税义务的发生时间，为发出应税消费品的当天。

（3）纳税人采取托收承付和委托银行收款方式销售的应税消费品，其纳税义务的发生时间，为发出应税消费品并办妥托收手续的当天。

（4）纳税人采取其他结算方式的，其纳税义务的发生时间，为收讫销售款或者取得索取销售款凭据的当天。

2.纳税人自产自用的应税消费品，其纳税义务的发生时间，为移送使用的当天。

3.纳税人委托加工的应税消费品，其纳税义务的发生时间，为纳税人提货的当天。

4.纳税人进口的应税消费品，其纳税义务的发生时间，为报关进口的当天。

（三）纳税期限

《消费税暂行条例》规定，消费税的纳税期限分别为 1 日、3 日、5 日、10 日、15 日、1 个月或者 1 个季度。纳税人的具体纳税期限，由主管税务机关根据纳税人应纳税额的大小分别核定；不能按照固定期限纳税的，可以按次纳税。

纳税人以 1 个月或以 1 个季度为 1 个纳税期的，自期满之日起 15 日内申报纳税；以 1 日、3 日、5 日、10 日或者 15 日为 1 个纳税期的，自期满之日起 5 日内预缴税款，于次月 1 日起至 15 日内申报纳税并结清上月应纳税款。

纳税人进口应税消费品，应当自海关填发海关进口消费税专用缴款书之日起 15 日内缴纳税款。

如果纳税人不能按照规定的纳税期限依法纳税，将按《税收征管法》的有关规定处理。

（四）纳税地点

消费税具体纳税地点如下。

1.纳税人销售的应税消费品，以及自产自用的应税消费品，除国务院财政、税务主管部门另有规定外，应当向纳税人机构所在地或者居住地的主管税务机关申报纳税。

2.委托加工的应税消费品，除受托方为个人外，由受托方向机构所在地或者居住地的主管税务机关解缴消费税税款。

3.进口的应税消费品，由进口人或者其代理人向报关地海关申报纳税。

4.纳税人到外县（市）销售或者委托外县（市）代销自产应税消费品的，于应税消费品销售后，向机构所在地或者居住地主管税务机关申报纳税。

纳税人的总机构与分支机构不在同一县（市），但在同一省（自治区、直辖市）范围内，经省（自治区、直辖市）财政厅（局）、国家税务局审批同意，可以由总机构汇总向总机构所在地的主管税务机关申报缴纳消费税。

省（自治区、直辖市）财政厅（局）、国家税务局应将审批同意的结果，上报财政部、国家税务总局备案。

5.纳税人销售的应税消费品，因质量等原因发生退货的，其已缴纳的消费税税款可予以退还。

纳税人办理退税手续时，应将开具的红字增值税发票、退税证明等资料报主管税务机关备案。主管税务机关核对无误后办理退税。

6.纳税人直接出口的应税消费品办理免税后，发生退关或者国外退货，复进口时已予以免税的，可暂不办理补税，待其转为国内销售的当月申报缴纳消费税。

3.2 消费税的会计处理

3.2.1 会计账户的设置

纳税人应在"应交税费"账户下设置"应交消费税"明细账户进行会计处理。该明细账户采用三栏式账簿记账，贷方核算企业按规定应缴纳的消费税，借方核算企业实际缴纳的消费税或待扣的消费税；期末贷方余额表示尚未缴纳的消费税，借方余额表示企业多交的消费税。企业应交消费税应记入"税金及附加"账户。

3.2.2 销售应税消费品的会计处理

因消费税是价内税，企业销售应税消费品的价格包含消费税（但不包含增值税），所以，企业缴纳的消费税应记入"税金及附加"账户，由销售收入补偿。做会计分录如下。

销售实现时。

借：税金及附加

　　贷：应交税费——应交消费税

实际缴纳消费税时。

借：应交税费——应交消费税

　　贷：银行存款

发生销货退回及退税时，作相反的会计分录。企业出口应税消费品，如按规定不予免税或退税，应视同国内销售，按上述规定进行会计处理。消费税的会计处理与前述增值税的会计处理相似，也受销售方式、结算方式的影响。纳税人在进行增值税会计处理的基础上，进行消费税的会计处理。

【例 3-1】某企业为增值税一般纳税人，9月销售乘用车15辆，气缸容量为2.2升，出厂不含税价为 150 000 元 / 辆，价外收取有关费用 11 300 元 / 辆，消费税税率为9%。有关的计算如下。

不含税销售额 =150 000×15+15×11 300÷（1+13%）=2 400 000（元）

应交消费税税额 =2 400 000×9% =216 000（元）

应交增值税税额 =2 400 000×13% =312 000（元）

做会计分录如下。

借：银行存款   2 712 000

 贷：主营业务收入   2 400 000

   应交税费——应交增值税（销项税额） 312 000

借：税金及附加   216 000

 贷：应交税费——应交消费税   216 000

上缴税金时，做会计分录如下。

借：应交税费——应交增值税（已交税金） 312 000

    ——应交消费税   216 000

 贷：银行存款   528 000

3.2.3 应税消费品视同销售的会计处理

（一）企业以生产的应税消费品作为投资的会计处理

企业以生产的应税消费品作为投资，应视同销售缴纳消费税。借记"长期股权投资"及"存货跌价准备"等账户，按该应税消费品的账面成本，贷记"库存商品"或"自制半成品"及"银行存款"等（反映支付的相关税费）账户，按合同作价与账面成本的差额，借记或贷记"资本公积"账户，但税法规定，其金额要计入同期应税所得额。按投资应税消费品售价或组成计税价格计算的应交消费税，贷记"应交税费——应交消费税"账户。

【例 3-2】某企业 7 月以 20 辆乘用车（气缸容量为 2 升）向市出租汽车公司投资。双方协定，税务机关认可的每辆汽车售价为 150 000 元，每辆车的实际成本为 120 000 元，消费税税率为 5%。有关的计算如下：

应交增值税税额 =150 000×13% ×20=390 000（元）

应交消费税税额 =150 000×5% ×20=150 000（元）

做会计分录如下。

借：长期股权投资   2 400 000

 贷：库存商品   2 400 000

```
借：长期股权投资                                      540 000
    贷：应交税费——应交增值税                                  390 000
        ——应交消费税                                       150 000
```

（二）企业以生产的应税消费品换取生产资料、消费资料或抵偿债务支付代购手续费等的会计处理

企业以生产的应税消费品换取生产资料、消费资料或抵偿债务、支付代购手续费等，应视同销售行为。

以应税消费品换取生产资料和消费资料的，应按售价（若有不同售价，计算增值税时按加权平均售价，计算消费税时按最高售价）借记"材料采购"等账户，贷记"主营业务收入"账户；以应税消费品抵偿债务，按售价借记"应付账款"等账户，贷记"主营业务收入"账户；以应税消费品支付代购手续费，按售价借记"应付账款"等账户，贷记"主营业务收入"账户。同时，按售价计算应交消费税，借记"税金及附加"账户，贷记"应交税费——应交增值税"账户，并结转销售成本。

【例 3-3】某白酒生产企业 1 月用粮食白酒 10 吨抵偿胜利农场大米款 50 000 元。该粮食白酒每吨本月不含税售价在 4 800～5 200 元，平均不含税销售价格 5 000 元 / 吨。计算应交消费税税额并做会计处理。

以物抵债属销售货物范畴。计算应纳增值税的销项税额如下。

$5\,000 \times 10 \times 13\% = 6\,500$（元）

纳税人用于换取生产资料和消费资料，投资入股和抵偿债务等方面的应税消费品，应当以纳税人同类应税消费品的最高销售价格作为计税依据计算消费税。该粮食白酒的最高销售价格为 5 200 元 / 吨。计算应纳消费税税额并做会计分录如下。

$10 \times 1\,000 \times 1 + 5\,200 \times 10 \times 20\% = 20\,400$（元）

```
借：应付账款——胜利农场                                56 500
    贷：主营业务收入                                          50 000
        应交税费——应交增值税（销项税额）                        6 500
借：税金及附加                                        20 400
    贷：应交税费——应交消费税                                  20 400
```

借：应交税费——应交消费税   20 400

  贷：银行存款   20 400

（三）企业以自产应税消费品用于在建工程、职工福利的会计处理

其计税依据的确认同上。

本书认为，企业将自产的产品自用是一种内部结转关系，不存在销售行为，企业并没有因此增加现金流量，所以，应按产品成本转账，并据其用途记入相应账户。即：借记"在建工程""营业外支出""销售费用"等账户，贷记"库存商品"等账户。

按自用产品的销售价格或组成计税价格计算应交消费税时，则借记"在建工程""营业外支出""销售费用"等账户（不通过"税金及附加"账户核算），贷记"应交税费——应交消费税"账户。

【例3-4】某啤酒厂将自己生产的啤酒20吨发给职工作为福利，10吨用于广告宣传，让客户免费品尝。该啤酒每吨成本2 000元，不含税出厂价格2 600元／吨。计算应交增值税、消费税税额并做会计分录如下。

应交消费税 $=30×220=6\,600$（元）

应交增值税 $=2\,600×30×13\%=10\,140$（元）

结转税金及成本时。

借：应付职工薪酬——职工福利费   50 120

  销售费用   26 620

  贷：应交税费——应交消费税   6 600

     ——应交增值税（销项税额）   10 140

    库存商品   60 000

实际缴纳消费税时。

借：应交税费——应交消费税   6 600

  贷：银行存款   6 600

3.2.4　应税消费品包装物及没收的押金应交消费税的会计处理

实行从价定率计征消费税的消费品连同包装物销售的，无论包装物是否单独计价，均应并入应税消费品的销售额中缴纳消费税。对出租、出借包装

物收取的押金和包装物已作价随同应税消费品销售，又另外加收的押金，因逾期未收回包装物而没收的部分，也应并入应税消费品的销售额中缴纳消费税。

（一）随同产品销售而不单独计价的包装物的会计处理

随同应税消费品销售不单独计价的包装物的销售收入随同所销售的产品一起计入产品销售收入中，其应纳消费税与产品销售一并进行会计处理。

（二）随同产品销售而单独计价的包装物的会计处理

随同应税消费品销售单独计价的包装物的销售收入记入"其他业务收入"账户，其应纳消费税则应记入"其他业务成本"账户。

【例 3-5】某酒厂异地销售粮食白酒，包装物单独计价，收取包装费 700 元（不含税）。计算应纳增值税和消费税税额并做会计分录如下。

包装物应交的消费税税额 =700×20％ =140（元）

包装物应交的增值税税额 =700×13％ =91（元）

借：应收账款　　　　　　　　　　　　　　　791
　　贷：其他业务收入　　　　　　　　　　　700
　　　　应交税费——应交增值税（销项税额）　91
借：其他业务成本　　　　　　　　　　　　　140
　　贷：应交税费——应交消费税　　　　　　140

（三）出租、出借包装物逾期未收回而没收的押金的会计处理

因没收押金而应交的税金，贷记"应交税费"账户，其差额贷记"营业外收入"账户。

【例 3-6】某企业销售高档化妆品，出借包装物收取押金 1 500 元（含税），包装物逾期未还，没收押金。计算应纳增值税和消费税税额并做会计分录如下。

应纳增值税税额 =1 500÷（1+13％）×13％ =172.57（元）

应纳消费税税额 =1 500÷（1+13％）×15％ =199.12（元）

借：其他应付款　　　　　　　　　　　　　1 500
　　贷：营业外收入　　　　　　　　　　　1 128.31

应交税费——应交增值税		172.57
——应交消费税		199.12

（四）包装物已作价随同产品销售，另外又加收押金，逾期未收回而没收的押金的会计处理

为促使购货方将包装物退回，即使包装物已作价销售，还可以另外加收押金。若包装物逾期未收回，没收的押金应缴纳消费税，该项消费税可直接冲抵"其他应付款"账户，冲抵后的余额再转入"营业外收入"账户。

【例3-7】某企业销售木制一次性筷子一批,包装物不单独计价,在销售价款之外,另加收押金800元,包装物逾期未收回。计算应纳消费税税额并做会计分录如下。

应缴消费税税额 =800÷（1+13％）×5％ =35.40（元）

应缴增值税税务 =800÷（1+13％）×13％ =92.04（元）

借：其他应付款　　　　　　　　　　　　127.44

　　贷：应交税费——应交消费税　　　　　　35.40

　　　　　　　　——应交增值税　　　　　　92.04

借：其他应付款　　　　　　　　　　　　672.56

　　贷：营业外收入　　　　　　　　　　　672.56

3.2.5　委托加工应税消费品的会计处理

（一）委托方的会计处理

1.收回后直接用于销售的。

委托加工的应税消费品收回后直接用于销售的，在销售时不再交消费税。因此，委托方应将受托方代收代缴的消费税随同应支付的加工费一并计入委托加工的应税消费品成本。

委托方应将代扣代缴的消费税计入委托加工的应税消费品成本，借记"委托加工物资"等科目，贷记"应付账款"或"银行存款"等科目。

【例3-8】某卷烟生产企业委托A公司加工烟丝，卷烟公司和A公司均为一般纳税人。卷烟公司提供烟叶55 000元，A公司收取加工费20 000元，增值税税额2 600元。

计算 A 公司应代扣代缴的消费税并做会计分录如下。

发出材料时。

借：委托加工物资   55 000

 贷：原材料   55 000

支付加工费时。

借：委托加工物资   20 000

  应交税费——应交增值税（进项税额） 2 600

 贷：银行存款   22 600

支付代扣代缴消费税时。

代扣消费税税额 =（55 000+20 000）÷（1-30%）×30% =32 143（元）

借：委托加工物资   32 143

 贷：银行存款   32 143

加工烟丝入库时。

借：库存商品   107 143

 贷：委托加工物资   107 143

产品销售时，不再缴纳消费税。

2. 收回后连续生产应税消费品的。

收回后连续生产应税消费品时，按照规定，已纳消费税税款准予抵扣。委托方应将受托方代扣代缴的消费税，借记"应交税费——应交消费税"科目，贷记"应付账款""银行存款"等科目，待该应税消费品销售时，允许从应缴纳的消费税中抵扣。

（二）受托方的会计处理

受托方可按本企业同类消费品的销售价格计算代收代缴消费税；若没有同类消费品销售价格，按照组成计税价格计算。

【例 3-9】接【例 3-8】，按组成计税价格计算，消费税税率为 30%。

计算如下：

组成计税价格 =（55 000+20 000）÷（1-30%）=107 143（元）

应纳消费税税额 =107 143×30% =32 143（元）

A 公司做会计分录如下。

收加工费时。

借：银行存款   22 600

    贷：主营业务收入   20 000

          应交税费——应交增值税（销项税额）   2 600

收取代扣代缴消费税时。

借：银行存款   32 143

    贷：应交税费——应交消费税   32 143

上缴代扣税金时。

借：应交税费——应交消费税   32 143

    贷：银行存款   32 143

3.2.6 进口应税消费品的会计处理

进口应税消费品时，进口单位缴纳的消费税应计入应税消费品成本中。按进口成本连同应纳消费税，借记"固定资产""材料采购"等账户，贷记"银行存款"等账户；由于进口货物在海关交税，与提货联系在一起，即交税后方能提货。为了简化核算，关税、消费税可以不通过"应交税费"账户核算，直接贷记"银行存款"账户。若特殊情况下，先提货后交税时，可以通过"应交税费"账户核算。

【例3-10】某企业从国外购进化妆品一批，CIF为40 000美元。关税税率假定为20%，增值税税率为13%；假定当日汇率为1美元=8元人民币。

组成计税价格=（40 000+40 000×20%）÷（1-30%）×8=548 571（元）

应纳关税=40 000×20%×8=64 000（元）

应纳消费税=548 571×30%=164 571（元）

应纳增值税=548 571×13%=71 314（元）

做会计分录如下。

借：材料采购   548 571

    应交税费——应交增值税（进项税额）   71 314

    贷：应付账款——××供货商   320 000

          银行存款   299 885

3.2.7 金银首饰、钻石首饰零售业务的会计处理

（一）自购自销的会计处理

企业销售金银首饰、钻石首饰应交的消费税，借记"税金及附加"账户，贷记"应交税费——应交消费税"账户。

金银首饰、钻石首饰连同包装物一起销售的，无论包装物是否单独计价，均应并入金银首饰、钻石首饰的销售额计交消费税。

随同首饰销售但不单独计价的包装物，其收入及应交消费税，均与主营业务收入和税金及附加一起计算和处理；随同首饰销售而单独计价的包装物，其收入贷记"其他业务收入"账户，其应交消费税（税率同商品）借记"其他业务成本"账户。

【例3-11】某金银首饰商店是经过中国人民银行总行批准经营金银首饰的企业。8月实现以下销售业务：

（1）销售给经中国人民银行总行批准的经营金银首饰单位金项链一批，含税销售额为2 648 000元；

（2）销售给未经中国人民银行总行批准的经营金银首饰单位金首饰一批，含税销售额为1 845 000元；

（3）门市零售金银首饰含税销售额3 415 800元；

（4）销售金银首饰连同包装物销售，其包装物金额为314 500元，未合并计入金银首饰销售额内，作为其他业务收入；

（5）采取以旧换新方式销售金银首饰，换出金银首饰按同类品种销售价计算为1 644 000元，收回旧金银首饰作价916 000元，实收回金额为728 000元。

该商店8月应交消费税、增值税计算如下。

（1）消费税税额。

金银首饰零售应纳消费税税额＝（1 845 000+3 415 800+728 000）÷1.13×5%
=264 991.15（元）

包装物应纳消费税税额=314 500÷1.13×5%=13 915.93（元）

（2）增值税销项税额。

金银首饰=（2 648 000+1 845 000+3 415 800+728 000）÷1.13×13%

=993 614.16（元）

包装物销项税额 =314 500÷1.13×13% =36 181.42（元）

做会计分录如下。

计提金银首饰消费税（不计算附加税）时。

借：税金及附加　　　　　　　　　　　　　　278 907.08

　　贷：应交税费——应交消费税　　　　　　　　　278 907.08

随金银首饰销售包装物作收入时。

借：银行存款　　　　　　　　　　　　　　　　314 500

　　贷：其他业务收入　　　　　　　　　　　　　278 318.58

　　　　应交税费——应交增值税（销项税额）　　　36 181.42

计提包装物收入的消费税时。

借：其他业务成本　　　　　　　　　　　　　　13 915.93

　　贷：应交税费——应交消费税　　　　　　　　　13 915.93

（二）受托代销的会计处理

企业受托代销金银首饰时，消费税由受托方负担，即受托方是消费税的纳税义务人。

如果以收取手续费的方式代销金银首饰，收取的手续费计入代购代销收入，根据销售价格计算的应交消费税，相应冲减代购代销收入，销售实现时，借记"代购代销收入"账户，贷记"应交税费——应交消费税"账户。

不采用收取手续费方式代销的，通常由双方确定金银首饰的协议价，委托方按协议价收取代销货款，实际销售的货款与协议价之间的差额归受托方所有。在这种情况下，受托方缴纳消费税的会计处理与自购自销相同。

3.3　消费税的税收筹划思路

3.3.1　进行税收筹划的思路

（一）通过降低价格进行税收筹划

此方法适用于卷烟（甲类、乙类）、啤酒（甲类、乙类）、高档手表（单价在 10 000 元以上）等规定了临界价格的应税消费品。

（二）通过改变企业组织结构等进行税收筹划

对于存在多个连续的生产环节，并且半成品和成品都是消费税征税对象的消费品，可以通过改变企业组织结构，将原纳税环节转换为企业内部生产环节，从而进行税收筹划，同时还能起到延迟纳税的效果。

例如，如果白酒生产企业能将提供白酒的生产企业合并，则消费品由原来的"外购或委托加工应税消费品"变成"自产应税消费品"。税法规定，自产应税消费品用于连续生产应税消费品的不征消费税，用于连续生产非应税消费品的应当视同销售。这样便可减少一道消费税征收环节。

（三）通过改变生产工艺和生产流程进行税收筹划

如果企业生产的半成品为消费税征税对象，通过加工后最终产品无须缴纳消费税，企业应改变生产工艺和生产流程，避免半成品成为消费税征税对象，从而进行税收筹划。

3.3.2　计税依据的税收筹划

计税依据的税收筹划主要是通过降低计税依据，达到直接减轻税负的目的。

（一）转让定价的税收筹划

企业分设独立核算的经销部、销售公司，以较低的价格向其供货，然后其再以正常市场价格对外销售。

这种做法在生产烟、酒、化妆品、摩托车、小汽车的行业应用得比较普遍。注意内部转移价格不可明显偏低，不要突破独立交易原则。

（二）兼营业务的税收筹划

1. 将不同税负应税产品的销售额或销售数量分开核算，如兼营白酒与其他酒销售，不分开核算的，从高适用税率。

分别核算时，企业应在合同文本设计、存货管理、财务核算等方面做到严格管理。

2. 根据税率从高原则，成套销售应税产品时应慎重。

筹划技巧：成套环节后移。对于适合在零售环节组合成套的消费品，企业应该在出厂后的零售环节进行产品的组合销售；对于不适合在零售环节组合成套的消费品，企业可通过独立核算的销售公司进行产品的组合销售。

（三）自产自用应税消费品的税收筹划

1. 将自产应税消费品用于继续生产应税消费品的，不纳税。

2. 将自产应税消费品用于生产非应税消费品、建筑部门、管理部门、非生产机构、提供劳务、捐赠、赞助、广告、样品、职工福利等方面的，在移送使用时纳税。

计税价格的确定：

① 同类消费品销售价格；

② 组成计税价格 = 成本 × （1+ 利润率）÷ （1- 消费税税率）。

其中，利润率由国家税务总局确定，企业可以对成本进行筹划。

（四）以物易物的税收筹划

在商品有不同售价的情况下，按照规定，以物易物的计税依据是同类商品的销售最高价，所以纳税人可以采用先销售再购进的方式进行筹划。

3.3.3 委托加工应税消费品的税收筹划

（一）委托加工的税收筹划

委托加工，指的是由委托方提供主要原料与主要材料，受托方只收取加工费或者代垫部分辅助材料进行加工的加工形式。

规定：受托方代收代缴消费税，同时只就收取的加工费缴纳增值税。

根据我国《消费税暂行条例》第四条规定，委托加工的应税消费品，由受托方在向委托方交货时代收代缴税款。第八条规定，委托加工的应税消费品，按照受托方的同类消费品的销售价格计算纳税；没有同类消费品销售价格的，按照组成计税价格计算纳税。组成计税价格计算公式：组成计税价格=（材料成本＋加工费）÷（1－消费税税率）。

《消费税暂行条例实施细则》第七条规定，《消费税暂行条例》第四条所说的"委托加工的应税消费品"，是指由委托方提供原料和主要材料，受托方只收取加工费和代垫部分辅助材料加工的应税消费品。对于由受托方提供原材料生产的应税消费品，或者受托方先将原材料卖给委托方，然后再接受加工的应税消费品，以及由受托方以委托方名义购进原材料生产的应税消费品，不论纳税人在财务上是否作销售处理，都不得作为委托加工应税消费品，而应当按照销售自制应税消费品缴纳消费税。委托加工的应税消费品直接出售的，不再征收消费税。

对委托加工应税消费品，受托方未按规定代扣代缴税款，并经委托方所在地税务机关发现的，则应由委托方所在税务机关对委托方补征税款，受托方税务机关不得重复征税。如果在检查时，收回的应税消费品已经直接销售的，按销售额计税；收回的应税消费品尚未销售或不能直接销售的（如收回后用于连续生产等），按组成计税价格计税。组成计税价格的计算公式为：组成计税价格=（材料成本＋加工费）÷（1－消费税税率）。

根据这个规定，作为消费税的纳税人，就可以在委托加工方式和自行加工生产方式之间作出选择。我国《消费税暂行条例》对消费税的具体计算方法和缴纳方式也作了具体的规定。研究这些规定，我们不难发现各条款之间的弹性，为我们通过不同生产方式的选择而降低税收负担提供了筹划的空间。

下面我们举例说明：位于某市的金星酒业公司，接到一张生产 200 吨粮食白酒的订单，合同销售金额为 2000 万元。根据不同的生产组织方式，将得到不同的税款承担情况：

方案一：由委托加工环节直接加工成定型产品收回后直接销售。

金星酒业公司将价值 500 万元的酿酒原料交给另一家白酒生产企业红星酒厂，由红星酒厂完成所有的制作程序，即金星酒业公司从红星酒厂收回的产品就是指定的某品牌粮食白酒，协议加工费为 440 万元。产品运回后以合同协议价格直接销售。当金星酒业公司收回委托加工产品时，向红星酒厂支付加工费，同时支付由其代扣代缴的消费税。应纳消费税为：（500+440）÷（1-25%）×25%+200×2 000×0.5÷10 000=333.33（万元）。

方案二：由金星酒业公司自己完成该品牌的粮食白酒的生产制作过程。

假设由金星酒业公司自己生产该酒，其发生的生产成本恰好等于委托红星酒厂的加工费，即为 440 万元。金星酒业公司应纳消费税为：2 000×25%+200×2 000×0.5÷10 000=520（万元）。

通过计算，我们可以发现，该笔业务由金星酒业公司自行生产要比委托加工多支付消费税 186.67 万元。

方案三：委托加工收回时不代收代缴，在销售时缴纳消费税。

如果金星酒业公司在收回委托加工白酒时红星酒厂未代扣代缴消费税，金星酒业公司将白酒收回后直接按 2000 万元的价格销售，则金星酒业公司就应以 2000 万元作为计税依据计算缴纳消费税为：2 000×25%+200×2 000×0.5÷10 000=520（万元）。

通过比较我们不难发现，该笔业务由金星酒业公司将委托加工产品收回销售后所缴税款要比委托方代收代缴税款多支付消费税 186.67 万元。

（二）改变加工方式的税收筹划

1. 委托加工方式的税负。

（1）委托加工为半成品，收回后继续加工再出售。

例如，兴盛公司委托恒隆公司将一批价值为 100 万元的原材料加工成 A 半成品，协议规定加工费为 75 万元；加工完成的 A 半成品运回兴盛公司，继续加工成 B 产品，加工费、分摊费用共计 85 万元，该批产成品售价为 700 万元。假设 A 半成品消费税税率为 30%，B 产品消费税税率为 50%。

恒隆公司代收代缴消费税 =（100+75）÷（1-30%）×30% =75（万元）

兴盛公司销售 B 产品应交消费税 =700×50% -75=275（万元）

（2）委托加工为成品，收回后直接销售。

按上例，如果兴盛公司将加工费、分摊费用 85 万元支付给恒隆公司，让其将半成品加工为产成品后收回出售，消费税计算如下。

恒隆公司代收代缴消费税 =（100+75+85）÷（1-50%）×50% =260（万元）

兴盛公司收回产成品后直接出售不再缴纳消费税，这种方式比方式（1）节省 15 万元税费。

2.自行加工方式的税负。

若兴盛公司将购入的价值 100 万元的原材料自行加工成 B 产品出售，加工成本、分摊费用共计 160 万元，售价为 700 万元。

兴盛公司应纳消费税 =700×50% =350（万元）

结论：委托加工应税消费品与自行加工应税消费品的税基不同，前者使用组成计税价格，后者使用市场销售价格，只要产品对外售价高于组成计税价格，在各相关因素相同的情况下，自行加工方式的税负比委托加工方式的重，委托加工为成品的委托加工方式的税负又比委托加工为半成品后再自行加工销售的税负要轻。

（三）包装物及押金的税收筹划

包装物及押金征收消费税的相关规定如下。

1.包装物随同应税消费品作价出售。

2.（啤酒、黄酒）包装物不作价销售而是收取押金。

3.包装物作价销售又收取押金。

4.逾期未收回包装物而不再退还的或已经收取一年以上的押金。

筹划关键：包装物不能作价随同产品销售，且押金应该在一年内收回。

包装物押金的会计处理方式不同，对企业的税收负担也是不同的。因此，企业在做产品销售时，应选择合适的包装物押金处理方式，以降低企业的税收成本。

1. 变"包装物作价出售"为"收取包装物押金"的方式。

根据国税发〔1993〕154 号文件和财法字〔1995〕53 号文对包装物押金的税务处理规定，我们可以看出：如果将包装物的"出售"改为"收取押金"的形式，而且在税法认可的约定时间内及时返还，则可以合理地避免对包装物部分的税收支出。下面通过案例进行说明：

【例 3-12】某焰火生产企业为增值税一般纳税人，2009 年度销售焰火 50 000 件，每件价值 200 元，另外包装物的价值为每件 20 元，以上均为不含税价格。那么该企业应该进行怎样的销售处理才能够达到税后利润最大化的目的?(根据现行税法规定,鞭炮、焰火的消费税税率为 15%)

方案一：采取包装物作价出售的方式（单位：元）

企业当期发生的销项税额 =200×50 000×17%+20×50 000×17%=1 870 000（元）

企业当期缴纳的消费税税额 =200×50 000×15%+20×50 000×15%=1 650 000（元）

方案二：采取包装物押金的形式。这里不妨假设企业对每件包装物单独收取押金 20 元，显然此项押金将不会并入焰火产品的销售额中征税。

1. 若包装物押金在 1 年内收回。企业当期发生的销项税额 =200×50 000×17%=1 700 000（元），企业应交纳的消费税税额 =200× 50 000×15%=1 500 000（元）。较之方案一，该企业可节约增值税支出 170 000 元，可节约消费税支出 150 000 元。

2. 若包装物押金在 1 年内未收回。那么企业在 1 年后应补交增值税税额 20×50 000÷（1+17%）×17%=145 299.15(元)，补交消费税税额 =20×50 000÷（1+17%）×15%=128 205.13（元）。较之方案一，节约增值税支出 =170 000−145 299.15=24 700.85（元），可节约消费税支出 150 000−128 205.13=21 794.87（元）。同时将金额为 24 700.85 元的增值税和 21 794.87 元的消费税的纳税期限延缓了 1 年，这也充分利用了资金的时间价值。

从该案例我们可以看出，企业在条件允许的情况下，不应将包装物作价随同主要产品出售，而是应该采用收取包装物押金的方式，而且不论押金是否按期收回，都能够达到税后利润最大化的目的。

2. 变收取"包装物租金"为"包装物押金"的方式。

根据税法的相关规定，包装物租金属于价外费用，凡随同销售应税消费品向购买方收取的价外费用，无论其会计上如何核算，均应并入销售额计算应纳税额。另外，对增值税一般纳税人向购买方收取的价外费用，均应视为含增值税收入，在征税时要换算为不含税收入再并入销售额。然而，包装物押金则不并入销售额计税：纳税人为销售货物而出租出借包装物收取的押金，单独计价核算的，不并入销售额征税。但对因逾期未收回包装物不再退还的押金，则需要按所包装货物的适用税率计算应纳税额。因此，企业在做产品销售时，选择用包装物押金替代包装物租金的处理方式，也能够起到节税的作用。下面用案例来说明：

【例 3-13】某企业 2009 年 10 月销售产品 10 000 件，每件价值 500 元（不含税价），另外收取包装物租金为每件 117 元。如果该包装物押金在 1 年内可以收回，那么该企业应该进行怎样的销售处理才能够达到税后利润最大化的目的？

方案一：采取包装物租金的方式。那么企业当期应交纳的增值税的销项税额 =10 000×500×17%+10 000×117÷（1+17%）×17%=1 020 000（元）。

方案二：采取包装物押金的方式。显然此项押金不用并入销售额中征税，那么企业当期应缴纳的增值税销项税额 =10 000×500×17%=850 000（元）。较之方案一，节约增值税税额支出 =1 020 000-850 000=170 000（元）。

从该案例我们可以看出，企业在条件允许的情况下，不应采用收取包装物租金的方式，而是应该采用收取包装物押金的方式，这样才能够达到税后利润最大化的目的。

3. 采用适当调整产品与包装物押金价格分配比例的方式。

根据税法的相关规定，凡随同货物一起出租出借的包装物，所收取的包装物押金已在规定时间内予以退还的，如果单独核算可不并入销售额征税。除此之外，都应按规定征税。因此，企业应单独核算出租出借包装物所收取的押金，并在规定时间（一般为一年）内退还。

3.3.4 降低适用税率的税收筹划

由于应税消费品所适用的税率和消费品类型是一一对应的，每种应税消费品都有明确且固定的税率，看似难以进行税收筹划，其实在很多情形中，《消费税暂行条例》中界定的消费品类型是具有一定可转换性的。针对消费税税率多档次的特点，根据税法的基本原则，进行必要的合并核算和分开核算，以达到节税的目的。

税收筹划人员应熟悉消费税的税目、税率表，考虑各个税目之间的可转换性。根据企业整体收益最大化原则，依据纳税临界点等适时在各子税目间进行转换，以帮助纳税人享受优惠，降低税负。

3.3.5 充分利用消费税优惠政策的税收筹划

总体而言，针对消费税的优惠政策不多。

消费税的税收优惠形式包括免税、减税、出口退（免）税、先征后返和税项扣除等。

3.4 消费税的税收筹划案例

3.4.1 兼营多种不同税率的应税消费品时的税收筹划案例

洋河酒业有限公司生产各类粮食白酒和果酒，粮食白酒每瓶 1 斤，40 元，果酒每瓶 1 斤，20 元。这两种酒的消费税税率的计算公式分别为：粮食白酒消费税 =0.5 元 / 斤 + 销售额 ×20%；果酒消费税 = 销售额 ×10%。该月计划销售 5 万套礼品酒，现在有以下两种销售方案可供选择。

【筹划方案】

方案一：将粮食白酒和果酒各 1 瓶组成价值 60 元的成套礼品酒进行销售。企业适用不同税率的应税消费品组成成套消费品销售，不能分别核算销售额，应从高适用税率，即适用粮食白酒的消费税计算方法计税。其应纳消

费税税额 =50 000×（0.5×2+60×20%）=650 000（元）。

方案二：采用"先销售后包装"的方式销售，分别核算两种酒的销售额，同时在销售柜台设置礼品盒，在消费者购买两种酒后再用礼品盒进行组合包装。该公司可按两种酒的销售额分别计算消费税，应纳消费税税额 =50 000×（0.5+40×20%）+20×50 000×10% =525 000（元）。由此可见，对应税消费品的销售方式由"先包装后销售"改为"先销售后包装"，节约消费税税额 =650 000-525 000=125 000（元）。

【政策依据】

我国税法规定：纳税人兼营不同税率的应税消费品，应当分别核算不同税率应税消费品的销售额、销售数量；没有分别核算销售额、销售数量的，从高适用税率。此外，对于粮食白酒除了要按 20% 的比例税率征收比率税，还要按 0.5 元 / 斤的定额税率征收定额税。因此，当将比粮食白酒税率低的应税消费品与其组成成套消费品销售时，不仅要按 20% 的高税率从价计税，而且还要按 0.5 元 / 斤的定额税率从量计税。

所以，企业兼营不同税率应税消费品时最好独立核算以减轻税负。若组成套装的销售方式在一定程度上能够增加销售量，进而提升销售额，也就是说当成套销售消费品所带来的收益远远大于因此而增加的消费税及其他成本时，可以采用套装销售方式。否则，可以采用变通的方式，即先销售再包装，先将套装内消费品按品种销售给零售商，分别开具发票，再将消费品包装成一套。在账务处理环节对不同消费品分别核算销售收入，以减轻应税消费品的总体税负。

3.4.2 利用纳税临界点的税收筹划案例

我国税法规定：甲类卷烟，即每标准条（200 支）对外调拨价在 70 元（含 70 元，不含增值税）以上的，比例税率为 56%；乙类卷烟，即每标准条（200 支）对外调拨价在 70 元（不含增值税）以下的，比例税率为 36%。定额税率都为 0.003 元 / 支。

【筹划方案】

方案一：某卷烟厂每标准条卷烟对外调拨价为 68 元，现销售一标准箱（250 标准条），其成本为 8 500 元。企业所得税税率为 25%，城市维护建设税和教育费附加忽略不计。

则此时企业应缴纳的消费税 =200×250×0.003+68×250×36% = 6 270（元），企业税后利润 =（68×250-8 500-6 270）×（1-25%）= 1 672.5（元）。

方案二：若产品供不应求，厂家决定将每标准条卷烟价格提高至 76 元，其他条件均不变。

则此时企业应缴纳的消费税 =200×250×0.003+76×250×56% =10 790（元），企业税后利润 =（76×250-8 500-10 790）×（1-25%）= -217.5（元）。

在此例中，每标准条卷烟的价格从 68 元提高至 76 元后，从表面上看销售收入增加了 2 000 元（76×250-68×250），但由于提高后的价格超过了临界点（70 元），其适用税率也随着计税依据的提高而相应地提高，使得销售卷烟税后利润不仅没有上升，反而下降，以致达到了负值。虽然这个例子有些极端，但可以充分地表现出纳税临界点对企业税收筹划的重要性。

【政策依据】

纳税临界点就是税法中规定的一定的比例或数额，当销售额或应纳税所得额超过这一比例或数额时，适用更高的税率，从而使纳税人税负大幅加重。当销售额或应纳税所得额低于这一比例或数额时，纳税人可以享受优惠，减轻税负。利用纳税临界点进行税收筹划的关键是必须在合理合法前提下遵守企业整体收益最大化的原则。也就是说，在进行筹划时，不应过分地强调某一环节收益的增加，而忽略了因该方案的实施所带来的其他费用的增加或收益的减少，否则会导致纳税人的绝对收益减少。

3.4.3 改变换取生产资料方式的税收筹划案例

天能公司准备以自产的 150 辆摩托车向前进橡胶厂换取其生产的橡胶材料，天能公司当月分别以 4 500 元的单价销售了 200 辆同种型号摩托车，以 6 000 元的单价销售了 300 辆同种型号摩托车。此型号摩托车消费税税率为 10%。

【筹划方案】

方案一： 天能公司直接用自家生产的摩托车换取前进橡胶厂生产的橡胶材料。天能公司换取橡胶材料，应按摩托车当月最高销售价格 6 000 元 / 辆计算应纳消费税税额。应纳消费税税额 =150×6 000×10% =90 000（元）。

方案二： 天能公司将摩托车先销售，再用销售款购买橡胶材料。天能公司销售 150 辆摩托车可按摩托车的月加权平均单价计算应纳消费税，摩托车的月加权平均单价 =（4 500×200+6 000×300）÷（200+300）=5 400（元 / 辆），销售摩托车应纳消费税税额 =150×5 400×10% =81 000（元），比方案一节约消费税 =90 000-81 000=9 000（元）。

【政策依据】

纳税人用于换取生产资料和消费资料、投资入股和抵偿债务等方面的应税消费品，应当以纳税人同类应税消费品的最高销售价格作为计税依据计算消费税。

第4章
企业所得税的会计核算与税收筹划

4.1 企业所得税概述

企业所得税法是指国家制定的、用以调整企业所得税征收与缴纳之间权利和义务关系的法律规范。现行企业所得税法的基本规范是 2007 年 3 月 16 日第十届全国人民代表大会第五次全体会议通过的《中华人民共和国企业所得税法》（以下简称《企业所得税法》）和 2007 年 11 月 28 日国务院第 197 次常务会议通过的《中华人民共和国企业所得税法实施条例》（以下简称《企业所得税法实施条例》）。

企业所得税是对我国境内的企业和其他取得收入的组织的生产经营所得和其他所得征收的一种税。企业所得税的作用：① 促进企业改善经营管理活动，提升企业的盈利能力；② 调节产业结构，促进经济发展；③ 为国家建设筹集财政资金。

4.1.1 企业所得税纳税义务人

企业所得税的纳税义务人，是指在中华人民共和国境内的企业和其他取得收入的组织。《企业所得税法》第一条规定，除个人独资企业、合伙企业不适用《企业所得税法》外，凡在我国境内，企业和其他取得收入的组织（以下统称"企业"）为企业所得税的纳税人，依照《企业所得税法》规定缴纳企业所得税。

企业所得税的纳税人分为居民企业和非居民企业，这是根据企业纳税义务范围的宽窄进行分类的方法。不同的企业在向我国政府缴纳所得税时，其纳税义务不同。把企业分为居民企业和非居民企业，是为了更好地保障我国税收管辖权的有效行使。税收管辖权是一国政府在征税方面的主权，是国家主权的重要组成部分。根据国际上的通行做法，我国选择了地域管辖权和居民管辖权的双重管辖权标准，最大限度地维护我国的税收利益。

（一）居民企业

居民企业，是指依法在中国境内成立，或者依照外国（地区）法律成立但实际管理机构在中国境内的企业。这里的企业包括国有企业、集体企业、私营企业、联营企业、股份制企业、外商投资企业、外国企业以及有生产、经营所得和其他所得的其他组织。其中，有生产、经营所得和其他所得的其他组织，是指经国家有关部门批准，依法注册、登记的事业单位、社会团体等组织。由于我国的一些社会团体组织、事业单位在完成国家事业计划的过程中，开展多种经营和有偿服务活动，取得除财政部门各项拨款、财政部和国家物价部门批准的各项规费收入以外的经营收入，具有了经营的特点，应当视同企业纳入征税范围。其中，实际管理机构，是指对企业的生产经营、人员、账务、财产等实施实质性全面管理和控制的机构。

（二）非居民企业

非居民企业，是指依照外国（地区）法律成立且实际管理机构不在中国境内，但在中国境内设立机构、场所的，或者在中国境内未设立机构、场所，但有来源于中国境内所得的企业。

上述所称机构、场所，是指在中国境内从事生产经营活动的机构、场所，包括：

1. 管理机构、营业机构、办事机构；

2. 工厂、农场、开采自然资源的场所；

3. 提供劳务的场所；

4. 从事建筑、安装、装配、修理、勘探等工程作业的场所；

5.其他从事生产经营活动的机构、场所。

非居民企业委托营业代理人在中国境内从事生产经营活动的，包括委托单位或者个人经常代其签订合同，或者储存、交付货物等，应将该营业代理人视为非居民企业在中国境内设立的机构、场所。

4.1.2 企业所得税征税对象

企业所得税的征税对象，是指企业的生产经营所得、其他所得和清算所得。

（一）居民企业的征税对象

居民企业应就来源于中国境内、境外的所得作为征税对象。所得包括销售货物所得，提供劳务所得，转让财产所得，股息、红利等权益性投资所得，利息所得，租金所得，特许权使用费所得，接受捐赠所得和其他所得。

（二）非居民企业的征税对象

非居民企业在中国境内设立机构、场所的，应当就其所设机构、场所取得的来源于中国境内的所得，以及发生在中国境外但与其所设机构、场所有实际联系的所得，缴纳企业所得税。非居民企业在中国境内未设立机构、场所的，或者虽设立机构、场所，但其所得与其所设机构、场所没有实际联系的，应当就其来源于中国境内的所得缴纳企业所得税。

上述所称实际联系，是指非居民企业在中国境内设立的机构、场所拥有的据以取得所得的股权、债权，以及拥有、管理、控制据以取得所得的财产。

（三）所得来源的确定

1.销售货物所得，按照交易活动发生地确定。

2.提供劳务所得，按照劳务发生地确定。

3.转让财产所得。① 不动产转让所得按照不动产所在地确定；② 动产转让所得按照转让动产的企业或者机构、场所所在地确定；③ 权益性投资资产转让所得按照被投资企业所在地确定。

4.股息、红利等权益性投资所得，按照分配所得的企业所在地确定。

5.利息所得、租金所得、特许权使用费所得，按照负担、支付所得的企业或者机构、场所所在地确定，或者按照负担、支付所得的个人的住所地确定。

6.其他所得，由国务院财政、税务主管部门确定。

4.1.3　企业所得税税率

企业所得税税率是体现国家与企业分配关系的核心要素。税率设计的原则是兼顾国家、企业、职工个人三者利益，既要保证财政收入的稳定增长，又要使企业在发展生产、经营方面有一定的财力保证；既要考虑到企业的实际情况和负担能力，又要维护税率的统一性。

企业所得税实行比例税率。比例税率简便易行、透明度高，不会因征税而改变企业间收入分配比例，有利于促进效率的提高。企业所得税税率的现行规定如下。

1.基本税率为25%。适用于居民企业和在中国境内设有机构、场所且所得与机构、场所有关联的非居民企业。现行企业所得税基本税率设定为25%，既考虑了我国财政承受能力，又考虑了企业负担水平。

2.低税率为20%。适用于在中国境内未设立机构、场所的，或者虽设立机构、场所，但取得的所得与其所设机构、场所没有实际联系的非居民企业。但实际征税时适用10%的税率。

4.1.4　企业所得税应纳税所得额

应纳税所得额是企业所得税的计税依据，按照《企业所得税法》的规定，应纳税所得额为企业每一纳税年度的收入总额，减除不征税收入、免税收入、各项扣除以及允许弥补的以前年度亏损后的余额。基本公式为：

企业所得税应纳税所得额 = 收入总额 − 不征税收入 − 免税收入 − 各项扣除 − 允许弥补的以前年度亏损

企业所得税应纳税所得额的计算以权责发生制为原则，属于当期的收入和费用，不论款项是否收付，均作为当期的收入和费用；不属于当期的收入和费用，即使款项已经在当期收付，均不作为当期的收入和费用。应纳税所得额的计算直接关系到国家财政收入和企业的税收负担，并且同成本、费用核算关系密切。因此，《企业所得税法》对应纳税所得额的计算做了明确规定，主要内容包括收入总额、不征税收入、税前扣除项目及标准、不得扣除项目、亏损弥补、非居民企业的应纳税所得额等。

（一）收入总额

企业的收入总额包括以货币形式和非货币形式从各种来源取得的收入，具体有销售货物收入，提供劳务收入，转让财产收入，股息、红利等权益性投资收益，利息收入，租金收入，特许权使用费收入，接受捐赠收入，其他收入。

企业取得收入的货币形式，包括现金、存款、应收账款、应收票据、准备持有至到期的债券投资以及债务的豁免等；纳税人以非货币形式取得的收入，包括固定资产、生物资产、无形资产、股权投资、存货、不准备持有至到期的债券投资、劳务以及有关权益等，这些非货币资产应当按照公允价值确定收入额。公允价值是指按照市场价格确定的价值。收入的具体构成如下。

1.销售货物收入，是指企业销售商品、产品、原材料、包装物、低值易耗品以及其他存货取得的收入。

除法律法规另有规定外，企业销售货物收入的确认，必须遵循权责发生制原则和实质重于形式原则。

（1）符合收入确认条件，采取下列商品销售方式的，应按以下规定确认收入实现时间。

① 销售商品采用托收承付方式的，在办妥托收手续时确认收入。

② 销售商品采用预收款方式的，在发出商品时确认收入。

③ 销售商品需要安装和检验的，在购买方接受商品以及安装和检验完毕

时确认收入。如果安装程序比较简单，可在发出商品时确认收入。

④销售商品采用支付手续费方式委托代销的，在收到代销清单时确认收入。

（2）采用售后回购方式销售商品的，销售的商品按售价确认收入，回购的商品作为购进商品处理。有证据表明不符合销售收入确认条件的，如以销售商品方式进行融资，收到的款项应确认为负债，回购价格大于原售价的，差额应在回购期间确认为利息费用。

（3）销售商品以旧换新的，销售的商品应当按照销售商品收入确认条件确认收入，回收的商品作为购进商品处理。

（4）企业为促进商品销售而在商品价格上给予的价格扣除属于商业折扣。商品销售涉及商业折扣的，应当按照扣除商业折扣后的金额确定销售商品收入金额。

债权人为鼓励债务人在规定的期限内付款而向债务人提供的债务扣除属于现金折扣。销售商品涉及现金折扣的，应当按扣除现金折扣前的金额确定销售商品收入金额，现金折扣在实际发生时作为财务费用扣除。

企业因售出商品的质量不合格等原因而在售价上给予的减让属于销售折让；企业因售出商品质量、品种不符合要求等原因而发生的退货属于销售退回。企业已经确认销售收入的售出商品发生销售折让和销售退回，应当在发生当期冲减当期销售商品收入。

2. 提供劳务收入，是指企业从事建筑安装、修理修配、交通运输、仓储租赁、金融保险、邮电通信、咨询经纪、文化体育、科学研究、技术服务、教育培训、餐饮住宿、中介代理、卫生保健、社区服务、旅游、娱乐、加工以及其他劳务服务活动取得的收入。

3. 转让财产收入，是指企业转让固定资产、生物资产、无形资产、股权、债权等财产取得的收入。

企业转让股权收入，应于转让协议生效且完成股权变更手续时，确认收入的实现。转让股权收入扣除为取得该股权所发生的成本，为股权转让所得。企业在计算股权转让所得时，不得扣除被投资企业未分配利润等股东留存收益中按该项股权所可能分配的金额。

被清算企业的股东分得的剩余资产的金额，其中相当于被清算企业累计未分配利润和累计盈余公积中按该股东所占股份比例计算的部分，应确认为股息所得；剩余资产减除股息所得后的余额，超过或低于股东投资成本的部分，应确认为股东的投资转让所得或损失。

投资企业从被投资企业撤回或减少投资，其取得的资产中，相当于初始出资的部分，应确认为投资收回；相当于被投资企业累计未分配利润和累计盈余公积按减少实收资本比例计算的部分，应确认为股息所得；其余部分确认为投资资产转让所得。

4.股息、红利等权益性投资收益，是指企业因权益性投资从被投资方取得的收入。股息、红利等权益性投资收益，除国务院财政、税务主管部门另有规定外，按照被投资方做出利润分配决定的日期确认收入的实现。

被投资企业将股权（票）溢价所形成的资本公积转为股本的，不作为投资方企业的股息、红利收入，投资方企业也不得增加该项长期投资的计税基础。

依据《财政部 国家税务总局 证监会关于沪港股票市场交易互联互通机制试点有关税收政策的通知》（财税〔2014〕81号）的规定，自2014年11月17日起，对内地企业投资者通过沪港通投资香港联合交易所有限公司（以下简称"香港联交所"）上市股票取得的股息、红利所得，计入其收入总额，依法计征企业所得税。其中，内地居民企业连续持有H股满12个月取得的股息、红利所得，依法免征企业所得税。

香港联交所上市H股公司应向中国证券登记结算有限责任公司（以下简称"中国结算"）提出申请，由中国结算向H股公司提供内地企业投资者名册，H股公司对内地企业投资者不代扣股息、红利所得税额款，应纳税款由企业自行申报缴纳。

内地企业投资者自行申报缴纳企业所得税时，对香港联交所非H股上市公司已代扣代缴的股息、红利所得税，可依法申请税收抵免。

5.利息收入，是指企业将资金提供他人使用但不构成权益性投资，或者因他人占用本企业资金取得的收入，包括存款利息、贷款利息、债券利息、欠款利息等收入。利息收入，按照合同约定的债务人应付利息的日期确认收入的实现。

6.租金收入，是指企业提供固定资产、包装物或者其他有形资产的使用权取得的收入。租金收入，按照合同约定的承租人应付租金的日期确认收入的实现。

7.特许权使用费收入，是指企业提供专利权、非专利技术、商标权、著作权以及其他特许权的使用权取得的收入。特许权使用费收入，按照合同约定的特许权使用人应付特许权使用费的日期确认收入的实现。

8.接受捐赠收入，是指企业接受的来自其他企业、组织或者个人无偿给予的货币性资产、非货币性资产。接受捐赠收入，按照实际收到捐赠资产的日期确认收入的实现。

9.其他收入，是指企业取得的除以上收入外的其他收入，包括企业资产溢余收入、逾期未退包装物押金收入、确实无法偿付的应付款项、已作坏账损失处理后又收回的应收款项、债务重组收入、补贴收入、违约金收入、汇兑收益等。

10.特殊收入的确认。

（1）以分期收款方式销售货物的，按照合同约定的收款日期确认收入的实现。

（2）企业受托加工制造大型机械设备、船舶、飞机，以及从事建筑、安装、装配工程业务或者提供其他劳务等，持续时间超过12个月的，按照纳税年度内完工进度或者完成的工作量确认收入的实现。

（3）采取产品分成方式取得收入的，按照企业分得产品的日期确认收入的实现，其收入额按照产品的公允价值确定。

（4）企业发生非货币性资产交换，以及将货物、财产、劳务用于捐赠、偿债、赞助、集资、广告、样品、职工福利或者利润分配等用途的，应当视同销售货物、转让财产或者提供劳务，但国务院财政、税务主管部门另有规定的除外。

（二）不征税收入

1.财政拨款，是指各级人民政府对纳入预算管理的事业单位、社会团体等组织拨付的财政资金，但国务院和国务院财政、税务主管部门另有规定的除外。

2.依法收取并纳入财政管理的行政事业性收费、政府性基金。行政事业性收费是指依照法律法规等有关规定，按照国务院规定程序批准，在实施社会公共管理，以及在向公民、法人或者其他组织提供特定公共服务过程中，向特定对象收取并纳入财政管理的费用。政府性基金，是指企业依照法律、行政法规等有关规定，代政府收取的具有专项用途的财政资金。具体规定如下。

（1）企业按照规定缴纳的、由国务院或财政部批准设立的政府性基金以及由国务院和省、自治区、直辖市人民政府及其财政、价格主管部门批准设立的行政事业性收费，准予在计算应纳税所得额时扣除。

企业缴纳的不符合上述第（1）条审批管理权限设立的基金、收费，不得在计算应纳税所得额时扣除。

（2）企业收取的各种基金、收费，应计入企业当年收入总额。

（3）对企业依照法律、法规及国务院有关规定收取并上缴财政的政府性基金和行政事业性收费，准予作为不征税收入，于上缴财政的当年在计算应纳税所得额时从收入总额中减除；未上缴财政的部分，不得从收入总额中减除。

3.国务院规定的其他不征税收入，是指企业取得的，由国务院财政、税务主管部门规定专项用途并经国务院批准的财政性资金。

财政性资金，是指企业取得的来源于政府及其有关部门的财政补助、补贴、贷款贴息，以及其他各类财政专项资金，包括直接减免的增值税和即征即退、先征后退、先征后返的各种税收，但不包括企业按规定取得的出口退税款。

（1）企业取得的各类财政性资金，除属于国家投资和资金使用后要求归还本金的以外，均应计入企业当年收入总额。国家投资是指国家以投资者身份投入企业并按有关规定相应增加企业实收资本（股本）的直接投资。

（2）对企业取得的由国务院财政、税务主管部门规定专项用途并经国务院批准的财政性资金，准予作为不征税收入，在计算应纳税所得额时从收入总额中减除。

（3）纳入预算管理的事业单位、社会团体等组织按照核定的预算和经费报领关系收到的由财政部门或上级单位拨入的财政补助收入，准予作为不征税收入，在计算应纳税所得额时从收入总额中减除，但国务院和国务院财政、税务主管部门另有规定的除外。

（三）税前扣除项目及标准

企业实际发生的与取得收入有关的、合理的支出，包括成本、费用、税金、损失和其他支出，准予在计算应纳税所得额时扣除。在实际中，计算应纳税所得额时还应注意三方面的内容。第一，企业发生的支出应当区分收益性支出和资本性支出。收益性支出在发生当期直接扣除；资本性支出应当分期扣除或者计入有关资产成本，不得在发生当期直接扣除。第二，企业的不征税收入用于支出所形成的费用或者财产，不得扣除或者计算对应的折旧、摊销扣除。第三，除《企业所得税法》和《企业所得税法实施条例》另有规定外，企业实际发生的成本、费用、税金、损失和其他支出，不得重复扣除。

1.成本，是指企业在生产经营活动中发生的销售成本、销货成本、业务支出以及其他耗费，即企业销售商品（产品、材料、下脚料、废料、废旧物资等），提供劳务，转让固定资产、无形资产（包括技术转让）的成本。

2.费用，是指企业每一纳税年度为生产、经营商品和提供劳务等所发生的销售（经营）费用、管理费用和财务费用。已经计入成本的有关费用除外。

销售费用，是指应由企业负担的为销售商品而发生的费用，包括广告费、运输费、装卸费、包装费、展览费、保险费、销售佣金（能直接认定的进口佣金调整商品进价成本）、代销手续费、经营性租赁费及销售部门发生的差旅费、工资、福利费等费用。

管理费用，是指企业的行政管理部门为管理、组织经营活动，提供各项支援性服务而发生的费用。

财务费用，是指企业筹集经营性资金而发生的费用，包括利息净支出、汇兑净损失、金融机构手续费以及其他非资本化支出。

3.税金，是指企业发生的除企业所得税和允许抵扣的增值税以外的企业缴纳的各项税金及其附加，即企业按规定缴纳的消费税、城市维护建设税、关税、资源税、土地增值税、房产税、车船税、城镇土地使用税、印花税、教育费附加等产品销售税金及附加。这些已纳税金准予税前扣除。准予扣除的税金有两种扣除方式：一是在发生当期扣除；二是在发生当期计入相关资产的成本，在以后各期分摊扣除。

4.损失，是指企业在生产经营活动中发生的固定资产和存货的盘亏、毁损、报废损失，转让财产损失，呆账损失，坏账损失，自然灾害等不可抗力造成的损失以及其他损失。

企业发生的损失，减除责任人赔偿和保险赔款后的余额，依照国务院财政、税务主管部门的规定扣除。企业已经作为损失处理的资产，在以后纳税年度又全部收回或者部分收回时，应当计入当期收入。

5.其他支出，是指除成本、费用、税金、损失外，企业在生产经营活动中发生的与生产经营活动有关的、合理的支出。

在计算应纳税所得额时，下列项目可按照实际发生额或规定的标准扣除。

1.工资、薪金支出。

企业发生的合理的工资、薪金支出准予据实扣除。工资、薪金支出是企业每一纳税年度支付给本企业任职或与其有雇佣关系的员工的所有现金或非现金形式的劳动报酬，包括基本工资、奖金、津贴、补贴、年终加薪、加班工资，以及与员工任职或者受雇有关的其他支出。

2.职工福利费、工会经费、职工教育经费。

企业发生的职工福利费、工会经费、职工教育经费按标准扣除，未超过标准的按实际数扣除，超过标准的只能按标准扣除。

（1）企业发生的职工福利费支出，不超过工资薪金总额 14％的部分准予扣除。

企业发生的职工福利费，包括以下内容。

①尚未实行分离办社会职能的企业，其内设福利部门所发生的设备、设施和人员费用，包括职工食堂、职工浴室、理发室、医务所、托儿所、疗养院等集体福利部门的设备、设施及维修保养费用和福利部门工作人员的工资薪金、社会保险费、住房公积金、劳务费等。

②为职工卫生保健、生活、住房、交通等所发放的各项补贴和非货币性福利，包括企业向职工发放的因公外地就医费用、未实行医疗统筹企业职工医疗费用、职工供养直系亲属医疗补贴、供暖费补贴、职工防暑降温费、职工困难补贴、救济费、职工食堂经费补贴、职工交通补贴等。

③按照其他规定发生的其他职工福利费，包括丧葬补助费、抚恤费、安家费、探亲假路费等。

值得注意的是，企业发生的职工福利费，应该单独设置账册进行准确核算。没有单独设置账册准确核算的，税务机关应责令企业在规定的期限内进行改正。逾期仍未改正的，税务机关可对企业发生的职工福利费进行合理地核定。

（2）企业拨缴的工会经费，不超过工资薪金总额 2％的部分准予扣除。

（3）除国务院财政、税务主管部门另有规定外，企业发生的职工教育经费支出，自 2018 年 1 月 1 日起不超过工资薪金总额 8％的部分，准予在计算企业所得税应纳税所得额时扣除；超过部分，准予在以后纳税年度结转扣除。

3.社会保险费。

（1）企业依照国务院有关主管部门或者省级人民政府规定的范围和标准为职工缴纳的五险一金，即基本养老保险费、基本医疗保险费、失业保险费、工伤保险费、生育保险费等基本社会保险费和住房公积金，准予扣除。

（2）企业为投资者或者职工支付的补充养老保险费、补充医疗保险费，在国务院财政、税务主管部门规定的范围和标准内，准予扣除。企业依照国家有关规定为特殊工种职工支付的人身安全保险费和符合国务院财政、税务主管部门规定可以扣除的商业保险费，准予扣除。

（3）企业参加财产保险，按照规定缴纳的保险费，准予扣除。企业为投资者或者职工支付的商业保险费，不得扣除。

4.借款费用。

（1）企业在生产经营活动中发生的合理的不需要资本化的借款费用，准予扣除。

（2）企业为购置、建造固定资产、无形资产和经过12个月以上的建造才能达到预定可销售状态的存货发生借款的，在有关资产购置、建造期间发生的合理的借款费用，应当作为资本性支出计入有关资产的成本，并依照《企业所得税法实施条例》的有关规定扣除。

5.利息费用。

企业在生产经营活动中发生的利息费用，按下列规定扣除。

（1）非金融企业向金融企业借款的利息支出、金融企业的各项存款利息支出和同业拆借利息支出、企业经批准发行债券的利息支出可据实扣除。

（2）非金融企业向非金融企业借款的利息支出，不超过按照金融企业同期同类贷款利率计算的数额的部分可据实扣除，超过部分不允许扣除。金融企业，是指各类银行、保险公司及经中国人民银行批准从事金融业务的非银行金融机构。

（3）凡企业投资者在规定期限内未交足其应交资本额的，该企业对外借款所发生的利息，相当于投资者实交资本额与在规定期限内应交资本额的差额应计付的利息，其不属于企业合理的支出，应由企业投资者负担，不得在计算企业应纳税所得额时扣除。

（4）企业向股东或其他与企业有关联关系的自然人借款的利息支出，应根据《企业所得税法》及《财政部　国家税务总局关于企业关联方利息支出税前扣除标准有关税收政策问题的通知》规定的条件，计算企业所得税扣除额。企业向除股东或其他与企业有关联关系的自然人以外的内部职工或其他人员借款的利息支出，其借款情况同时符合以下条件的，其利息支出在不超过按照金融企业同期同类贷款利率计算的数额的部分，准予扣除。

① 企业与个人之间的借贷是真实、合法、有效的，并且不具有非法集资目的或其他违反法律、法规的行为。

② 企业与个人之间签订了借款合同。

6.汇兑损失。

企业在货币交易中，以及纳税年度终了时将人民币以外的货币性资产、负债按照期末即期人民币汇率中间价折算为人民币时产生的汇兑损失，除已经计入有关资产成本以及与向所有者进行利润分配相关的部分外，准予扣除。

7.公益性捐赠。

企业通过公益性社会组织或者县级（含县级）以上人民政府及其组成部门和直属机构。用于慈善活动、公益事业的捐赠支出，在年度利润总额12%以内的部分，准予在计算应纳税所得额时扣除；超过年度利润总额12%的部分，准予结转以后三年内在计算应纳税所得额时扣除。

公益性社会组织，应当依法取得公益性捐赠税前扣除资格。

年度利润总额，是指企业依照国家统一会计制度的规定，计算的大于零的数额。

公益性捐赠具体范围包括：

（1）救助灾害、救济贫困、扶助残疾人等困难的社会群体和个人的活动；

（2）教育、科学、文化、卫生、体育事业；

（3）环境保护、社会公共设施建设；

（4）促进社会发展和进步的其他社会公共和福利事业。

8.业务招待费。

企业发生的与生产经营活动有关的业务招待费支出，按照发生额的60%扣除，但最高不得超过当年销售（营业）收入的5‰。

企业在筹建期间发生的与筹办活动有关的业务招待费支出，可按实际发生额的60%计入企业筹办费，并按有关规定在税前扣除。

对从事股权投资业务的企业（包括集团公司总部、创业投资企业等），其从被投资企业分配的股息、红利以及股权转让收入，可以按规定的比例计算业务招待费扣除限额。

9.广告费和业务宣传费。

企业发生的符合条件的广告费和业务宣传费支出，除国务院财政、税务主管部门另有规定外，不超过当年销售（营业）收入15%的部分，准予扣除；超过部分，准予在以后纳税年度结转扣除。企业在筹建期间发生的广告费和业务宣传费，可按实际发生额计入企业筹办费，并按有关规定在税前扣除。

烟草企业的烟草广告费和业务宣传费支出，一律不得在计算应纳税所得额时扣除。

10.环境保护专项资金。

企业依照法律、行政法规有关规定提取的用于环境保护、生态恢复等方面的专项资金，准予扣除。上述专项资金提取后改变用途的，不得扣除。

11.保险费。

企业参加财产保险，按照规定缴纳的保险费，准予扣除。企业参加雇主责任险、公众责任险等责任保险，按照规定缴纳的保险费，准予在企业所得税税前扣除，该项规定适用于2018年度及以后年度企业所得税汇算清缴。

12.租赁费。

企业根据生产经营活动的需要租入固定资产支付的租赁费，按照以下方法扣除。

（1）以经营租赁方式租入固定资产发生的租赁费支出，按照租赁期限均匀扣除。经营性租赁是指所有权不转移的租赁。

（2）以融资租赁方式租入固定资产发生的租赁费支出，按照规定构成融资租入固定资产价值的部分应当提取折旧费用，分期扣除。融资租赁是指在实质上转移与一项资产所有权有关的全部风险和报酬的一种租赁。

13.劳动保护费。

企业发生的合理的劳动保护支出，准予扣除。

14.有关资产的费用。

企业转让各类固定资产发生的费用，允许扣除。企业按规定计算的固定资产折旧费、无形资产和递延资产的摊销费，准予扣除。

15.总机构分摊的费用。

非居民企业在中国境内设立的机构、场所，就其中国境外总机构发生的与该机构、场所生产经营有关的费用，能够提供总机构出具的费用汇集范围、定额、分配依据和方法等证明文件，并合理分摊的，准予扣除。

16.手续费及佣金支出。

（1）保险企业：财产保险企业按当年全部保费收入扣除退保金等后余额的15%计算限额；人身保险企业按当年全部保费收入扣除退保金等后余额的10%计算限额。

（2）其他企业：按与具有合法经营资格的中介服务机构或个人（不含交易双方及其雇员、代理人和代表人等）所签订服务协议或合同确认的收入金额的5%计算限额。

（3）从事代理服务、主营业务收入为手续费、佣金的企业（如证券、期货、保险代理等企业），其为取得该类收入而实际发生的营业成本（包括手续费及佣金支出），准予在企业所得税税前据实扣除。

企业应与具有合法经营资格的中介服务企业或个人签订代办协议或合同，并按规定支付手续费及佣金。除委托个人代理外，企业以现金等非转账方式支付的手续费及佣金不得在税前扣除。企业为发行权益性证券支付给有关证券承销机构的手续费及佣金不得在税前扣除。企业不得将手续费及佣金支出计入回扣、业务提成、返利、进场费等费用。企业已计入固定资产、无形资产等相关资产的手续费及佣金支出，应当通过折旧、摊销等方式分期扣除，不得在发生当期直接扣除。企业支付的手续费及佣金不得直接冲减服务协议或合同金额，并应如实入账。企业应当如实向当地主管税务机关提供当年手续费及佣金计算分配表和其他相关资料，并依法取得合法真实凭证。

17.依照有关法律、行政法规和国家有关税法规定准予扣除的其他项目，如会员费、合理的会议费、差旅费、违约金、诉讼费用等。

（四）不得扣除项目

在计算应纳税所得额时，下列支出不得扣除。

1.向投资者支付的股息、红利等权益性投资收益款项。

2.企业所得税税款。

3.税收滞纳金。具体是指纳税人违反税收法规，被税务机关处以的滞纳金。

4.罚金、罚款和被没收财物的损失。具体是指纳税人违反国家有关法律、法规规定，被有关部门处以的罚款，以及被司法机关处以的罚金和被没收的财物。

5.超过规定标准的捐赠支出。

6.赞助支出，是指企业发生的与生产经营活动无关的各种非广告性质支出。

7.未经核定的准备金支出，是指不符合国务院财政、税务主管部门规定的各项资产减值准备、风险准备等准备金支出。

8.企业之间支付的管理费、企业内营业机构之间支付的租金和特许权使用费，以及非银行企业内营业机构之间支付的利息。

9. 与取得收入无关的其他支出。

（五）亏损弥补

亏损，是指企业将每一纳税年度的收入总额减除不征税收入、免税收入和各项扣除后小于零的数额。税法规定，企业某一纳税年度发生的亏损可以用下一年度的所得弥补，下一年度的所得不足以弥补的，可以逐年延续弥补，但最长不得超过 5 年。企业在汇总计算缴纳企业所得税时，其境外营业机构的亏损不得抵减境内营业机构的盈利。自 2018 年 1 月 1 日起，当年具备高新技术企业或科技型中小企业资格的企业，其具备资格年度之前 5 个年度发生的尚未弥补完的亏损，准予结转以后年度弥补，最长结转年限由 5 年延长至 10 年。

（六）非居民企业的应纳税所得额

在中国境内未设立机构、场所的，或者虽设立机构、场所，但取得的所得与其所设机构、场所没有实际联系的非居民企业，其取得的来源于中国境内的所得，按照下列方法计算其应纳税所得额。

1. 股息、红利等权益性投资收益和利息、租金、特许权使用费所得，以收入全额为应纳税所得额。

2. 转让财产所得，以收入全额减除财产净值后的余额为应纳税所得额。财产净值，是指财产的计税基础减除已经按照规定扣除的折旧、折耗、摊销、准备金等后的余额。

3. 其他所得，参照前两项方法计算应纳税所得额。非居民企业在中国境内设立的机构、场所，就其中国境外总机构发生的与该机构、场所生产经营有关的费用，能够提供总机构出具的费用汇集范围、定额、分配依据和方法等证明文件并合理分摊的，准予扣除。

4.1.5　资产的税务处理

企业资产，是指企业拥有或者控制的能以货币计量的经济资源。企业的各项资产，包括固定资产、生产性生物资产、无形资产、长期待摊费用、投资资产、存货等，以历史成本为计税基础。历史成本，是指企业取得该项资产时实际发生的支出。企业持有各项资产期间资产增值或者减值，除国务院财政、税务主管部门规定可以确认损益外，不得调整该资产的计税基础。

企业转让资产，该项资产的净值准予在计算应纳税所得额时扣除。资产的净值，是指有关资产、财产的计税基础减除已经按照规定扣除的折旧、折耗、摊销、准备金等后的余额。除另有规定外，企业在重组过程中，应当在交易发生时确认有关资产的转让所得或者损失，相应资产应当按照交易价格重新确定计税基础。

（一）固定资产

固定资产，是指企业为生产产品、提供劳务、出租或者经营管理而持有的、使用时间超过 12 个月的非货币性资产，包括房屋、建筑物、机器、机械、运输工具，以及其他与生产经营活动有关的设备、器具、工具等。在计算应纳税所得额时，企业按照规定计算的固定资产折旧，准予扣除。

1. 下列固定资产不得计算折旧扣除：

（1）除房屋、建筑物以外未投入使用的固定资产；

（2）以经营租赁方式租入的固定资产；

（3）以融资租赁方式租出的固定资产；

（4）已足额提取折旧仍继续使用的固定资产；

（5）与经营活动无关的固定资产；

（6）单独估价作为固定资产入账的土地；

（7）其他不得计算折旧扣除的固定资产。

2. 固定资产按照以下方法确定计税基础。

（1）外购的固定资产，以购买价款和支付的相关税费以及直接归属于使该资产达到预定用途而发生的其他支出为计税基础。

（2）自行建造的固定资产，以竣工结算前发生的支出为计税基础。

（3）融资租入的固定资产，以租赁合同约定的付款总额和承租人在签订租赁合同过程中发生的相关费用为计税基础；租赁合同未约定付款总额的，以该资产的公允价值和承租人在签订租赁合同过程中发生的相关费用为计税基础。

（4）盘盈的固定资产，以同类固定资产的重置完全价值为计税基础。

（5）通过捐赠、投资、非货币性资产交换、债务重组等方式取得的固定资产，以该资产的公允价值和支付的相关税费为计税基础。

（6）改建的固定资产，以改建过程中发生的改建支出增加计税基础。

3.固定资产按照直线法计算的折旧，准予扣除。企业应当自固定资产投入使用月份的次月起计算折旧；停止使用的固定资产，应当自停止使用月份的次月起停止计算折旧。企业应当根据固定资产的性质和使用情况，合理确定固定资产的预计净残值。固定资产的预计净残值一经确定，不得变更。

4.除国务院财政、税务主管部门另有规定外，固定资产计算折旧的最低年限如下：

（1）房屋、建筑物，为 20 年；

（2）飞机、火车、轮船、机器、机械和其他生产设备，为 10 年；

（3）与生产经营活动有关的器具、工具、家具等，为 5 年；

（4）飞机、火车、轮船以外的运输工具，为 4 年；

（5）电子设备，为 3 年。

（二）生产性生物资产

生产性生物资产，是指企业为生产农产品、提供劳务或者出租等而持有的生物资产，包括经济林、薪炭林、产畜和役畜等。

1.生产性生物资产按照以下方法确定计税基础：

（1）外购的生产性生物资产，以购买价款和支付的相关税费为计税基础；

（2）通过捐赠、投资、非货币性资产交换、债务重组等方式取得的生产性生物资产，以该资产的公允价值和支付的相关税费为计税基础。

2.生产性生物资产按照直线法计算的折旧，准予扣除。企业应当自生产性生物资产投入使用月份的次月起计算折旧；停止使用的生产性生物资产，应当自停止使用月份的次月起停止计算折旧。企业应当根据生产性生物资产的性质和使用情况，合理确定生产性生物资产的预计净残值。生产性生物资产的预计净残值一经确定，不得变更。

3.生产性生物资产计算折旧的最低年限如下：

（1）林木类生产性生物资产，为10年；

（2）畜类生产性生物资产，为3年。

（三）无形资产

无形资产，是指企业为生产产品、提供劳务、出租或者经营管理而持有的、没有实物形态的非货币性长期资产，包括专利权、商标权、著作权、土地使用权、非专利技术、商誉等。在计算应纳税所得额时，企业按照规定计算的无形资产摊销费用，准予扣除。

1.下列无形资产不得计算摊销费用扣除：

（1）自行开发的、支出已在计算应纳税所得额时扣除的无形资产；

（2）自创商誉；

（3）与经营活动无关的无形资产；

（4）其他不得计算摊销费用扣除的无形资产。

2.无形资产按照以下方法确定计税基础：

（1）外购的无形资产，以购买价款和支付的相关税费以及直接归属于使该资产达到预定用途发生的其他支出为计税基础；

（2）自行开发的无形资产，以开发过程中该资产符合资本化条件后至达到预定用途前发生的支出为计税基础；

（3）通过捐赠、投资、非货币性资产交换、债务重组等方式取得的无形资产，以该资产的公允价值和支付的相关税费为计税基础。

3.无形资产按照直线法计算的摊销费用，准予扣除。无形资产的摊销年限不得低于10年。

作为投资或者受让的无形资产，有关法律规定或者合同约定了使用年限的，可以按照规定或者约定的使用年限分期摊销。外购商誉的支出，在企业整体转让或者清算时，准予扣除。

（四）长期待摊费用

长期待摊费用，是指企业发生的应在1个年度以上或几个年度进行摊销的费用。在计算应纳税所得额时，企业发生的下列支出作为长期待摊费用，按照规定摊销的，准予扣除。

1.已足额提取折旧的固定资产的改建支出，按照固定资产预计尚可使用年限分期摊销。

2.租入固定资产的改建支出，按照合同约定的剩余租赁期限分期摊销。

所谓固定资产的改建支出，是指改变房屋或者建筑物结构、延长使用年限等发生的支出。

改建的固定资产延长使用年限的，除前述规定外，应当适当延长折旧年限。

3.固定资产的大修理支出，按照固定资产尚可使用年限分期摊销，固定资产的大修理支出是指同时符合下列条件的支出：

（1）修理支出达到取得固定资产时的计税基础50%以上；

（2）修理后固定资产的使用年限延长2年以上。

4.其他应当作为长期待摊费用的支出，自支出发生月份的次月起，分期摊销，摊销年限不得低于3年。

（五）投资资产

投资资产，是指企业对外进行权益性投资和债权性投资形成的资产。企业对外投资期间，投资资产的成本在计算应纳税所得额时不得扣除。企业在转让或者处置投资资产时，投资资产的成本，准予扣除。投资资产按照以下方式确定成本：

1.通过支付现金方式取得的投资资产，以购买价款为成本；

2.通过支付现金以外的方式取得的投资资产，以该资产的公允价值和支付的相关税费为成本。

（六）存货

存货，是指企业持有以备出售的产品或者商品、处在生产过程中的在产品、在生产或者提供劳务过程中耗用的材料和物料等。存货按照以下方法确定成本。

1.通过支付现金方式取得的存货，以购买价款和支付的相关税费为成本。

2.通过支付现金以外的方式取得的存货，以该存货的公允价值和支付的相关税费为成本。

3.生产性生物资产收获的农产品，以产出或者采收过程中发生的材料费、人工费和分摊的间接费用等必要支出为成本。

企业使用或者销售存货，按照规定计算的存货成本，准予在计算应纳税所得额时扣除。

企业使用或者销售的存货的成本计算方法，可以在先进先出法、移动加权平均法、个别计价法中选用一种。计价方法一经选用，不得随意变更。

（七）资产损失

资产损失，是指企业在生产经营活动中实际发生的、与取得应税收入有关的资产损失，包括现金损失，存款损失，坏账损失，贷款损失，股权投资损失，固定资产和存货的盘亏、毁损、报废、被盗损失，自然灾害等不可抗力造成的损失以及其他损失。企业发生上述资产损失，应在按税法规定实际确认或者实际发生的当年申报扣除。

企业以前年度发生的资产损失未能在当年税前扣除的，可以按照规定，向税务机关说明并进行专项申报扣除。其中，属于实际资产损失的，准予追补至该项损失发生年度扣除，其追补确认期限一般不得超过5年。企业因以前年度实际资产损失未在税前扣除而多交的企业所得税税款，可在追补确认年度企业所得税应纳税款中予以抵扣；不足抵扣的，向以后年度递延抵扣。

4.1.6　企业所得税应纳税额的计算

企业所得税应纳税额的计算公式为：

企业所得税应纳税额 ＝ 应纳税所得额 × 适用税率 － 减免税额 － 抵免税额

其中的减免税额和抵免税额，是指依照《企业所得税法》和国务院的税收优惠规定减征、免征和抵免的应纳税额。

企业取得的下列所得已在境外缴纳的所得税税额，可以从其当期应纳税额中抵免，抵免限额为该项所得依照规定计算的应纳税额；超过抵免限额的部分，可以在以后 5 个年度内，用每年抵免限额抵免当年应抵税额后的余额进行抵补：① 居民企业来源于中国境外的应税所得；② 非居民企业在中国境内设立机构、场所，取得发生在中国境外但与该机构、场所有实际联系的应税所得。

已在境外缴纳的所得税税额，是指企业来源于中国境外的所得依照中国境外税收法律以及相关规定应当缴纳并已经实际缴纳的所得税税款。

抵免限额，是指企业来源于中国境外的所得，依照规定计算的应纳税额。

5 个年度，是指从企业取得的来源于中国境外的所得，已经在中国境外缴纳的企业所得税性质的税额超过抵免限额的当年的次年起连续 5 个纳税年度。

自 2017 年 7 月 1 日起，企业可以选择按国（地区）别分别计算［即"分国（地区）不分项"］，或者不按国（地区）别汇总计算［即"不分国（地区）不分项"］其来源于境外的应纳税所得额，按照规定的税率，分别计算其可抵免境外所得税税额和抵免限额。上述方式一经选择，5 年内不得改变。

居民企业从其直接或间接控制的外国企业分得的来源于中国境外的股息、红利等权益性投资收益，外国企业在境外实际缴纳的所得税税额中属于该项所得负担的部分，可以作为该居民企业的可抵免境外所得税税额，在规定的抵免限额内抵免。

直接控制是指居民企业直接持有外国企业 20% 以上股份，间接控制是指居民企业以间接持股方式持有外国企业 20% 以上股份。在计算企业境外股息、红利所得的可抵免所得税税额和抵免限额时，由企业直接或者间接持有 20% 以上股份的外国企业，限于按照相关法规规定的持股方式确定的外层外国企业。企业按规定抵免企业所得税税额时，应当提供中国境外税务机关出具的税款所属年度的有关纳税凭证。

4.1.7　企业所得税税收优惠

我国企业所得税的税收优惠包括免税收入，减、免税，小型微利企业、高新技术企业和技术先进型服务企业税收优惠，民族自治地方的减免税，加计扣除，应纳税所得额抵扣，加速折旧和设备、器具一次性税前扣除，减计收入，应纳税额抵免和西部地区的减免税等。企业同时从事适用不同企业所得税待遇的项目的，应当单独计算各优惠项目所得，并合理分摊企业的期间费用；没有单独计算的，不得享受企业所得税优惠。

（一）免税收入

免税收入，是指属于企业的应税所得，但是按照税法规定免予征收企业所得税的收入。企业的免税收入包括以下内容。

1. 国债利息收入。是指企业持有国务院财政部门发行的国债取得的利息收入。

2. 符合条件的居民企业之间的股息、红利等权益性投资收益。是指居民企业直接投资于其他居民企业取得的投资收益。

3. 在中国境内设立机构、场所的非居民企业从居民企业取得与该机构、场所有实际联系的股息、红利等权益性投资收益。其不包括连续持有居民企业公开发行并上市流通的股票不足 12 个月取得的投资收益。

4. 符合条件的非营利组织的收入。其不包括非营利组织从事营利性活动取得的收入，但国务院财政、税务主管部门另有规定的除外。

（二）减、免税

企业的下列所得，免征或减征企业所得税。

1.从事农、林、牧、渔业项目的所得。

（1）企业从事下列项目的所得，免征企业所得税。

① 蔬菜、谷物、薯类、油料、豆类、棉花、麻类、糖料、水果、坚果的种植。

② 农作物新品种的选育。

③ 中药材的种植。

④ 林木的培育和种植。

⑤ 牲畜、家禽的饲养。

⑥ 林产品的采集。

⑦ 灌溉、农产品初加工、兽医、农技推广、农机作业和维修等农、林、牧、渔服务业项目。

⑧ 远洋捕捞。

（2）企业从事下列项目的所得，减半征收企业所得税。

① 花卉、茶以及其他饮料作物和香料作物的种植。

② 海水养殖、内陆养殖。

2.从事国家重点扶持的公共基础设施项目投资经营的所得。

国家重点扶持的公共基础设施项目，是指《公共基础设施项目企业所得税优惠目录》规定的港口码头、机场、铁路、公路、城市公共交通、电力、水利等项目。

（1）企业从事上述国家重点扶持的公共基础设施项目的投资经营的所得，自项目取得第一笔生产经营收入所属纳税年度起，第一年至第三年免征企业所得税，第四年至第六年减半征收企业所得税。

（2）企业承包经营、承包建设和内部自建自用上述项目，不得享受上述企业所得税优惠。

3.从事符合条件的环境保护、节能节水项目的所得。

符合条件的环境保护、节能节水项目，包括公共污水处理、公共垃圾处理、沼气综合开发利用、节能减排技术改造、海水淡化等。项目的具体条件和范围由国务院财政、税务主管部门商国务院有关部门制定，报国务院批准后公布施行。

企业从事上述规定的符合条件的环境保护、节能节水项目的所得，自项目取得第一笔生产经营收入所属纳税年度起，第一年至第三年免征企业所得税，第四年至第六年减半征收企业所得税。

4.符合条件的技术转让所得。

符合条件的技术转让所得免征、减征企业所得税，是指一个纳税年度内，居民企业技术转让所得不超过500万元的部分，免征企业所得税；超过500万元的部分，减半征收企业所得税。其计算公式为：

技术转让所得 = 技术转让收入 - 技术转让成本 - 相关税费

5.非居民企业所得。

在中国境内未设立机构、场所的，或者虽设立机构、场所，但取得的所得与其所设机构、场所没有实际联系的非居民企业，其取得的来源于中国境内的所得，按10%的税率征收企业所得税。下列所得可以免征企业所得税。

（1）外国政府向中国政府提供贷款取得的利息所得。

（2）国际金融组织向中国政府和居民企业提供优惠贷款取得的利息所得。

（3）经国务院批准的其他所得。

6.自2014年11月17日起，对合格境外机构投资者（Qualified Foreign Institutional Investors，QFII）、人民币合格境外机构投资者（RMB Qualified Foreign Institutional Investors，RQFII）取得来源于中国境内的股票等权益性投资资产转让所得，暂免征收企业所得税。

（三）小型微利企业、高新技术企业和技术先进型服务企业税收优惠

1.小型微利企业界定。

年应纳税所得额	从业人数	资产总额
≤ 300 万元	≤ 300 人	≤ 5000 万元

2. 税收优惠：累进税率。

年应纳税所得额 ≤ 100 万元	2021 年 1 月 1 日 –2022 年 12 月 31 日	减按 12.5% 计入应纳税所得额，20% 的税率；实际税负 2.5%
100 万元＜年应纳税所得额 ≤ 300 万元	2019 年 1 月 1 日 –2021 年 12 月 31 日	减按 50% 计入应纳税所得额，20% 的税率；实际税负 10%
	2022 年 1 月 1 日 –2024 年 12 月 31 日	减按 25% 计入应纳税所得额，按 20% 的税率缴纳企业所得税；实际税负 5%

3. 小型微利企业的征收管理

（1）符合规定条件的小型微利企业，无论采取查账征收还是核定征收方式缴纳企业所得税，均可按照规定享受小型微利企业所得税优惠政策。

（2）小型微利企业是指企业的全部生产经营活动产生的所得均负有我国企业所得税纳税义务的企业。仅就来源于我国所得负有我国纳税义务的非居民企业，不适用小型微利企业的规定。

（3）年度中间开业或终止经营活动的，以其实际经营期作为一个纳税年度确定上述相关指标。

（4）小型微利企业所得税统一实行按季度预缴。

（5）企业设立不具有法人资格分支机构的，应当汇总计算总机构及其各分支机构的从业人数、资产总额、年度应纳税所得额，依据合计数判断是否符合小型微利企业条件。

（6）自 2020 年 1 月 1 日起，跨境电子商务综合试验区内实行核定征收的跨境电商企业符合小型微利企业优惠政策条件的，可享受小型微利企业所得税优惠政策。

4. 高新技术企业和技术先进型服务企业。

国家需要重点扶持的高新技术企业，减按 15％ 的税率征收企业所得税。自 2017 年 1 月 1 日起，对经认定的技术先进型服务企业（服务贸易类），减按 15% 的税率征收企业所得税。

（四）民族自治地方的减免税

民族自治地方的自治机关对本民族自治地方的企业应缴纳的企业所得税中属于地方分享的部分，可以决定减征或者免征。自治州、自治县决定减征或者免征的，须报省、自治区、直辖市人民政府批准。

对民族自治地方内国家限制和禁止行业的企业，不得减征或者免征企业所得税。

（五）加计扣除

企业的下列支出，可以在计算应纳税所得额时加计扣除。

1.企业开展研发活动发生的研究开发费用。

企业开展研发活动中实际发生的研发费用，未形成无形资产计入当期损益的，在按规定据实扣除的基础上，自 2018 年 1 月 1 日至 2020 年 12 月 31 日，再按照实际发生额的 75% 在税前加计扣除；形成无形资产的，在上述期间按照无形资产成本的 175% 在税前摊销。

下列行业不适用税前加计扣除政策：烟草制造业、住宿和餐饮业、批发和零售业、房地产业、租赁和商务服务业、娱乐业、财政部和国家税务总局规定的其他行业。

2.安置残疾人员及国家鼓励安置的其他就业人员所支付的工资。

企业安置残疾人员所支付的工资的加计扣除，是指企业安置残疾人员的，在按照支付给残疾职工工资据实扣除的基础上，按照支付给残疾职工工资的 100% 加计扣除。企业安置国家鼓励安置的其他就业人员所支付的工资的加计扣除办法，由国务院另行规定。

（六）应纳税所得额抵扣

创业投资企业采取股权投资方式投资于未上市的中小高新技术企业 2 年以上的，可以按照其投资额的 70% 在股权持有满 2 年的当年抵扣该创业投资企业的应纳税所得额；当年不足抵扣的，可以在以后纳税年度结转抵扣。

公司制创业投资企业采取股权投资方式直接投资于符合条件的种子期、初创期科技型企业满2年（24个月）的，可以按照投资额的70%在股权持有满2年的当年抵扣该公司制创业投资企业的应纳税所得额；当年不足抵扣的，可以在以后纳税年度结转抵扣。

有限合伙制创业投资企业采取股权投资方式直接投资于初创科技型企业满2年的，该有限合伙制创业投资企业的法人合伙人可以按照对初创科技型企业投资额的70%抵扣法人合伙人从有限合伙制创业投资企业分得的所得；当年不足抵扣的，可以在以后纳税年度结转抵扣。

有限合伙制创业投资企业采取股权投资方式投资于未上市的中小高新技术企业满2年（24个月）的，其法人合伙人可按照对未上市中小高新技术企业投资额的70%抵扣该法人合伙人从该有限合伙制创业投资企业分得的应纳税所得额；当年不足抵扣的，可以在以后纳税年度结转抵扣。

（七）加速折旧和设备、器具一次性税前扣除

企业的固定资产由于技术进步等原因，确需加速折旧的，可以缩短折旧年限或者采取加速折旧的方法。可以采取缩短折旧年限或者采取加速折旧方法的固定资产，包括：

1.由于技术进步，产品更新换代较快的固定资产；

2.常年处于强震动、高腐蚀状态的固定资产。

采取缩短折旧年限方法的，最低折旧年限不得低于税法规定折旧年限的60%；采取加速折旧方法的，可以采取双倍余额递减法或者年数总和法。

对符合相关条件的生物药品制造业，专用设备制造业，铁路、船舶、航空航天和其他运输设备制造业，计算机、通信和其他电子设备制造业，仪器仪表制造业，信息传输、软件和信息技术服务业等行业的企业，2014年1月1日后新购进（包括自行建造）的固定资产可加速折旧。对符合相关条件的轻工、纺织、机械、汽车等四个领域重点行业的企业，其2015年1月1日后新购进的固定资产，允许按不低于《企业所得税法》规定折旧年限的60%缩短折旧年限，或选择采取双倍余额递减法或年数总和法进行加速折

旧。上述重点行业企业是指以上述行业业务为主营业务，其固定资产投入使用当年的主营业务收入占企业收入总额50%（不含）以上的企业。

企业在2018年1月1日至2020年12月31日期间新购进的设备、器具，单位价值不超过500万元的，允许一次性计入当期成本费用在计算应纳税所得额时扣除，不再分年度计算折旧。

（八）减计收入

企业以《资源综合利用企业所得税优惠目录》规定的资源作为主要原材料，生产国家非限制和禁止并符合国家和行业相关标准的产品取得的收入，减按90%计入收入总额。原材料占生产产品材料的比例不得低于《资源综合利用企业所得税优惠目录》规定的标准。

（九）应纳税额抵免

企业购置并实际使用《环境保护专用设备企业所得税优惠目录（2017版）》《节能节水专用设备企业所得税优惠目录（2017版）》《安全生产专用设备企业所得税优惠目录》规定的环境保护、节能节水、安全生产等专用设备的，该专用设备的投资额的10%可以从企业当年的应纳税额中抵免；当年不足抵免的，可以在以后5个纳税年度结转抵免。享受上述规定的企业所得税优惠的企业，应当实际购置并自身实际投入使用上述规定的专用设备；企业购置上述专用设备在5年内转让、出租的，应当停止享受企业所得税优惠，并补缴已经抵免的企业所得税税款。

购置并实际使用的环境保护、节能节水和安全生产专用设备，包括承租方企业以融资租赁方式租入的，并在融资租赁合同中约定租赁期届满时租赁设备所有权转移给承租方企业，且符合规定条件的上述专用设备。凡融资租赁期届满后租赁设备所有权未转移至承租方企业的，承租方企业应停止享受抵免企业所得税优惠，并补缴已经抵免的企业所得税税款。

（十）西部地区的减免税

对设在西部地区以《西部地区鼓励类产业目录》中新增鼓励类产业项目

为主营业务，且其当年度主营业务收入占企业收入总额 70% 以上的企业，自 2014 年 10 月 1 日起，可减按 15% 的税率缴纳企业所得税。

4.1.8　企业所得税征收管理

（一）纳税地点

1.居民企业的纳税地点。

除税收法律、行政法规另有规定外，居民企业以企业登记注册地为纳税地点；但登记注册地在境外的，以实际管理机构所在地为纳税地点。

2.非居民企业的纳税地点。

非居民企业在中国境内设立机构、场所的，以机构、场所所在地为纳税地点。非居民企业在中国境内设立两个或者两个以上机构、场所的，经税务机关审核批准，可以选择由其主要机构、场所汇总缴纳企业所得税。非居民企业在中国境内未设立机构、场所的，或者虽设立机构、场所，但取得的所得与其所设机构、场所没有实际联系的所得，以扣缴义务人所在地为纳税地点。

非居民企业经批准汇总缴纳企业所得税后，需要增设、合并、迁移、关闭机构、场所或者停止机构、场所业务的，应当事先由负责汇总申报缴纳企业所得税的主要机构、场所向其所在地税务机关报告；需要变更汇总缴纳企业所得税的主要机构、场所的，依照前述规定办理。

（二）纳税期限

企业所得税按年计征，分月或者分季预缴，年终汇算清缴，多退少补。纳税年度自公历 1 月 1 日起至 12 月 31 日止。

企业在一个纳税年度中间开业，或者终止经营活动，使该纳税年度的实际经营期不足 12 个月的，应当以其实际经营期为 1 个纳税年度。企业依法清算时，应当以清算期间作为 1 个纳税年度。

企业应当自年度终了之日起 5 个月内，向税务机关报送年度企业所得税纳税申报表，并汇算清缴，结清应缴应退税款。

企业在年度中间终止经营活动的，应当自实际经营终止之日起60日内，向税务机关办理当期企业所得税汇算清缴。

（三）纳税申报

企业按月或按季预缴的，应当自月份或者季度终了之日起15日内，向税务机关报送预缴企业所得税纳税申报表，预缴税款。

企业在报送企业所得税纳税申报表时，应当按照规定附送财务会计报告和其他有关资料。

企业应当在办理注销登记前，就其清算所得向税务机关申报并依法缴纳企业所得税。

企业分月或者分季预缴企业所得税时，应当按照月度或者季度的实际利润额预缴；按照月度或者季度的实际利润额预缴有困难的，可以按照上一纳税年度应纳税所得额的月度或者季度平均额预缴，或者按照经税务机关认可的其他方法预缴。预缴方法一经确定，该纳税年度内不得随意变更。

企业在纳税年度内无论是盈利还是亏损，都应当依照规定期限，向税务机关报送预缴企业所得税纳税申报表、年度企业所得税纳税申报表、财务会计报告和税务机关规定应当报送的其他有关资料。

企业所得税以人民币计算。企业所得以人民币以外的货币计算的，预缴企业所得税时，应当按照月度或者季度最后一日的人民币汇率中间价，折合成人民币计算应纳税所得额。年度终了汇算清缴时，对已经按照月度或者季度预缴税款的，不再重新折合计算，只就该纳税年度内未缴纳企业所得税的部分，按照纳税年度最后一日的人民币汇率中间价，折合成人民币计算应纳税所得额。

经税务机关检查确认，企业少计或者多计前述规定的所得的，应当按照检查确认补税或者退税时的上一个月最后一日的人民币汇率中间价，将少计或多计的所得折合成人民币计算应纳税所得额，再计算应补缴或者应退的税款。

4.2　企业所得税的会计核算

4.2.1　应纳税所得额的确定

企业每一纳税年度的收入总额，减除不征税收入、免税收入、各项扣除以及允许弥补的以前年度亏损后的余额，为应纳税所得额。

应纳税所得额的计算公式如下：

应纳税所得额 = 法定收入总额 - 税法准予扣除项目金额

（一）收入总额

企业以货币形式和非货币形式从各种来源取得的收入，为收入总额，包括销售货物收入，提供劳务收入，转让财产收入，股息、红利等权益性投资收益，利息收入，租金收入，特许权使用费收入，接受捐赠收入以及其他收入。

1.销售货物收入。

销售货物收入，是指企业销售商品、产品、原材料、包装物、低值易耗品以及其他存货取得的收入。除法律法规另有规定外，企业销售货物收入的确认，必须遵循权责发生制原则和实质重于形式原则。

2.提供劳务收入。

提供劳务收入，是指企业从事建筑安装、修理修配、交通运输、仓储租赁、金融保险、邮电通信、咨询经纪、文化体育、科学研究、技术服务、教育培训、餐饮住宿、中介代理、卫生保健、社区服务、旅游、娱乐、加工以及其他劳务服务活动取得的收入。

企业在各个纳税期末，提供劳务交易的结果能够可靠估计的，应采用完工进度（百分比）法确认提供劳务收入。

3.转让财产收入。

转让财产收入，是指企业转让固定资产、生物资产、无形资产、股权、债权等财产取得的收入。

4.股息、红利等权益性投资收益。

股息、红利等权益性投资收益，是指企业因权益性投资从被投资方取得的收入。股息、红利等权益性投资收益，除国务院财政、税务主管部门另有规定外，按照被投资方做出利润分配决定的日期确认收入的实现。

5.利息收入。

利息收入，是指企业将资金提供他人使用但不构成权益性投资，或者因他人占用本企业资金取得的收入，包括存款利息、贷款利息、债券利息、欠款利息等收入。利息收入，按照合同约定的债务人应付利息的日期确认收入的实现。

6.租金收入。

租金收入，是指企业提供固定资产、包装物或者其他有形资产的使用权取得的收入。租金收入，按照合同约定的承租人应付租金的日期确认收入的实现。

7.特许权使用费收入。

特许权使用费收入，是指企业提供专利权、非专利技术、商标权、著作权以及其他特许权的使用权取得的收入。特许权使用费收入，按照合同约定的特许权使用人应付特许权使用费的日期确认收入的实现。

8.接受捐赠收入。

接受捐赠收入，是指企业接受的来自其他企业、组织或者个人无偿给予的货币性资产、非货币性资产。接受捐赠收入，按照实际收到捐赠资产的日期确认收入的实现。

企业以买一赠一等方式组合销售本企业商品的，不属于捐赠，应将总的销售金额按各项商品的公允价值的比例来分摊确认各项的销售收入。

9.其他收入。

其他收入，是指企业取得的以上收入外的其他收入，包括企业资产溢余收入、逾期未退包装物押金收入、确实无法偿付的应付款项、已作坏账损失处理后又收回的应收款项、债务重组收入、补贴收入、违约金收入、汇兑收益等。

（二）不征税收入

不征税收入具体如下。

1. 财政拨款。

2. 依法收取并纳入财政管理的行政事业性收费、政府性基金。

3. 国务院规定的其他不征税收入。

（三）免税收入

免税收入具体如下。

1. 国债利息收入。

国债利息收入，是指企业持有国务院财政部门发行的国债取得的利息收入。

2. 符合条件的居民企业之间的股息、红利等权益性投资收益。

符合条件的居民企业之间的股息、红利等权益性投资收益，是指居民企业直接投资于其他居民企业取得的投资收益。

鉴于股息、红利是税后利润分配形成的，对居民企业之间的股息、红利收入免征企业所得税，是避免重复征税的国际通行做法。为了更好地体现税收优惠政策，保证企业投资充分享受到高新技术企业、小型微利企业和西部大开发政策等实行低税率的税收待遇，《企业所得税法实施条例》明确规定，不要求纳税人补交税率差。

2008 年 1 月 1 日后，居民企业之间分配属于 2007 年度及以前的累积未分配利润而形成的股息、红利等权益性投资收益，均应按照上述规定处理。

3. 在中国境内设立机构、场所的非居民企业从居民企业取得与该机构、场所有实际联系的股息、红利等权益性投资收益。其不包括连续持有居民企业公开发行并上市流通的股票不足 12 个月取得的投资收益。

4. 符合条件的非营利组织的收入。

符合条件的非营利组织是指同时符合下列条件的组织：

（1）依法履行非营利组织登记手续；

（2）从事公益性或者非营利性活动；

（3）取得的收入除用于与该组织有关的、合理的支出外，全部用于登记核定或者章程规定的公益性或者非营利性事业；

（4）财产及其孳息不用于分配；

（5）按照登记核定或者章程规定，该组织注销后的剩余财产用于公益性或者非营利性目的，或者由登记管理机关转赠给与该组织性质、宗旨相同的组织，并向社会公告；

（6）投入人对投入该组织的财产不保留或者享有任何财产权利；

（7）工作人员工资福利开支控制在规定的比例内，不变相分配该组织的财产。

非营利组织的认定管理办法由国务院财政、税务主管部门会同国务院有关部门制定。符合条件的非营利组织的收入，不包括非营利组织从事营利性活动取得的收入，但国务院财政、税务主管部门另有规定的除外。各国一般区分营利性收入和非营利性收入，为非营利组织提供不同的税收待遇。为了规范非营利组织的活动，《企业所得税法实施条例》规定，对非营利组织从事非营利性活动取得的收入给予免税，但其从事营利性活动取得的收入则要征税。

（四）税前扣除原则及准予扣除的项目

《企业所得税法》规定了对企业实际发生的与取得收入有关的、合理的支出允许税前扣除的一般扣除项目，同时明确了不得税前扣除的禁止扣除项目，又规定了允许税前扣除的特殊扣除项目。

相关性原则和合理性原则是企业所得税税前扣除的基本要求和重要条件。①相关性原则是指企业可扣除的费用从性质和根源上与取得收入直接相关。相关性要求为限制取得的不征税收入所形成的支出不得扣除提供了依据。②合理性原则是指符合生产经营活动常规，应当计入当期损益或者有关资产成本的必要和正常的支出可以扣除。对合理性的判断主要从支出的计算和分配方法是否符合一般经营常规入手。

在符合各项扣除原则的前提下，允许在所得税税前扣除以下各项。

1. 成本。

成本是指企业在生产经营活动中发生的销售成本、销货成本、业务支出以及其他耗费。

2. 费用。

费用是指企业在生产经营活动中发生的销售费用、管理费用和财务费用，已经计入成本的有关费用除外。

（1）企业发生的与生产经营活动有关的业务招待费支出，按照发生的60%扣除，但最高不得超过当年销售（营业）收入的5‰。

（2）企业发生的符合条件的广告费和业务宣传费支出，除国务院财政、税务主管部门另有规定外，不超过当年销售（营业）收入15%的部分，准予扣除；超过部分，准予在以后纳税年度结转扣除。

企业在计算业务招待费、广告费和业务宣传费等费用扣除限额时，销售（营业）收入应包括企业发生非货币性资产交换，以及将货物、财产、劳务用于捐赠、偿债、赞助、集资、广告、样品、职工福利或者利润分配等时应当视同销售（营业）的收入额。

（3）企业根据生产经营活动的需要租入固定资产支付的租赁费，按照以下方式扣除：

① 以经营租赁方式租入固定资产发生的租赁费，按照租赁期限均匀扣除；

② 以融资租赁方式租入固定资产发生的租赁费，按照规定构成融资租入固定资产价值的部分应当提取折旧费用，分期扣除。

（4）非居民企业在中国境内设立的机构、场所，就其中国境外总机构发生的与该机构、场所生产经营有关的费用，能够提供总机构出具的费用汇集范围、定额、分配依据和方法等证明文件，并合理分摊的，准予扣除。

3.税金。

企业发生的除企业所得税和允许抵扣的增值税以外的各项税金及其附加，即纳税人按照规定缴纳的消费税、资源税、土地增值税、关税、城市维护建设税、教育费附加、房产税、车船税、城镇土地使用税、印花税等税金及附加。企业缴纳的增值税属于价外税，故不在扣除之列。

4.损失。

损失是指企业在生产经营活动中发生的固定资产和存货的盘亏、毁损、报废损失，转让财产损失，呆账损失，坏账损失，自然灾害等不可抗力造成的损失以及其他损失。

企业发生的损失，减除责任人赔偿和保险赔款后的余额，依照国务院财政、税务主管部门的规定扣除。企业已经作为损失处理的资产，在以后纳税年度又全部收回或者部分收回时，应当计入当期收入。

5.其他支出，是指除成本、费用、税金、损失外，企业在生产经营活动中发生的与生产经营活动有关的、合理的支出。

（1）企业在生产经营活动中发生的合理的不需要资本化的借款费用，准予扣除。

企业为购置、建造固定资产、无形资产和经过12个月以上的建造才能达到预定可销售状态的存货发生借款的，在有关购置、建造期间发生的合理的借款费用，应当作为资本性支出计入有关资产的成本，并依照《企业所得税法实施条例》的规定扣除。

（2）企业在生产经营活动中发生的下列利息支出，准予扣除：

① 非金融企业向金融企业借款的利息支出、金融企业的各项存款利息支出和同业拆借利息支出、企业经批准发行债券的利息支出；

② 非金融企业向非金融企业借款的利息支出，不超过按照金融企业同期同类贷款利率计算的数额的部分。

（3）企业在货币交易中，以及纳税年度终了时将人民币以外的货币性资产、负债按照期末即期人民币汇率中间价折算为人民币时产生的汇兑损失，除已经计入有关资产成本以及与向所有者进行利润分配相关的部分外，准予扣除。

（4）企业参加财产保险，按照有关规定缴纳的保险费，准予扣除。

（5）企业依照法律、行政法规有关规定提取的用于环境保护、生态恢复等方面的专项资金，准予扣除。上述专项资金提取后改变用途的，不得扣除。

（6）企业发生的合理的劳动保护支出，准予扣除。

（7）企业发生与生产经营有关的手续费及佣金支出，不超过以下规定计算限额的部分，准予扣除；非保险企业超过部分，不得扣除。

① 保险企业：保险企业发生与其经营活动有关的手续费及佣金支出，不超过当年全部保费收入扣除退保金等后余额的 18%（含本数）的部分，在计算应纳税所得额时准予扣除；超过部分，允许结转以后年度扣除。

② 其他企业：按与具有合法经营资格中介服务机构或个人（不含交易双方及其雇员、代理人和代表人等）所签订服务协议或合同确认的收入金额的 5% 计算限额。

（五）准予扣除项目的调整

纳税人的财务、会计处理与税收规定不一致的，应依照税收规定予以调整，按税收规定允许扣除的金额准予扣除。

1.公益性捐赠的税前扣除。

企业发生的公益性捐赠支出，在年度利润总额 12% 以内的部分，准予在计算应纳税所得额时扣除。

年度利润总额，是指企业依照国家统一会计制度的规定计算的年度会计利润。允许公益性捐赠支出在税前按比例扣除，主要是为了鼓励企业支持社会公益事业，促进我国社会公益事业的发展。

公益性捐赠，是指企业通过公益性社会团体或者县级以上人民政府及其部门，用于《中华人民共和国公益事业捐赠法》规定的公益事业的捐赠。公益事业的具体范围包括：

（1）救助灾害、救济贫困、扶助残疾人等困难的社会群体和个人的活动；

（2）教育、科学、文化、卫生、体育事业；

（3）环境保护、社会公共设施建设；

（4）促进社会发展和进步的其他社会公共和福利事业。

捐赠资产的价值，按以下原则确认：

（1）接受捐赠的货币性资产，应当按照实际收到的金额计算；

（2）接受捐赠的非货币性资产，应当以其公允价值计算。

2.工资薪金支出的税前扣除。

企业发生的合理的工资薪金支出，准予扣除。工资薪金，是指企业每一纳税年度支付给在本企业任职或者受雇的员工的所有现金形式或者非现金形式的劳动报酬，包括基本工资、奖金、津贴、补贴、年终加薪、加班工资，以及与员工任职或者受雇有关的其他支出。

工资薪金总额，是指企业按照有关规定实际发放的工资薪金总和，不包括企业的职工福利费、职工教育经费、工会经费以及养老保险费、医疗保险费、失业保险费、工伤保险费、生育保险费等社会保险费和住房公积金。属于国有性质的企业，其工资薪金，不得超过政府有关部门给予的限定数额；超过部分，不得计入企业工资薪金总额，也不得在计算企业应纳税所得额时扣除。工资薪金合理性的判断标准，主要包括两个方面：

（1）员工实际提供了服务；

（2）报酬总额在数量上是合理的。

实践中，判断是否为合理的工资薪金时，主要考虑员工的职责、报酬情况，以及员工的业务量和工作的复杂程度等相关因素。同时，还要考虑当地同行业员工平均工资水平。

3.社会保险费的税前扣除。

企业依照国务院有关主管部门或者省级人民政府规定的范围和标准为职工缴纳的基本养老保险费、基本医疗保险费、失业保险费、工伤保险费、生育保险费等基本社会保险费和住房公积金，准予扣除。企业为投资者或者职工支付的补充养老保险费、补充医疗保险费，在国务院财政、税务主管部门规定的范围和标准内，准予扣除。

自 2008 年 1 月 1 日起，企业为在本企业任职或者受雇的全体员工支付的补充养老保险费、补充医疗保险费，分别在不超过职工工资总额的 5% 标准内的部分，在计算应纳税所得额时准予扣除；超过的部分，不予扣除。

除企业依照国家有关规定为特殊工种职工支付的人身安全保险费和国务院财政、税务主管部门规定可以扣除的其他商业保险费外，企业为投资者或者职工支付的商业保险费，不得扣除。

4.职工福利费等的税前扣除。

（1）企业发生的职工福利费支出，不超过工资薪金总额 14% 的部分，准予扣除。

（2）企业拨缴的工会经费，不超过工资薪金总额 2% 的部分，准予扣除。

（3）除国务院财政、税务主管部门另有规定外，企业发生的职工教育经费支出，不超过工资薪金总额 8% 的部分，准予扣除；超过部分，准予在以后纳税年度结转扣除。

（六）不得扣除项目

在计算应纳税所得额时，下列项目不得从收入总额中扣除。

1.向投资者支付的股息、红利等权益性投资收益款项。

2.企业所得税税款。

3.税收滞纳金。

4.罚金、罚款和被没收财物的损失。

5.超过年度利润总额 12% 的公益性捐赠支出。

6.赞助支出。指企业发生的与生产经营活动无关的各种非广告性质支出。

7.未经核定的准备金支出。指不符合国务院财政、税务主管部门规定的各项资产减值准备、风险准备等准备金支出。

除财政部和国家税务总局核准计提的准备金可以税前扣除外，其他行业、企业计提的各项资产减值准备、风险准备等准备金均不得税前扣除。2008 年 1 月 1 日前按照原企业所得税法规定计提的各类准备金，2008 年 1 月 1 日后，未经财政部和国家税务总局核准的，企业以后年度实际发生的相应损失，应先冲减各项准备金余额。

8. 企业之间支付的管理费、企业内营业机构之间支付的租金和特许权使用费，以及非银行企业内营业机构之间支付的利息。

9. 与取得收入无关的其他支出。

（七）亏损弥补

税法规定，纳税人发生年度亏损的，可以用下一纳税年度的所得弥补；下一纳税年度的所得不足以弥补的，可以逐年延续弥补，但是延续弥补期最长不得超过五年。

（八）关联企业应纳税所得额的调整

根据《中华人民共和国税收征收管理法实施细则》的规定，存在下列关系之一的企业、公司和其他组织为关联企业：

1. 在资金、经营、购销等方面存在直接或者间接的拥有或者控制关系；

2. 直接或者间接地同为第三者所拥有或者控制；

3. 在利益上具有相关联的其他关系。

纳税人与关联企业的业务往来，应按独立企业之间的业务往来收取或支付价款、费用。如果未按独立企业之间的业务往来收取或支付价款、费用而减少其应税收入或应税所得的，税务机关有权进行合理调整。调整的方法是：① 按照独立企业之间进行的相同或类似业务活动的价格；② 按照再销售给无关联关系的第三者的价格所应取得的收入和利润水平；③ 按照成本加合理的费用和利润；④ 按照其他合理的方法。

4.2.2　企业所得税会计基础

（一）当期计列法与跨期所得税分摊

在进行所得税会计处理时，对税前会计利润与应税所得之间的差异，是按照应税所得与现行所得税率计算的所得税金额作为本期所得税费用，还是按照收益与费用配比原则计算的所得税作为本期所得税费用；企业发生的暂时性差异，是否需要在会计报表上作为一项要素予以确认和计量，即所得税费用是采用当期计列法，还是采用跨期所得税分摊法。这两种方法从不同角度分析了所得税费用与税前会计利润或应税所得之间的关系，以及暂时性差异的所得税影响是否构成资产或负债的定义。

1. 当期计列法（应付税款法）。

当期计列法是以企业纳税申报表上所列示的本期应付所得税作为本期所得税费用，列入利润表。采用这种方法，会计准则与税法之间产生的各种差异均于本期确认所得税费用，本期所得税费用等于本期应交所得税。当期计列法的基本观点是：所得税与应税所得存在着必然的联系。所得税只来源于应税所得，即只有当经济事项的所得与确定该期的应税所得结合起来时，才产生所得税。会计核算的重点放在当发生应税所得时，对当期所得税费用才予以确认，而不必将所得税与企业的税前会计利润联系起来。

2. 跨期所得税分摊。

跨期所得税分摊是将暂时性差异所产生的未来所得税影响数分别确认为负债或资产，并将此所得税影响数递延至以后期间分别确认为所得税费用（或利益）。采用这种方法，本期发生的暂时性差异在资产负债表上确认为一项负债或一项资产，同时确认本期所得税费用（或利益）。跨期所得税分摊的基本观点是：在交易或事项影响会计报表收益的期间，应当确认同期对所得税费用的纳税影响。所得税是由交易或事项引起的，一个时期的经营成果与所得税有密切的联系，因此，当交易或事项产生会计收益时，应于同期间确认所得税费用，以遵循配比原则。采用跨期所得税分摊所计算的本期所得税费用直接与本期税前会计利润相联系，能真实反映企业各期的净利润。

（二）所得税的性质

确定所得税的性质是确定采用当期计列法还是采用跨期所得税分摊进行所得税会计处理的前提。

1. 所得税作为收益的分配。

主张所得税作为收益的分配者认为，企业本期利润中负担的所得税是企业纯收入的一部分，其性质是利润的分配，而不是费用。在这种观点下，所得税的性质与股利性质类似，股利是支付给股东的，所得税是支付给政府的。

2. 所得税作为一项费用。

主张所得税作为一项费用者认为，企业为最终获得净利润而发生的一切支出都是费用，所得税也是为了使企业最终获得净利润而发生的支出，应将所得税作为一项费用。费用通常指企业为了取得一定收入或进行生产、经营活动而导致企业经济利益的减少，这种经济利益的减少主要表现为资产的流出或负债的增加，所得税也是企业为取得一定的收益而发生的资产流出，因此，应将其作为费用处理。国际会计准则理事会以及世界上一些主要国家均把所得税作为一项费用，在净利润前扣除。

（三）所得税的分摊（摊配）

所有暂时性差异都会对所得税产生影响，而这些影响应与产生这些暂时性差异的经济事项的会计报告相匹配。所得税的分摊主要有部分分摊和全部分摊两种。

1. 部分分摊。

部分分摊下，企业对非重复发生的暂时性差异才做跨期所得税分摊，而对那些重复发生的暂时性差异则不做跨期所得税分摊。在重复发生暂时性差异的情况下，由于那些重复发生的暂时性差异，在原有暂时性差异转回时又发生新的暂时性差异予以抵销，而使原确认的暂时性对所得税的影响金额永远不需要支付或不可抵减，会计确认今后不能转回的暂时性差异对所得税的影响金额毫无意义。如固定资产折旧，财务会计采用直线法计提，税法上按年数总和法计算，在资产有效使用期限的前一段期间，会产生应纳税暂时性差异，而在后一段期间转回时会产生应税所得。但在转回应纳税暂时性差异时因又购置了新的固定资产，产生新的应纳税暂时性差异，抵销了原应转回的暂时性差异。因此，主张部分分摊法者认为，此种差异所产生的递延负债是一种或有负债，通常不会产生现金流出，所以不应确认由此产生的所得税影响，即不需要做跨期所得税分摊。采用部分分摊法时，只对那些预期在未来能够转回的暂时性差异对所得税的影响，予以确认、计量并递延。

2.全部分摊。

全部分摊法下，企业在进行所得税会计处理时，无论是对重复发生的，还是对非重复发生的暂时性差异，都确认对所得税的影响。主张全部分摊法者认为，根据暂时性差异的定义可知，每个暂时性差异都可以转回，而不受未来事项的影响。会计应以本期或过去交易或事项作为基础进行确认、计量，而不应将预测未来可能产生的交易或事项与过去交易或事项进行抵销。未来可能产生的暂时性差异对所得税的影响与已确认的暂时性差异对所得税的影响的抵销，并不意味着这种暂时性差异的纳税影响不能确切计量，尽管两个经济事项的纳税影响可以互相抵销，但并不影响它们各个独立地确认和计量。部分分摊法是基于经济持续繁荣，并且不发生任何意外的假设下，在这一假设不成立时，往往导致递延所得税账户的部分或全部结算，即可能造成未来所得税的支付或所得税减少，而账簿记录是反映现存事项的经济结果，会计不能建立在有疑问的假设基础上，因此，无论是重复发生的，还是非重复发生的暂时性差异对所得税的影响，均应做跨期所得税分摊。

（四）所得税的跨期分摊（摊配）

由于存在暂时性差异，会计利润与应税利润可能不同，究竟是以本期应税利润计算的应付所得税作为本期所得税费用，还是以本期会计利润计算的所得税影响数作为本期所得税费用，目前仍有不同的看法。如果以每期应付所得税作为本期所得税费用，则无跨期分摊问题。如果以每期会计利润计算的所得税影响数作为所得税费用，则因会计上的收入可能在其他年度课税，其费用也可能在其他年度抵减应税利润，即产生跨期分摊问题。

（五）永久性差异

永久性差异是指某一会计期间，由于会计准则和税法在计算收益、费用或损失时的口径不同、标准不同，所产生的税前会计利润与应税所得之间的差异。这种差异的特征是：它不影响其他会计期间，也不会在其他期间得到弥补。

永久性差异有三种基本类型。

1.可免税收入。

有些项目的收入，财务会计确认为收益，但税法则规定其不作为应纳税所得额。如企业购买国库券的利息收入，依税法免税，但财务会计同样将这种投资收益纳入利润总额。

2.税法规定作为应税收益的非会计收益。

有些项目的收入，在财务会计上并非收入，但税法则将其作为收入征税。如企业与关联企业以不合理定价手段减少应纳税所得额，税法规定税务机关有权合理调整增加应纳税所得额。

3.不可扣除的费用或损失。

有些项目的支出在财务会计上列为费用或损失，但税法上不予认定，因而计算应税利润时，应将这些项目的支出计入利润总额一并计税。这些项目主要有两种情况。

（1）范围不同。即财务会计上作为费用或损失的项目，在税法上不作为扣除项目处理。

范围不同的项目主要有：① 违法经营的罚款和被没收财物的损失；② 各项税收滞纳金、罚金和罚款；③ 各种非救济性、非公益性捐赠和赞助支出。这些项目金额，在财务会计上可列为营业外支出，但税法规定不得扣减应税所得，要照章计税。

（2）标准不同。即财务会计上作为费用或损失的项目，税法虽规定可作为扣除项目处理，但也规定了扣除限额，超限额部分在财务会计上仍作为费用或损失处理，但税法上不允许抵扣应税利润。

标准不同的项目主要有以下 5 个。① 利息支出。会计制度规定利息支出可在费用中据实列支，但税法规定向非金融机构借款的利息支出，高于按照金融机构同类、同期贷款利率计算的数额的部分，要作为计税利润。② 工资性支出。会计制度允许企业的一切工资、奖金全部进入成本费用，但税法规定由省、自治区、直辖市人民政府制定计税工资标准，企业工资资金实发数超过计税工资标准的部分要缴纳所得税。③ "三项经费"。会计制度规定企业应按职工实发工资总额计提职工工会经费、职工福利费和职工教育经费，而税法规定分别按照计税工资总额的 2%、14%、8% 计算扣除职工工会经费、职工福利费和职工教育经费，超额部分不得扣减应税利润。④ 公益性、救济性捐赠。为了鼓励企业兴办社会公益事业，税法和会计制度都规定此项支出可列入营业外支出，但税法规定在年度应纳税所得额 12% 以内的部分准予扣除，超额部分可结转以后年度扣除。⑤ 业务招待费。会计制度规定业务招待费列为管理费用，可税前扣除，但税法规定超过按企业全年营业收入一定比例计算的部分，要作为应税利润处理。

永久性差异不会在将来产生应税金额或可扣除金额，不存在跨期分摊问题。也就是说，当期的永久性差异只影响当期的应税收益，不会影响以后各期的应税收益，因而，永久性差异不必做账务调整处理。

【例 4-1】某企业某年利润总额为 10 万元，该年度"财务费用"账户贷方列有企业购买国库券的利息收入 0.5 万元；"财务费用"账户借方列有向非金融机构流动资金借款高于金融机构同类同期贷款利率计算的利息支出 0.2 万元；"管理费用"账户借方列有超过计税工资标准的工资 0.8 万元，列有多提的职工工会经费 0.016 万元、职工福利费 0.112 万元、职工教育经费 0.012 万元；"营业外支出"账户借方列有非公益性、救济性捐赠及赞助费 1 万元，列有罚款及滞纳金 0.3 万元，列有公益性捐赠支出 5 万元。计算该企业本年应纳税所得额。

（1）纳税调整前所得：年利润总额 =10 万元

（2）公益性捐赠支出扣除限额 =10×12% =1.2（万元）

本年度不得扣除的公益性捐赠支出 =5-1.2=3.8（万元）

（3）纳税调整增加额 =0.2+0.8+0.016+0.112+0.012+1+0.3+3.8=6.24（万元）

（4）纳税调整减少额 =0.5万元

（5）应纳税所得额 =10+6.24-0.5=15.74（万元）

（六）暂时性差异

暂时性差异是由税收法规与会计准则确认时间或计税基础不同而产生的差异。有"时间性差异"和"其他差异"之分。前者源于会计准则对收入与费用的确认期间不同于税收法规要求的申报期间；后者则源于会计准则对资产或负债账面价值的确定不同于税收法规规定的收税基础。暂时性差异不仅影响当期的应税收益，而且影响以后各期的纳税额。因此，暂时性差异需要进行账务调整。

1.时间性差异。

时间性差异按其对会计收益与应税收益的影响，可分为两种情况：未来会产生应税金额和未来会产生可扣除金额。

（1）未来会产生应税金额。

未来应税收益大于未来税前会计收益，在以后年度会产生应税金额。其产生原因主要有以下两个方面。

① 一些收入和利得项目包括在税前会计收益中的期间，早于它们包括在应税收益中的期间。如股票投资采用权益法处理，当被投资企业有盈利时，投资企业必须按持股比例确认投资收益，但报税时则等到实际收到股利时再予确认，因而在以后期间会增加应税收益。

② 一些费用和损失项目抵减应税收益的期间，早于减少税前会计收益的期间。如计提固定资产的折旧，在报税时采用加速折旧法，而在财务会计上则采用直线法，在固定资产使用的前半期，报税时确认的折旧费用大于会计上确认的折旧费用，因而会产生应税金额。

（2）未来会产生可扣除金额。

未来会产生的可扣除金额是指应税利润大于会计利润的时间性差异，在以后年度会产生可扣除金额。其产生原因主要有以下两个方面。

①一些收入和利得项目计入应税收益的期间，早于计入税前会计收益的期间。例如，提前收取的租金、利息、使用费，在收到时就计税，但财务会计要求在以后实际提供服务时才确认为收入。又如，"售后回租"利得在出售时就应纳税，但财务会计要求在租赁合同期满才应将其确认为收入。

②一些费用和损失项目抵减税前会计收益的期间，早于减少应税收益的期间。例如，预提产品质量保证费用，财务会计上应在销货时预提并计列为费用，而税务会计上则在实际发生时才作为费用扣除，因而产生可扣除金额。

税法规定与会计准则对收入、利得和费用、损失的相关规定不一致，而使本期应税利润与会计利润之间产生了暂时性差异，同时会使资产或负债的计税基础与账面价值之间产生暂时性差异。这种暂时性差异的特点如下。①不仅影响本期和前期的税前会计收益和应税收益，而且影响相关未来时期所报告的税前会计收益和应税收益。②随着时间的推移，这种差异会在以后期间转回，使税前会计收益和应税收益的总和相等。

2. 其他暂时性差异。

除了时间性差异外，还有其他因税法规定而使资产或负债的计税基础与账面价值不同而产生的暂时性差异。例如企业合并，采取购买法时，被合并企业的资产或负债在会计上按公允价值入账，而税法规定报税时按原账面价值计算，这会导致合并后的计税基础与账面价值之间产生差异。

4.2.3　企业所得税会计处理

（一）会计账户的设置

与企业所得税分摊方法对应，在所得税会计中，有应付税款法与纳税影响会计法之分。企业可选择其一。

企业在选择应付税款法时，应设置"所得税费用"和"应交税费——应交所得税"账户。

企业在选择纳税影响会计法时，应设置"所得税费用""递延所得税""应交税费——应交所得税"账户。

"所得税费用"账户是损益类账户，借方发生额反映企业计入本期损益的所得税税额，贷方发生额反映转入"本年利润"账户的所得税税额，期末转本年利润后，"所得税费用"账户无余额。

"递延所得税"账户核算企业暂时性差异造成的税前会计利润与纳税所得之间的差额所产生的影响纳税的金额，以及以后各期转销的金额。该账户贷方发生额反映企业本期税前会计利润大于纳税所得产生的暂时性差异影响纳税的金额，及本期转销已确认的暂时性差异对纳税影响的借方金额；借方发生额反映企业本期税前会计利润小于纳税所得产生的暂时性差异影响纳税的金额，以及本期转销已确认的暂时性差异对纳税影响的贷方金额；期末贷方（或借方）余额反映尚未转销的暂时性差异影响纳税的金额。采用债务法时，"递延所得税"账户的贷方或借方发生额还反映税率变动的递延所得税金额。

企业接受捐赠的非现金资产未来应交的企业所得税，应贷记"递延所得税"账户；企业使用、摊销或处置接受捐赠的非现金资产时，按规定应交的所得税，借记"递延所得税"账户。企业接受捐赠的非现金资产，应在弥补当年亏损后，以其余额计算缴纳所得税。此时，企业一般不再递延纳税。

"递延所得税"账户的期末贷方（或借方）余额，反映尚未转回的暂时性差异影响所得税的金额。

"应交税费——应交所得税"账户的贷方记当期应交的企业所得税，借方记实际上缴的企业所得税，期末贷方或借方余额，反映尚未缴纳或多交的企业所得税。

（二）企业所得税会计处理的基本方法

1.预缴企业所得税的会计处理。

期末计算应预缴的企业所得税时。

借：所得税费用

　　贷：应交税费——应交所得税

预缴企业所得税时。

借：应交税费——应交所得税

　　贷：银行存款

2.汇算清缴企业所得税的会计处理。

（1）采用应付税款法。

计提应补缴的企业所得税时。

借：所得税费用

　　贷：应交税费——应交所得税

实际上缴税款时。

借：应交税费——应交所得税

　　贷：银行存款

（2）采用纳税影响会计法。

计提应补缴的企业所得税时（需减去或加上本期发生的递延所得税）。

借：所得税费用

　　递延所得税

　　贷：应交税费——应交所得税

（或：递延所得税）

实际上缴税款时。

借：应交税费——应交所得税

　　贷：银行存款

（三）应付税款法的会计处理

应付税款法是企业不确认暂时性差异对企业所得税的影响金额，以定期计算的应交所得税作为所得税费用的方法。根据应交的所得税，借记"所得税费用"账户，贷记"应交税费——应交所得税"账户。

在应付税款法下，本期发生的暂时性差异不单独处理，与本期发生的永久性差异同样处理。将全部税前会计利润差异调整为应税所得，再按应税所得计算应交所得税，并作为本期所得税费用，即本期所得税费用等于本期应交所得税。暂时性差异产生的影响所得税的金额，在会计报表中不反映为一项负债或一项资产，企业仅需在会计报表附注中说明其影响即可。

【例4-2】某企业某年税前账面利润20万元。在"财务费用"账户贷方列入国库券利息收入1万元，在借方列入高于金融机构同类同期贷款利率计算的非金融机构流动资金借款利息费0.5万元；在"管理费用"账户借方列入超过计税工资标准的工资2万元，列入多提的职工工会经费0.04万元、职工福利费0.28万元、职工教育经费0.03万元；在"营业外支出"账户借方列入非公益性、救济性捐赠及赞助费2.5万元，列入各种罚款及滞纳金0.5万元，列入超过当年利润总额12%的公益性捐赠支出0.6万元。该企业所得税税率25%。应做会计分录如下。

（1）计算应交税费时。

纳税调整增加额=0.5+2+0.04+0.28+0.03+2.5+0.5+0.6=6.45（万元）

纳税调整减少额=1万元

应纳税所得额=税前账面利润+纳税调整增加额−纳税调整减少额=20+6.45−1=25.45（万元）

应纳所得税=应纳税所得额×所得税税率=25.45×25%=6.362 5（万元）

借：所得税费用　　　　　　　　　　　　　63 625

　　贷：应交税费——应交所得税　　　　　　　　　63 625

（2）期末结转所得税费用时。

借：本年利润　　　　　　　　　　　　　63 625

　　贷：所得税费用　　　　　　　　　　　　　63 625

【例4-3】某外商投资企业在中国境内设A、B两个分支机构。A机构设在经济开发区，其所得税减按15%的税率缴纳；B机构设在其他地区，其所得税税率为25%。2017年，A机构发生亏损50万元，B机构盈利100万元；2018年，A机构盈利65万元，B机构盈利95万元。该企业选定B机构为合并申报缴纳所得税。根据税法有关规定，计算2017年B机构应纳所得税并做会计分录如下。

（1）应纳税所得额=100−50=50（万元）

（2）应纳所得税=50×25%=12.5（万元）

（3）计提所得税时。

借：所得税费用　　　　　　　　　　　　　125 000

　　贷：应交税费——应交所得税　　　　　　　　　125 000

计算 2018 年 A 机构应纳所得税并做会计分录如下。

（1）A 机构应纳税额 ＝（650 000－500 000）×15％ ＝22 500（元）

（2）B 机构应纳税额 ＝950 000×25％ ＝237 500（元）

（3）整个企业应纳税额 ＝22 500+237 500＝260 000（元）

（4）计提所得税时。

借：所得税费用　　　　　　　　　　　　　　　　　260 000

　　贷：应交税费——应交所得税　　　　　　　　　　　260 000

（四）纳税影响会计法的会计处理

纳税影响会计法是将本期暂时性差异的所得税影响金额，递延和分配到以后各期，即将本期产生的暂时性差异对所得税的影响采取跨期分摊的办法。采用纳税影响会计法，所得税被视为企业在获得收益时发生的一种费用，应随同有关的收入和费用计入同一期内，以达到收入和费用的配比。时间性差异影响的所得税金额包括在利润表的"所得税费用"项目内，以及资产负债表中的递延所得税里。

1. 在时间性差异影响期内，所得税税基、税率没有发生变化。

在采用纳税影响会计法进行所得税会计处理时，如果预计时间性差异的影响期内所得税税基、税率不变，则本期发生的时间性差异对未来所得税的影响额，表明今后转回时间性差异时应付或可抵减的所得税税额。

与应付税款法相比，纳税影响会计法有三个特点：① 需要在每期确认时间性差异对未来所得税的影响金额，并作为本期所得税费用的组成部分；② 虽然两种所得税会计处理方法对永久性差异的处理一致，但两者的核算基础不同，应付税款法是在实现制的基础上进行会计处理，纳税影响会计法是在应计制的基础上进行会计处理；③ 采用纳税影响会计法时，若不存在永久性差异和其他特殊情况，则本期的所得税费用等于按税前利润总额乘以所得税税率计算的所得税费用。如某企业本期税前利润总额为 10 万元，本期发生的应税时间性差异为 1 万元，没有永久性差异，企业所得税税率为30％，则本期应交所得税 2.7 万元（9×30％），本期递延所得税贷方发生额 0.3 万元（1×30%），本期所得税费用 3 万元（2.7+0.3），说明本期所得税费用反映现行所得税税率 30%（3÷10×100%）。

【例 4-4】某企业某项设备按照税法规定使用十年，按照会计规定使用五年。该项固定资产原价 1 000 万元（不考虑净残值）。假设该企业每年实现税前会计利润 2 500 万元，第六年起由于该项固定资产折旧期限已满，不再提取折旧。在其他因素不变的情况下，该企业第六年至第十年每年实现的税前会计利润应为 2 700 万元。该企业企业所得税税率为 25%。根据上述业务，企业应作以下会计处理。

（1）按使用年限为十年提取折旧，每年应提折旧额 =1 000÷10=100（万元）

（2）按使用年限为五年提取折旧，每年应提折旧额 =1 000÷5=200（万元）

（3）暂时性差异 =200-100=100（万元）

（4）按照税前会计利润计算的企业所得税 =2 500×25% =625（万元）

（5）按照税法规定计算的应交企业所得税 =（2 500+100）×25% =650（万元）

（6）暂时性差异对所得税的影响 =100×25% =25（万元）

（7）第一年账务处理如下。

借：所得税费用   6 250 000

    递延所得税   250 000

    贷：应交税费——应交所得税   6 500 000

第二年、第三年、第四年、第五年的账务处理，与第一年相同。

（8）第六年账务处理如下。

按照税前会计利润计算的企业所得税 =2 700×25% =675（万元）

按照税法规定计算的应交企业所得税 =（2 700-100）×25% =650（万元）

借：所得税费用   6 750 000

    贷：递延所得税   250 000

        应交税费——应交所得税   6 500 000

第七年、第八年、第九年、第十年的账务处理，与第六年相同。

2.在时间性差异影响期内，所得税税基、税率发生变化。

（1）递延法。

递延法是将本期时间性差异产生的影响所得税的金额，递延和分配到以后各期，并同时转回原已确认的时间性差异对本期所得税的影响金额。递延法的特点如下。一是在递延法下，资产负债表反映的递延所得税余额并不代表全部收款的权利或付款的义务。采用递延法进行会计处理时，递延所得税的账面余额是按照产生时间性差异的时期所适用的企业所得税税率计算确认，而不是用现行税率计算的，在税率变动时，对递延所得税的账面余额不做调整。即递延所得税账面余额不符合负债和资产的定义，不能完全反映为企业的一项负债或一项资产。二是本期发生的时间性差异影响所得税的金额，用现行税率计算，以前发生而在本期转回的各项时间性差异影响所得税的金额，一般用当初的原有税率计算。

采用递延法时，一定时期的所得税费用包括本期应交企业所得税与本期发生或转回的时间性差异所产生的递延所得税贷项或借项金额。本期应交企业所得税是按照应税所得和现行企业所得税税率计算的；本期发生或转回的时间性差异所产生的递延所得税贷项或借项金额是本期发生的时间性差异用现行所得税税率计算的未来应交企业所得税和未来可抵减的企业所得税，以及本期转回原确认的递延所得税借项或贷项金额。按本期所得税费用的构成内容，其计算公式如下：

本期所得税费用 = 本期应交企业所得税 + 本期发生的时间性差异所产生的递延所得税贷项金额 - 本期发生的时间性差异所产生的递延所得税借项金额 + 本期转回的前期确认的递延所得税借项金额 - 本期转回的前期确认的递延所得税贷项金额

本期发生的时间性差异所产生的递延所得税贷项金额 = 本期发生的应纳税时间性差异 × 现行企业所得税税率

本期发生的时间性差异所产生的递延所得税借项金额 = 本期发生的可抵减时间性差异 × 现行企业所得税税率

本期转回的前期确认的递延所得税借项金额 = 本期转回的可抵减本期应税所得额的时间性差异（即前期确认的本期转回的可抵减时间性差异）× 前期确认递延所得税时的企业所得税税率

本期转回的前期确认的递延所得税贷项金额 = 本期转回的增加本期应税

所得额的时间性差异（即前期确认本期转回的应税时间性差异）× 前期确认递延所得税时的企业所得税税率

【例4-5】某企业发生固定资产改良支出12万元，税法规定可在不短于五年的期间内分期摊销。该企业决定：在计算税前账面利润时，按六年摊销，每年摊销2万元；在申报所得税，计算应纳税所得额时，仍按五年摊销，每年摊销2.4万元。假定该企业每年税前利润10万元，第一年至第二年适用的企业所得税税率为33%，从第三年起适用的企业所得税税率改为25%，该企业采用递延法处理时间性差异。应做会计处理如下。

按五年摊销，每年摊销2.4万元；按六年摊销，每年摊销2万元。这样，前五年每年产生的时间性差异为0.4万元。

（1）第一年。

所得税费用 = 税前利润 × 所得税税率 =10×33% =3.3（万元）

应交所得税 =（税前利润 - 时间性差异）× 所得税税率 =（10-0.4）×33% =3.168（万元）

递延所得税 = 所得税费用 - 应交所得税 =3.3-3.168=0.132（万元）

或时间性差异 × 所得税税率 =0.4×33% =0.132（万元）

借：所得税费用   33 000

    贷：应交税费——应交所得税   31 680

        递延所得税   1 320

（2）第二年。

会计处理同第一年。

（3）第三年。

所得税费用 =10×25% =2.5（万元）

应交所得税 =（10-0.4）×25% =2.4（万元）

递延所得税 =2.5-2.4=0.1（万元）

借：所得税费用   25 000

    贷：应交税费——应交所得税   24 000

        递延所得税   1 000

（4）第四年和第五年。

会计处理同第三年。

（5）第六年。

转销递延所得税余额 =0.132+0.132+0.1+0.1+0.1=0.564（万元）

应交所得税 =（税前利润 + 时间性差异）× 现行税率 =（10+2）×25％ =3（万元）

所得税费用 = 应交所得税 − 应转销递延所得税余额 =3-0.564=2.436（万元）

借：所得税　　　　　　　　　　　　　　　　　　24 360

　　递延所得税　　　　　　　　　　　　　　　　 5 640

　　贷：应交税费——应交所得税　　　　　　　　30 000

（2）债务法。

债务法亦称负债法，可进一步分为利润表债务法与资产负债表债务法。

① 利润表债务法。

利润表债务法是将时间性差异对未来所得税的影响看作对本期所得税费用的调整，其特点是当预期税率发生变动或税基发生变动时，必须对已发生的递延所得税按现行税率进行调整。这种方法下的所得税费用计算过程为：首先计算当期所得税费用，然后再计算当期应交税额，最后倒挤出本期发生的递延所得税资产（负债）。故而本期所得税费用等于本期应交所得税加（减）本期发生的递延所得税负债（资产），加（减）由于税率变动或税基变动时，以前各期确认的递延所得税负债（资产）账面余额的调整数。其基本公式表示如下：

本期所得税费用 = 本期应交所得税 + 本期发生的时间性差异所产生的递延所得税负债 − 本期发生的时间性差异所产生的递延所得税资产 + 本期转回的前期确认的递延所得税资产 − 本期转回的前期确认的递延所得税负债 + 本期因企业所得税税率变动调减的递延所得税资产或调增的递延所得税负债 − 本期因企业所得税税率变动调增的递延所得税资产或调减的递延所得税负债

本期因税率变动调增或调减的递延所得税资产或递延所得税负债 = 累计应纳税时间性差异或累计可抵减时间性差异 ×（现行企业所得税税率 − 前期确认应纳税时间性差异或可抵减时间性差异时适用的企业所得税税率）

或者 = 递延所得税账面余额 − 已经确认递延所得税金额的累计时间性差异 × 现行企业所得税税率

在利润表债务法下，本期所得税费用（或利润），通常应在同一期间的利润表净利润（或亏损）前列示。在资产负债表中，递延所得税贷项和递延所得税借项，应按其流动性与长期性分别列示。"递延所得税"账户的贷方发生额，反映企业本期税前会计利润大于应税所得产生的时间性差额影响纳税的金额，以及本期转销已确认的时间性差额对纳税影响的贷方数额；本账户期末贷方（或借方）余额，反映尚未转销的时间性差异影响纳税的金额。采用负债法时，"递延所得税"账户的借方或贷方发生额，还反映因税率变动调整的递延所得税金额。

企业应在"递延所得税"账户下，按照时间性差异的性质、时间分类进行明细核算。此外，企业还应设置递延所得税备查登记簿，详细记录发生时间性差异的原因、时间性差异的金额、预计转销期限、已转销数额等。

② 资产负债表债务法。

资产负债表债务法是从产生暂时性差异的根源出发，分析暂时性差异产生的原因及其对期末资产负债的影响。

资产负债表债务法是以估计转销年度的所得税税率为依据，计算递延所得税的一种所得税会计处理方法。在资产负债表债务法下，应确认所有的递延所得税资产和递延所得税负债，其目的在于使资产负债表上递延所得税相关项目金额更有实际意义。相对而言，利润表债务法只确认暂时性差异引起的递延所得税借项和贷项。资产负债表债务法和利润表债务法的分析方法有所不同。

在资产负债表债务法下，应首先按照本期应税所得和适用税率确认应交所得税费用（或利益）；其次根据期末暂时性差异及结转以后年度的本期弥补亏损与所得税抵减，计算递延所得税负债（或资产）的期末余额，并将递延所得税负债（或资产）的期末余额与期初余额的差额，作为递延所得税费用（或利益）；最后将应交所得税费用（或利益）加上递延所得税费用（或利益），即可得到所得税费用（或利益），用公式表示如下：

本期所得税费用（或利益）= 本期应交所得税 +（期末递延所得税负债 −

期初递延所得税负债）-（期末递延所得税资产-期初递延所得税资产）=（应税所得-本期弥补的亏损）×适用税率-所得税抵减

递延所得税费用=（递延所得税负债期末余额-递延所得税负债期初余额）+[递延所得税资产（扣除备抵）期初余额-递延所得税资产（扣除备抵）期末余额]

所得税费用（或利益）=应交所得税费用（或利益）+递延所得税费用（或利益）

资产负债表债务法可用于对所有暂时性差异进行处理，处理时应遵循以下步骤：a.确定一项资产或负债的税基；b.分析、计算暂时性差异；c.确认暂时性差异造成的递延所得税负债（或资产）；d.将递延所得税负债（或资产）及相应的所得税费用或收益在报表中予以列示。

③ 利润表债务法与资产负债表债务法的共同点。

利润表债务法与资产负债表债务法有不少共同之处，主要表现在以下方面。

a.理论基础相同，都是业主权益论。资产负债表债务法与利润表债务法都认为所得税是一项费用而非收益分配，两者都认为所得税是企业为最终获得净利润而发生的支出，符合费用的定义和性质。

b.符合持续经营假设和配比原则。资产负债表债务法与利润表债务法都确认时间性差异对所得税的影响，并递延和分配到以后各期，因此，它们都符合持续经营假设和配比原则。

c.符合权责发生制原则。在税率发生变动时，要求调整递延所得税余额，调整为按变动后的税率计算的金额。因此，递延所得税税款均表示未来应收和应付的所得税。

d.两种方法的计算结果一般都是相同的。因为利润表债务法在实务中采用与处理时间性差异一样的方法处理暂时性差异，这就决定两种方法的会计处理结果一般都是相同的。

④ 利润表债务法与资产负债表债务法的不同点。

利润表债务法与资产负债表债务法也有不同之处，主要表现在以下方面。

a. 利润表债务法与资产负债表债务法作为债务法下的两种不同分析方法，最主要的区别在于进行所得税会计核算时，利润表债务法注重时间性差异，资产负债表债务法注重暂时性差异。时间性差异强调差异的形成以及差异的转回，是应税利润与会计利润间的差额，它在一个期间内形成，可在以后期间内转回。暂时性差异是指一项资产或负债的税基和在其资产负债表中的账面金额之间的差额，它更强调差异的内容；而一项资产或负债的税基则是指在计税时，应归属该项资产或负债的金额。因而从暂时性差异的内涵来看，暂时性差异比时间性差异的范围更为广泛，它不仅包括时间性差异，还包括不是时间性差异的其他暂时性差异。

b. 对收益的理解不同。采用利润表债务法，侧重利润表，认为利润表是受托责任报表，强调收益是收入与费用的配比，从而注重收入与费用在会计与税法中确认的差异；而资产负债表债务法提供了"全面收益"的概念，认为资产负债表是最可能提供决策相关内容的会计报表。与资产负债表债务法对比，利润表债务法确认和计量所得税资产和负债的标准不易把握，而且，采用资产负债表债务法可以提高企业在财务会计报表中对财务状况和未来现金流量做出恰当地评价和预测。

c. 对所得税费用的计算步骤不同。采用利润表债务法，应以利润表中的收入和费用为入手点，逐一确认收入和费用项目在会计和税法上的时间性差异，并将该时间性差异对未来所得税的影响看作对本期所得税费用的调整；而采用资产负债表债务法，则应以资产负债表中的资产和负债项目为入手点，逐一确认资产和负债项目的账面金额与其税基之间的暂时性差异。与利润表债务法不同，资产负债表债务法下的暂时性差异反映的是累计的差额，而非当期的差额。因此，只能将期末暂时性差异与期初暂时性差异的应纳税影响额视为对本期所得税费用的调整。

d. 对递延所得税概念的理解不同。除少数特例外，企业采用资产负债表债务法时应将全部暂时性差异确认为一项递延所得税资产或递延所得税负债，这扩大了递延所得税的范围，与利润表债务法下的递延所得税相比，资产负债表债务法下的递延所得税更具有现实意义。采用利润表债务法，首先应将时间性差异分为在未来期间的应纳税时间性差异和可抵减时间性差异，再将应纳税时间性差异乘以适用税率得出递延所得税负债，将可抵减时间性差异乘以适用税率得出递延所得税资产。由于时间性差异反映的是收入和费用在本期的差额，所以，此时确认的递延所得税资产和递延所得税负债应是本期的发生额；而在资产负债表债务法下，尽管将暂时性差异分为应纳税暂时性差异和可抵减暂时性差异，并由此确认递延所得税资产和递延所得税负债，但由于此时的暂时性差异是累计的差额，因而递延所得税资产和递延所得税负债反映的是资产和负债的账面价值。

（五）减免企业所得税的会计处理

纳税人申请减免税，应在年度终了后两个月内向主管税务机关提供以下书面资料。

（1）减免税申请报告。

减免税申请报告主要包括减免税依据、范围、年限、金额以及企业的基本情况等。

（2）财务报表。

（3）营业执照的复印件。

（4）根据不同减免税项目，税务机关要求提供的其他材料。

1. 先计后退的会计处理。

（1）计提企业所得税时。

借：所得税费用

　　贷：应交税费——应交所得税

（2）减免企业所得税时。

借：应交税费——应交所得税

　　贷：资本公积或盈余公积

2. 先交后退的会计处理。

（1）计提企业所得税时。

借：所得税费用

　　贷：应交税费——应交所得税

（2）上缴企业所得税时。

借：应交税费——应交所得税

　　贷：银行存款

（3）收到退税款时。

借：银行存款

　　贷：资本公积或所得税（股份公司）

3. 法定直接减免。

不做会计处理。

（六）捐赠涉及的企业所得税会计处理

1. 企业对外捐赠的涉税处理。

按照税法规定，企业将自产、委托加工的库存商品和外购的商品、原材料、固定资产、无形资产和有价证券等用于捐赠，应分别按对外销售和捐赠两项业务进行所得税处理，即税法规定企业对外捐赠应视同销售计算缴纳流转税及所得税。纳税人通过指定非营利机构进行的公益性捐赠，按税法规定在税前全额或部分扣除。

【例 4-6】甲公司 8 月将部分原材料通过国家指定的非营利组织向受灾害地区捐赠，捐出原材料的实际成本为 100 万元，在公开市场上的销售价格为 120 万元。假定甲公司为增值税一般纳税人，适用的增值税税率是 13%。甲公司对该批捐出原材料未计提跌价准备。甲公司当年按照会计制度确定的利润总额为 1 000 万元。会计处理如下。

应交增值税 =120×13%=15.6（万元）

捐赠扣除限额 =1 000×12% =120（万元），115.6 万元＜ 120 万元

公司当年应纳税所得额 =1 000+120-100=1 020（万元）

公司当年应交所得税 =1 020×25% =255（万元）

借：营业外支出　　　　　　　　　　　　　　　　　1 156 000

　　贷：原材料　　　　　　　　　　　　　　　　　　1 000 000

　　　　应交税费——应交增值税（销项税额）　　　　156 000

借：所得税费用　　　　　　　　　　　　　　　　　2 550 000

　　贷：应交税费——应交所得税　　　　　　　　　　2 550 000

2. 企业接受捐赠的涉税处理。

（1）接受货币性资产捐赠的会计处理。

企业接受捐赠的货币性资产，应借记"银行存款"账户等，贷记"应交税费——应交所得税""资本公积——接受现金捐赠"账户。年终，根据清算结果，按原计算的应交企业所得税与实际应交企业所得税之差，借记"应交税费——应交所得税"账户，贷记"资本公积——接受现金捐赠"账户。

（2）接受非货币性资产捐赠的会计处理。

企业接受捐赠的非货币性资产，须按接受捐赠时非货币性资产的入账价值确认捐赠收入，并入应纳税所得额，依法计算缴纳企业所得税。如接受捐赠的为存货等，捐出方代为支付的增值税税额，也应包括在当期应纳税所得额中。

企业接受捐赠的非货币性资产按税法规定确定的入账价值在扣除应交企业所得税后，计入资本公积，不确认收入、不计入接受捐赠当期的利润总额。企业接受捐赠的存货，用于生产经营或销售时，可按税法规定结转存货销售成本。

【例 4-7】甲公司于 2018 年度取得 B 公司捐赠的原材料一批，根据 B 公司提供的有关凭证，该批原材料的市场价格为 100 万元，B 公司同时为甲公司开具了增值税专用发票，注明的增值税税额为 13 万元，甲公司并未单独支付增值税。双方均为增值税一般纳税人，适用的增值税税率为 13%，甲公司将取得的捐赠物资作为原材料核算。甲公司 2018 年度利润总额为 1 000 万元。

借：原材料　　　　　　　　　　　　　　　　　　　1 000 000

　　应交税费——应交增值税（进项税额）　　　　　130 000

　　贷：营业外收入　　　　　　　　　　　　　　　　1 130 000

甲公司当期由于接受捐赠产生的纳税调整金额为 113 万元，包括接受捐赠取得的非货币性资产的价值以及 B 公司代为支付的增值税进项税额。

甲公司 2018 年度应纳税所得额 =1 000+113=1 113（万元）

甲公司 2018 年度应交企业所得税 =1 113×25% =278.25（万元）

（七）固定资产减值准备涉及的企业所得税会计处理

一般企业计提的资产减值准备主要有：存货跌价准备、坏账准备、固定资产减值准备、在建工程减值准备、无形资产减值准备、长期股权投资减值准备、持有至到期投资减值准备。企业计提坏账准备、存货跌价准备、持有至到期投资减值准备等的资产的价值又得以恢复的，应在已计提的减值准备金额内，按恢复增加的金额予以转回。根据《企业所得税法》第十条及《企业所得税法实施条例》第五十五条规定，不符合国务院财政、税务主管部门规定的各项资产减值准备、风险准备等准备金支出不得税前扣除。目前，仅对一些特定行业，如金融、保险、证券、期货、中小企业信用担保机构等按规定计提的准备金可准予税前扣除。对于一般企业而言，企业计提的资产减值准备均不得税前扣除。

企业计提固定资产减值准备时，因会计制度规定与税法规定不同而产生的差异，主要体现在两个方面：一是计提固定资产减值准备的当期，财务会计上，企业固定资产减值准备增加，会计利润减少，但税法规定固定资产减值准备不得税前扣除，因此，计算企业所得税应纳税所得额时，应做调增处理；二是在财务会计中，计提了减值准备的固定资产，其账面价值会减少，但税法规定不得因此调整计税基础，所以，固定资产账面价值小于其计税基础，应进行纳税调整。

【例 4-8】宜城公司于 2018 年 12 月购进一台不需要安装的生产用设备，价值1 000 万元，计税基础与其相同。预计使用年限 5 年（假设税法规定的折旧年限不少于5 年），预计净残值 50 万元，采用年限平均法计提折旧。2020 年末，宜城公司发现该设备发生减值，预计可收回金额为 500 万元。假设 2022 年 12 月，宜城公司将固定资产转让，取得处置收入 300 万元并存入银行。宜城公司适用的企业所得税税率为 25%，假设不考虑增值税及其他税种的处理，无其他调整项目。

宜城公司的所得税会计处理如下。

（1）2019年、2020年每年应计提折旧均为（1 000-50）÷5=190（万元）。

借：制造费用——折旧   1 900 000

    贷：累计折旧   1 900 000

会计折旧与税法折旧一致，无差异。

（2）2020年末计提减值准备。

应计提减值准备=1 000-190×2-500=120（万元）

借：资产减值损失——固定资产减值损失   1 200 000

    贷：固定资产减值准备   1 200 000

（3）2020年末提取的减值准备，不得在税前扣除，应申报调增应纳税所得额120万元，同时确认对所得税的影响。

递延所得税资产=120×25%=30（万元）

借：递延所得税资产   300 000

    贷：所得税费用   300 000

（4）2021年至2023年三年内，税法规定每年可税前扣除的折旧费仍为190万元。但财务会计上因提取了资产减值准备，需要重新计算折旧。

2021年至2023年每年提取的折旧=（1 000-50-190×2-120）÷3=150（万元）

每年折旧差异40万元（190-150），应申报调减当年的应纳税所得额，并确认对企业所得税的影响，同时转回2020年末因计提减值准备而形成的税会差异，冲减递延所得税资产。

每年的所得税费用=40×25%=10（万元）

借：所得税费用   100 000

    贷：递延所得税资产   100 000

三年共计转回递延所得税资产30万元，"递延所得税资产"账户无余额，试算平衡。

（5）假设2022年12月企业处置固定资产。

账面价值=1 000-190×2-150×2-120=200（万元）

计税基础=1 000-190×4=240（万元）

"递延所得税资产"账户尚有借方余额10万元（30-10-10）。

"固定资产减值准备"账户贷方余额120万元。

会计损益=300-200=100（万元）

税法损益 =300-240=60（万元）

税会差异 40 万元（100-60），应调减转让当期（2022 年）应纳税所得额，并确认对企业所得税的影响。

① 固定资产转清理。

借：固定资产清理	2 000 000
累计折旧	6 800 000
固定资产减值准备	1 200 000
贷：固定资产	10 000 000

② 确认转让收入（忽略增值税）。

| 借：银行存款 | 3 000 000 |
| 贷：固定资产清理 | 3 000 000 |

③ 结转清理损益，确认会计利得 100 万元。

| 借：固定资产清理 | 1 000 000 |
| 贷：营业外收入 | 1 000 000 |

④ 计算企业所得税，同时转回递延所得税资产。

所得税费用 =100×25%=25（万元）

应交企业所得税 =60×25%=15（万元）

借：所得税费用	250 000
贷：应交税费——应交企业所得税	150 000
递延所得税资产	100 000

此时，随着该项固定资产处置完毕，该项固定资产涉及的"固定资产""累计折旧""固定资产减值准备""固定资产清理""递延所得税资产"等账户余额均为零，试算平衡。

（八）长期股权投资涉及的企业所得税会计处理

企业以经营的非货币性资产对外投资，应在对外投资发生时，分别按销售有关非货币性资产和对外投资进行所得税处理，并按规定计算确认资产转让所得或损失。

企业因取得另一企业的股权而支付的全部代价，属股权投资支出，不得计入投资企业的当期费用，长期股权投资支出大于或小于应享有被投资单位所有者权益份额之间的差额，均不得通过折旧或摊销方式分期计入投资企业的费用或收益，即税法规定不确认任何长期股权投资的公允价值与按持股比例计算的占被投资企业所有者权益份额不同而产生的股权投资差额。按权益法核算的长期股权投资，其投资成本小于应享有被投资单位所有者权益份额之间的差额，也不计入应纳税所得额。

不论财务会计对长期股权投资采取何种方法核算，税法规定，只有当被投资企业实际做利润分配处理（包括以盈余公积和未分配利润转增资本）时，投资方才应确认投资所得，并计算缴纳企业所得税。

【例 4-9】2017 年 1 月 1 日，AB 公司以其持有的一项土地使用权（账面价值为 2 000 万元，未提取任何减值准备）和一台机器设备（原取得成本为 600 万元，已计提累计折旧 200 万元，未计提任何减值准备）对 M 公司进行长期股权投资。AB 公司持有 M 公司 30% 的股权比例，具有重大影响，AB 公司与 M 公司签订的投资合同中约定投出资产及取得的长期股权投资的作价为 3 100 万元。假定 M 公司 2017 年 1 月 1 日所有者权益的账面金额为 9 100 万元。AB 公司确定的长期股权投资差额按 10 年摊销。

（1）因 AB 公司持有对方 30% 的股权比例，对被投资企业具有重大影响，所以应按权益法核算。以非货币性资产交换取得的长期股权投资，应以换出资产的账面价值及应缴纳的相关税费作为取得的长期股权投资的初始投资成本。

AB 公司确定长期股权投资的入账价值，做会计分录如下。

借：固定资产清理	4 000 000
累计折旧	2 000 000
贷：固定资产	6 000 000
借：长期股权投资——成本	24 000 000
贷：固定资产清理	4 000 000
无形资产——土地使用权	20 000 000

（2）因 AB 公司对取得的长期股权投资按权益法核算，长期股权投资的初始投资成本大于应享有被投资企业所有者权益份额之间的差额，应作为长期股权投资差额处理，并按一定的期间摊销计入损益。长期股权投资的初始投资成本小于应享有被投资企业所有者权益份额的差额，在调整长期股权投资成本的同时，作为资本公积处理，不计入损益。做会计分录如下。

借：长期股权投资——其他权益变动	3 300 000

　　贷：资本公积　　　　　　　（91 000 000×30% −24 000 000）3 300 000

　　本例中，AB 公司取得长期股权投资在调整其成本时，因长期股权投资的初始投资成本小于按持股比例计算的占对方所有者权益的份额已计入资本公积，无须在未来期间摊销计入损益。如果企业在调整长期股权投资的成本时，股权投资差额为借方金额，需要在未来期间分期摊销计入投资收益。企业在处置该类长期股权投资时，除按上述规定计算在处置长期股权投资当期的纳税调整金额以外，在确认当期所得税费用和应交企业所得税时，还应相应结转因以前期间其他权益变动的摊销所产生的时间性差异的所得税影响额。

　　（3）2017 年 M 公司实现净利润 600 万元，2018 年 M 公司实现净利润 800 万元，但至 2019 年 1 月 1 日尚未实际分配，AB 公司在税务会计中对被投资单位 M 公司实现的损益仅作持有收益，双方适用的企业所得税税率均为 25%。根据被投资企业 2017 年和 2018 年实现的净利润，AB 公司按其所占的份额，确认投资收益，做会计分录如下。

　　借：长期股权投资——损益调整　　　　　　　　　　1 800 000
　　　　贷：投资收益——股权投资收益　　　　　　　　　　1 800 000
　　借：长期股权投资——损益调整　　　　　　　　　　2 400 000
　　　　贷：投资收益——股权投资收益　　　　　　　　　　2 400 000

　　（4）2019 年 1 月 1 日，AB 公司将上述长期股权投资对外转让，取得转让价款 3 500 万元。处置该项长期股权投资时的会计处理如下。

　　长期股权投资的账面价值 =2 400+330+180+240=3 150（万元）

　　长期股权投资转让收益 =3 500-3 150=350（万元）

　　借：银行存款　　　　　　　　　　　　　　　35 000 000
　　　　贷：长期股权投资——成本　　　　　　　　　　27 300 000
　　　　　　　　　　　——损益调整　　　　　　　　　　4 200 000
　　　　投资收益——股权处置收益　　　　　　　　　　3 500 000

　　（5）所得税的纳税调整。AB 公司取得的该项长期股权投资按税法规定确定的投资成本为 3 100 万元，由于其投资成本按税法规定未进行调整，因此，在处置该项长期股权投资时，应计入应纳税所得额 400 万元（3 500-3 100）。

　　如果不考虑其他因素的影响，AB 公司在 2020 年确认应交企业所得税时，应在当年利润总额的基础上加或减当期的纳税调整金额，本例中的纳税调整增加额 =400-350=50（万元）。

（九）纳税调整的会计处理

企业进行纳税调整一般有两种原因：一是有关法规规定（或要求）不同使财务会计与税务会计计算结果不一；二是由于纳税人计算差错或违规、违法。由于企业采用的核算方法不同，其纳税调整的会计处理也不相同。

1.平时使用应付税款法进行的纳税调整。

在应付税款法下，当期税前会计利润与应税所得之间的差异造成的影响纳税的金额直接计入当期损益，而不递延到以后各期，使当期的应交所得税与所得税费用金额相等。因此，对调整的差异无须进行会计处理。假如当期税前会计利润 1 000 万元，而同期有超过计税工资标准的工资 10 万元（即企业实发工资超过计税工资 10 万元），在计算应税所得时，应将 10 万元计入应税所得，即按 1 010 万元计算应交企业所得税，而对这 10 万元差异无须再进行会计处理。

2.年终汇算清缴的纳税调整。

对企业本年度发生的以前年度损益调整事项，应通过"以前年度损益调整"账户调整本年利润，由此影响企业应交企业所得税的，可视为当年损益，进行所得税会计调整。

企业在年终进行企业所得税纳税申报前发生的资产负债表日后事项，所涉及的应纳所得税调整，应作为会计报告年度的纳税调整；企业在汇算清缴结束后发生的资产负债表日后事项，所涉及的应纳所得税调整，应作为本年度的纳税调整。

按调整增加的以前年度利润或调整减少的以前年度亏损，借记有关账户，贷记"以前年度损益调整"账户；按调整减少的以前年度利润或调整增加的以前年度亏损，借记"以前年度损益调整"账户，贷记有关账户。

按由于调整增加以前年度利润或调整减少以前年度亏损而相应增加的企业所得税，借记"以前年度损益调整"账户，贷记"应交税费——应交所得税"账户；由于调整减少以前年度利润或调整增加以前年度亏损而相应减少的企业所得税，作相反会计分录。

经上述调整后，应同时将"以前年度损益调整"账户的余额转入"利润分配——未分配利润"账户。"以前年度损益调整"账户如为贷方余额，借记本账户，贷记"利润分配——未分配利润"账户；如为借方余额，作相反会计分录。结转后本账户无余额。

【例4-10】某化妆品股份有限公司，为增值税一般纳税人。消费税税率30%，企业所得税税率25%。税务机关对上一年纳税情况检查时，发现以下问题。

（1）用产品换取小规模纳税人生产的原材料，产品成本价3万元，不含税售价5万元。企业所做会计分录如下。

借：原材料 56 500

　　贷：库存商品 56 500

（2）用生产的化妆品替代职工工资，不含税售价10万元，成本6万元。所做会计分录如下。

借：应付职工薪酬 60 000

　　贷：库存商品 60 000

（3）没收一批逾期包装物押金2.26万元。企业所做会计分录如下。

借：其他应付款 22 600

　　贷：其他业务收入 22 600

根据上述资料，对查出的问题作如下账务处理。

（1）用产品换取原材料，应视同销售。

应纳增值税 $=50\,000\times13\%=6\,500$（元）

应纳消费税 $=50\,000\times30\%=15\,000$（元）

实现利润 $=50\,000-30\,000-15\,000=5\,000$（元）

根据上述资料，应做调整分录如下。

借：库存商品 26 500

　　贷：应交税费——增值税检查调整 6 500

　　　　　　　　——应交消费税 15 000

　　　　以前年度损益调整 5 000

（2）用产品替代职工工资，应视同销售。

应纳增值税 $=100\,000\times13\%=13\,000$（元）

应纳消费税 =100 000×30% =30 000（元）

实现利润 =100 000-60 000-30 000=10 000（元）

根据上述资料，应做调整分录如下。

借：应付职工薪酬   43 000

    贷：应交税费——增值税检查调整   13 000

          ——应交消费税   30 000

（3）没收包装物押金应征税。

应纳增值税 =22 600÷（1+13%）×13% =2 600（元）

应纳消费税 =22 600÷（1+13%）×30% =6 000（元）

应调减上年利润 =2 600+6 000=8 600（元）

根据上述资料，应做调整分录如下。

借：以前年度损益调整   8 600

    贷：应交税费——增值税检查调整   2 600

          ——应交消费税   6 000

根据上述调整分录，登记"以前年度损益调整"账户，计算如下：
8 600+43 000-5 000=46 600（元）

因为以化妆品顶工资而产生的 47 000 元为永久性差异，不得在税前扣除，其计税收益应是 10 000 元。

应补所得税 =（5 000+10 000-8 600）×25% =6 400×25% =1 600（元）

根据上述资料，应做会计分录如下。

借：以前年度损益调整   1 600

    贷：应交税费——应交所得税   1 600

同时将"以前年度损益调整"账户余额转入"利润分配——未分配利润"账户。

根据上述资料，应做会计分录如下。

借：利润分配——未分配利润   45 000

    贷：以前年度损益调整   45 000

（十）中期财务报告的企业所得税会计处理

编制中期财务报告有两种做法：一是独立观，即将每一中期（短于一个完整的会计年度）视为一个独立的会计期间，采用的会计原则、方法、程序与年度财务报告一致；二是一体观（整体观），是将每一中期视为年度会计期间的组成部分，采用会计原则、方法、程序时必须考虑全年的情况，年度成本、费用要根据预测的年度销售量、收入额等，进行估计，并适当分配给确定的各会计期间。两种做法各有利弊。由于我国企业所得税税率除基本税率外，还有优惠税率，因此，采用独立观与采用一体观计算的中期应交企业所得税不等。目前，我国企业大都采用一体观，即按预计全年应税所得确定适用税率；独立观则是按本期应税所得额确认适用税率。

中期报告是指年度财务报告之外的其他按一定期间（如月、季、半年等）编报的财务报告。对于财务会计中存在的会计估计、成本分配、递延预提等特殊事项，中期报告是否采纳与年度报告一致的会计政策，理论界主要存在两种观点：独立论与整体论。前者将每一个中期独立化，并视同会计年度采用相同的会计方法；后者将每一个中期作为年度的组成部分，对于特殊事项的处理要考虑其对全年的影响。在中报诸多特殊事项中，笔者认为所得税会计是一个难点，问题的关键在于在中期报告中是否应该揭示以及如何计量所得税费用。

【例 4-11】A 公司 2021 年 1 月～6 月的利润总额为 5 000 万元，所得税税率为 33%，则该公司中期所得税费用为 1 650 万元（5 000×33%）。会计分录为：

借：所得税   16 500 000

    贷：应交税金——应交所得税   16 500 000

上述做法不够严谨。因为在中期可能出现经营损失的抵补事项、非常项目及资本项目的利得或损失，也可能会发生永久性差异和时间性差异，故在处理中期报告的所得税问题时须应用整体论，即在每一中期末通盘考虑全年情况后预估全年有效税率，且在计算所得税的同时反映永久性差异和时间性差异所产生的影响。

假设 A 公司预期 2021 年全年利润额为 12 000 万元，全年免税收入为 500 万元，预估在工资、业务招待费、捐赠等方面存在永久性差异 300 万元。由于该公司折旧方法与税法规定不同，按税法口径计算的上半年应纳税所得额为 4 800 万元。则该公司上半年的所得税费用计算如下：

预计 2021 年度应纳税所得额 =12 000-500+300=11 800（万元），预计 2021

年度应纳所得税税额 =11 800×33%=3 894（万元），预计全年有效税负率 =3 894÷12 000×100%=32.45%，2021 年度 1 月~6 月会计口径的应预缴税额 =5 000×32.45%=1 622.5（万元），2021 年度 1 月~6 月税法口径的应预缴税额 =4 800×32.45%=1 557.6（万元），递延税款 =1 622.5-1 557.6=64.9（万元）。

2021 年 6 月 30 日会计分录为：

借：所得税　　　　　　　　　　　　　　　　　　16 225 000

　　贷：应交税金——应交所得税　　　　　　　　　　15 576 000

　　　　递延税款　　　　　　　　　　　　　　　　　649 000

如果 A 公司 2021 年度实际赢利 12 800 万元，全年免税收入 450 万元，永久性差异 360 万元，因折旧原因产生的全年时间性差异 520 万元，则 2021 年度会计口径的所得税费用 =（12 800-450+360）×33%=4 194.3（万元），2021 年度税法口径的应纳税所得额 =12 710-520=12 190（万元），2021 年度应纳所得税税额 =12 190×33%=4 022.7（万元），递延税款 =4 194.3-4 022.7=171.6（万元）。

2021 年 12 月 31 日会计分录为：

借：所得税　　　　　　　　　　　　　　　　　　41 943 000

　　贷：应交税金——应交所得税　　　　　　　　　　40 227 000

　　　　递延税款　　　　　　　　　　　　　　　　1 716 000

至于中期报告预期的全年有效税率是否准确则无须调整，因为年度报告中关于所得税的计算需要关注全年情况，已对上述情况做了自动修正。

（十一）预提企业所得税和代扣代缴企业所得税的会计处理

外国企业在中国境内未设立机构、场所，而取得来源于中国境内的利润（股息）、利息、租金、特许权使用费和其他所得，按规定其对应的企业所得税应由支付人在每次支付的款项中扣除，并在五天内上缴国库。

扣缴时做会计分录如下。

借：其他应付款（应付利息等）

　　贷：银行存款

对外国企业在中国境内从事建筑、安装、装配、勘探等工程作业和提供咨询、管理、培训等劳务活动的所得，税务机关可以指定工程价款或劳务费的支付人为企业所得税扣缴义务人，税款在支付的款项中扣除。

扣缴时做会计分录如下。

借：其他应付款（××单位）

    贷：银行存款

（十二）事业单位企业所得税的会计处理

按现行规定，事业单位也应缴纳企业所得税。事业单位应设置"经营结余"账户。期末，将"经营收入"账户余额转入"经营结余"账户，借记"经营收入"账户，贷记"经营结余"账户。将经营业务支出类账户余额转入"经营结余"账户，借记"经营结余"账户，贷记"经营支出""销售税金"账户。作上述会计处理后，若"经营结余"账户为贷方余额，其余额则为应税所得额，按25%的比例税率计算应交企业所得税。

计提应交企业所得税时做会计分录如下。

借：结余分配——应交所得税

    贷：应交税费——应交所得税

年终，将"经营结余"账户余额全部转入"结余分配"账户，借记"经营结余"账户，贷记"结余分配"账户；如果当年发生经营亏损，则不予结转。

4.3　企业所得税的税收筹划思路

4.3.1　小型微利企业应纳税所得额的税收筹划

（一）政策依据

自2019年1月1日至2022年12月31日，对小型微利企业年应纳税所得额不超过100万元的部分，减按25%计入应纳税所得额，按20%的税率缴纳企业所得税；对年应纳税所得额超过100万元但不超过300万元的部分，减按50%计入应纳税所得额，按20%的税率缴纳企业所得税。

小型微利企业是指从事国家非限制和禁止行业，且同时符合年度应纳税所得额不超过 300 万元、从业人数不超过 300 人、资产总额不超过 5 000 万元三个条件的企业。

从业人数，包括与企业建立劳动关系的职工人数和企业接受的劳务派遣用工人数。从业人数和资产总额指标，应按企业全年的季度平均值确定。具体计算公式如下：

季度平均值＝（季初值＋季末值）÷2

全年季度平均值＝全年各季度平均值之和 ÷4

年度中间开业或者终止经营活动的，以其实际经营期作为一个纳税年度确定上述相关指标。

小型微利企业无论按查账征收方式还是按核定征收方式缴纳企业所得税，均可享受优惠政策。

（二）筹划思路

为了防止税款的增加，小型微利企业应在进行业务活动前充分考虑上述政策规定，应尽量避免因企业的应纳税所得额超过临界点（30 万元）而适用更高的税率，从而带来税款增加甚至亏损的风险。

4.3.2 存货计价的税收筹划

（一）政策依据

税法规定，纳税人对存货的核算，应当以历史成本为基础，即以企业取得该项存货时实际发生的支出为计税基础。存货计价方法包括：个别计价法、先进先出法、移动加权平均法。

存货计价方法一经确定，不得随意改变；如确需改变的，应在下一纳税年度开始前报主管税务机关批准。

存货计价方法的不同，对企业财务状况、利润、所得税、现金流量等方面都会产生一定的影响。

具体如下：

（1）存货计价对企业损益的计算有直接影响。采用的计价方法不同，存货发出企业的成本金额也就不同。如在物价下跌的情况下，采用先进先出法计算出的存货发出成本比移动加权平均法计算出的企业成本要高，以此而计算出来的本期利润就会偏低，所得税费用也会跟着减少，本期的净利润就会降低。

（2）存货计价对企业资产负债表存货项目金额有直接影响。由于存货的计价方法不同，计算出的期末存货价值也会不同。如在物价下跌的情况下，采用先进先出法计算出来的期末存货价值比采用加权平均法计算出的期末存货价值要低，期末存货价值的大小又会直接影响流动资产的价值，进而影响反映企业偿债能力的指标——流动比率的大小。

（3）存货计价会影响企业的现金流量。由于存货的计价方法不同会影响企业利润的大小，而利润的大小又直接决定了企业应交所得税金额和利润分配金额。企业的利润高，应交的所得税金额就多，可供分配的利润就多，企业因支付所得税、支付投资者利润引起的现金流出就会增加；反之，则会减少。因此，企业在选择存货计价方法时，应充分考虑每一种计价方法对企业利润、财务状况、现金流的影响。应结合企业存货管理的特点和具体要求进行。一种比较适宜的计价方法确定后，不得随意变更。

存货计价方法是一种企业会计账务处理方法。存货计价方法的选择是制定企业会计政策的一项重要内容。选择不同的存货计价方法将会导致不同的报告利润和存货估价，并对企业的税收负担、现金流产生影响。我国《企业会计准则》规定："各种存货发出时，企业可以根据实际情况，选择使用先进先出法、月末一次加权平均法、移动加权平均法、个别计价法等方法确定其实际成本。"

（二）筹划思路

在不同的情形下，选择不同的存货计价方法对存货成本的影响不同，对应交企业所得税的影响也不同，企业应根据具体情况合理选择存货计价方法。存货计价方法与企业税负的关系如表4-1所示。

表 4-1　存货计价方法与企业税负的关系

存货计价方法	企业税负		备注
	物价上涨	物价下跌	
先进先出法	变小	变大	
移动加权平均法	变小	变大	
个别计价法	不定	不定	按实际进货单价计算

4.3.3　固定资产折旧的税收筹划

固定资产折旧的税收筹划主要从固定资产使用年限的选择和固定资产折旧计提方法的选择两方面来进行。

（一）固定资产使用年限的选择

1. 政策依据。

税法明确规定了固定资产折旧的最低年限，如下：

（1）建筑物、房屋，为 20 年；

（2）飞机、火车、轮船、机器、机械和其他生产设备，为 10 年；

（3）与生产经营活动有关的器具、工具、家具等，为 5 年；

（4）飞机、火车和轮船以外的运输工具，为 4 年；

（5）电子设备，为 3 年。

2. 筹划思路。

延长折旧年限虽然不改变折旧总额，但会导致折旧总额在各会计期间的分摊数额不同，进而影响应交企业所得税。

一般来说，如果企业正处在企业所得税优惠期间，应尽量延长折旧年限，避免在税收优惠期间折旧费用抵税效应的流失。

（二）固定资产折旧计提方法的选择

1. 政策依据。

固定资产折旧计提方法主要有年限平均法、加速折旧法、工作量法等，税法一般只允许企业选用年限平均法或工作量法。

对于部分因技术进步，产品更新换代较快以及常年处于强震动、高腐蚀状态的固定资产，税法允许企业缩短其折旧年限或使用加速折旧法。

2. 筹划思路。

固定资产的折旧总额通常是不变的。选择不同的折旧方法改变的只是折旧总额在各会计期间的分摊数额，从而改变不同会计期间的应纳税所得额。

在选择固定资产折旧计提方法时，需要考虑以下几个方面的因素：首先是折现率；其次是企业的生产情况和税收优惠；最后是企业适用的企业所得税税率。

4.3.4　坏账损失的税收筹划

（一）政策依据

我国税法规定，纳税人发生的坏账损失，既可按照实际发生额据实扣除，也可提取坏账准备金。提取坏账准备金的纳税人发生的坏账损失，应冲减坏账准备金；实际发生的坏账损失，超过提取的坏账准备金的部分，可在发生当期直接扣除；已核销的坏账收回时，应相应增加当期的应纳税所得额。

（二）筹划思路

从企业利益出发，企业在税法准许的情况下，应该选择坏账损失备抵法。

坏账损失的上述筹划方法只能在企业持续盈利时才能够发挥抵税效应。

4.3.5　亏损弥补的税收筹划

（一）政策依据

我国税法规定，企业纳税年度发生的亏损，准予向以后年度结转，用以后年度的所得弥补，但结转年限最长不得超过 5 年。

（二）筹划思路

对亏损弥补进行税收筹划，要求纳税人在合法和合理预估未来年度亏损及利润的基础上，尽量使所有亏损得以在税前弥补。

纳税人进行税收筹划时要遵守税法，按规定办事，避免违法行为。

企业必须正确地向税务机关申报亏损。

4.4　企业所得税的税收筹划案例

4.4.1　合理选择公司模式的税收筹划案例

王先生想要投资创办一个小型微利企业，预计企业将实现年盈利 20 万元，税后利润全部分配给王先生。请问选择何种公司模式王先生可获得最大税收利益？

【筹划方案】

方案一：成立有限责任公司。

应交企业所得税 =20×25%×20%=1（万元）

应交个人所得税 =（20-1）×20%=3.8（万元）

税后收益 =20-1-3.8=15.2（万元）

方案二：成立个人独资企业。

经营所得个人所得税税率表如表 4-2 所示。

表 4-2　经营所得个人所得税税率表

级数	全年应纳税所得额	税率	速算扣除数
1	不超过 30 000 元的	5%	0
2	超过 30 000 元至 90 000 元的部分	10%	1 500
3	超过 90 000 元至 300 000 元的部分	20%	10 500
4	超过 300 000 元至 500 000 元的部分	30%	40 500
5	超过 500 000 元的部分	35%	65 500

按照表4-2的相关规定，王先生应该缴纳的税款为：

应交个人所得税 =20×20% -1.05=2.95（万元）

税后收益 =20-2.95=17.05（万元）

【政策依据】

按照《企业所得税法》的规定，符合规定条件的小型微利企业（包括采取查账征收和核定征收方式的企业），均可按照规定享受小型微利企业所得税优惠政策。小型微利企业所得税优惠政策，包括企业所得税减按20%的税率征收，以及《财政部 税务总局关于实施小微企业普惠性税收减免政策的通知》（财税〔2019〕13号）文件规定的优惠政策。

王先生成立个人独资企业，根据《中华人民共和国个人所得税法》的规定，个体工商户的生产经营所得和对企事业单位的承包经营、承租经营所得适用5%～35%的五级超额累进税率（见表4-2）。同时，个人独资企业和合伙企业的个人投资者取得的生产经营所得也适用5%～35%的五级超额累进税率。

王先生应选择方案二，这一税收筹划方法是法律所许可的，有一定的节税效果。

4.4.2　合理选择促销方式的税收筹划案例

乐成商贸公司是增值税一般纳税人，企业所得税实行查账征收方式。假定每销售100元商品，其平均商品成本为60元。年末商场决定开展促销活动，拟定"满100送20"，即每销售100元商品，送出20元的优惠。有以下几种税收筹划方案。

【筹划方案】

方案一：满就送折扣。按此方案企业销售100元商品，收取80元，只需在销售票据上注明折扣额，销售收入可按折扣后的金额计算。假设商品适用的增值税税率为13%，企业所得税税率为25%，则该公司本笔业务应纳税额及相关获利情况为：

应纳增值税 =[80÷（1+13%）]×13%-[60÷（1+13%）]×13%=2.30（元）

销售毛利润 =80÷（1+13%）-60÷（1+13%）=17.70（元）

应纳企业所得税 =17.70×25%=4.43（元）

税后净收益 =17.70-4.43=13.27（元）

方案二：满100元送价值20元折扣券。按此方案，该公司销售100元商品，收取100元，但赠送价值20元的折扣券，则顾客获得了下次购物的折扣权。该公司本笔业务应纳税额及相关获利情况为：

应纳增值税 =[100÷（1+13%）]×13%-[60÷（1+13%）]×13%=4.60（元）

销售毛利润 =100÷（1+13%）-60÷（1+13%）=35.40（元）

应纳企业所得税 =35.40×25%=8.85（元）

税后净收益 =35.40-8.85=26.55（元）

但当顾客使用折扣券时，该公司就会出现按方案一计算的纳税及获利情况，因此与方案一相比，方案二多了流入资金增量部分的时间价值。

方案三：满100元送价值20元的礼品。此方案下，企业赠送礼品的行为是有偿赠送行为，不应视同销售行为，不应单独计算礼品的销项税额，但根据《国家税务总局关于企业处置资产所得税处理问题的通知》（国税函〔2008〕828号）的规定，要计算企业所得税。相关计算如下：

应纳增值税 =[100÷（1+13%）]×13%-[60÷（1+13%）]×13%=4.6（元）

税法规定，为其他单位和部门的有关人员发放现金、实物等应按规定代扣代缴个人所得税，税款由支付单位代扣代缴。为保证给顾客让利20元，该公司赠送的价值20元的商品应不含个人所得税，该税应由该公司承担，因此赠送商品时该公司需代顾客就偶然所得缴纳个人所得税。

个人所得税 =20÷（1+20%）×20%=3.33（元）

销售毛利润 =100÷（1+13%）-60÷（1+13%）+12÷（1+13%）-

12÷（1+13%）=35.40（元）

应纳企业所得税 =35.40×25% =8.85（元）

税后净收益 =35.40-8.85-3.33=23.22（元）

方案四： 满100元返20元现金。该公司返还现金行为亦属商业折扣。相关计算如下：

在这种情况下，所赠送的现金也要缴纳个人所得税，且由该公司承担。

应纳增值税 =[100÷（1+13%）]×13% -[60÷（1+13%）]×13%= 4.60（元）

应纳个人所得税 =20÷（1+20%）×20% =3.33（元）

销售毛利润 =100÷（1+13%）-60÷（1+13%）=35.40（元）

应纳企业所得税 =35.40×25% =8.85（元）

企业利润 =100÷（1+13%）-60÷（1+13%）-20-3.33=12.07（元）

税后净收益 =12.07-8.85=3.22（元）

方案五： 满就送加量。按此方案，该公司为购物满100元的商品实行加量不加价的优惠。在此方案下，该公司的销售收入没有变化，但避免了无偿赠送之嫌疑，因而加量部分的成本可以正常列支，相关计算如下：

应纳增值税 =[100÷（1+13%）]×13%-[60÷（1+13%）]×13%-[12÷（1+13%）]×13% =3.22（元）

销售毛利润 =100÷（1+13%）-60÷（1+13%）-12÷（1+13%）= 24.78（元）

应纳企业所得税 =24.78×25% =6.20（元）

税后净收益 =24.78-6.20=18.58（元）

与方案一相比，在此方案下，该公司把价值20元的商品（成本是12元）视作正常销售，相关计算如下：

应纳增值税 =[20÷（1+13%）]×13%-[12÷（1+13%）]×13%=0.92（元）

销售毛利润 =20÷（1+13%）-12÷（1+13%）=7.08（元）

应纳企业所得税 =7.08×25% =1.77（元）

税后净收益 =7.08-1.77=5.31（元）

上述的方案一至方案五均为法律允许的，都是安全空间内的操作。

按上面的方案，方案一最终可获得税后净收益为 13.27+5.31=18.58（元），与方案五大致相等。若仍作折扣销售，则税后净收益还是有一定差距的，且方案一的再销售能否及时实现具有不确定性，因此还得考虑存货占用资金的时间价值，所以方案五优于方案一。

综上所述，商场"满就送"的最佳方案为赠送折扣券的促销方式，其次为赠送礼品的方式，再次为"满就送加量——加量不加价"的方式，最后是打折酬宾，而返还现金的方式不可取。

4.4.3　合理利用税收优惠的税收筹划案例

乐天公司为一家制药企业，其下属一家子公司为化妆品制造公司，适用的企业所得税税率均为 25%，未享受企业所得税优惠政策。乐天公司为了不断扩大自身的市场份额，每年产生较多的广告宣传费用。以 2019 年为例，乐天公司当年预计投入广告宣传费用 480 万元，本年度的营业收入总额为 3 000 万元，该化妆品制造子公司的营业收入为 1 700 万元。

【筹划方案】

方案一：继续由乐天公司支付广告宣传费。根据企业所得税法的规定，乐天公司可以在税前抵扣的限额为 450 万元（3 000×15%），因此乐天公司支付的超过 450 万元的部分属于本年度不能税前抵扣的费用，应该纳税调增，即调增应纳税所得额 30 万元，企业需要多缴纳企业所得税 7.5 万元（30×25%）。

方案二：由下属子公司直接支付广告宣传费。根据企业所得税法的规定，化妆品制造、医药制造和饮料制造（不含酒类制造，下同）企业发生的广告费和业务宣传费支出，不超过当年销售（营业）收入 30% 的部分可以在所得税前予以扣除，因此该子公司本年度的扣除限额为 510 万元

（1 700×30％），510万元＞480万元，全部广告宣传费都可以在税前扣除。

【政策依据】

《企业所得税法实施条例》第四十四条规定，企业发生的符合条件的广告费和业务宣传费支出，除国务院财政、税务主管部门另有规定外，不超过当年销售（营业）收入15％的部分，准予扣除；超过部分，准予在以后纳税年度结转扣除。《财政部 国家税务总局关于广告费和业务宣传费支出税前扣除政策的通知》（财税〔2017〕41号）规定，自2016年1月1日起至2020年12月31日止，对化妆品制造、医药制造和饮料制造企业发生的广告费和业务宣传费支出，不超过当年销售（营业）收入30％的部分，准予扣除；超过部分，准予在以后纳税年度结转扣除。烟草企业的烟草广告费和业务宣传费支出，一律不得在计算应纳税所得额时扣除。

4.4.4 合理选择存货计价方法的税收筹划案例

物问商贸有限公司2×17年12月主要库存甲商品的收发情况如表4-3所示，该公司12月共计销售甲商品5 000件，销售收入为500万元，该公司适用的企业所得税税率为25％。

表4-3 物问商贸有限公司2×17年12月甲商品的收发存情况

日期	摘要	收入			发出	结存		
		数量（件）	单价（元）	金额（元）		数量（件）	单价（元）	金额（元）
12月1日	月初结存					1 000	400	400 000
12月5日	购入	2 000	400	800 000				
12月10日	销售				2 000			
12月15日	购入	4 000	500	2 000 000				
12月20日	销售				3 000			
12月25日	购入	1 000	600	600 000				
12月31日	合计	7 000		3 400 000	5 000	3 000		

【筹划方案】

方案一： 采用先进先出法。

先进先出法下，该公司收发存甲商品的情况及成本计算如图4-1所示。

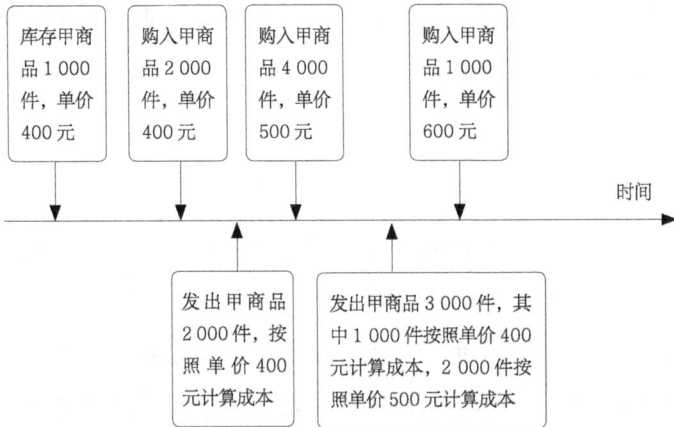

图4-1 先进先出法下收发存甲商品的情况及成本计算

该公司按照先进先出法计算出来的企业的存货发出成本为：

$1\,000 \times 400 + 2\,000 \times 400 + 2\,000 \times 500 = 2\,200\,000$（元）

因此，物问商贸有限公司2×17年12月的主营业务成本为220万元。

方案二： 采用移动加权平均法。

移动加权平均法下，该公司收发存甲商品的情况及成本计算如图4-2所示。

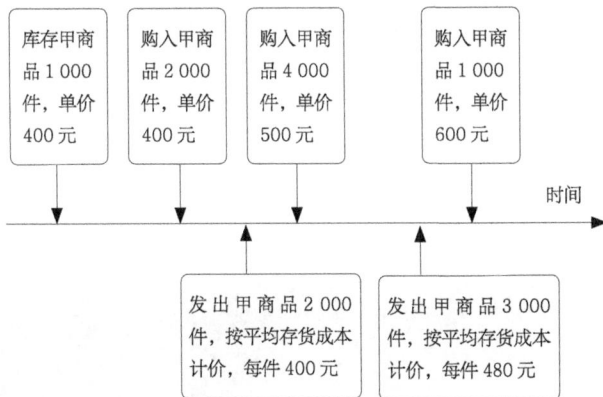

图4-2 移动加权平均法下收发存甲商品的情况及成本计算

企业按照移动平均法计算得出的存货发出成本为：

2 000×400+3 000×[（1 000×400+4 000×500）÷（1 000+4 000）]=2 240 000（元）

因此，物问商贸有限公司 2×17 年 12 月的主营业务成本为 224 万元，较方案一而言，可多抵扣 4 万元。

【政策依据】

存货计价方法会影响企业的税收负担、现金流量等。

企业会计准则规定：发出各种存货时，企业可以根据实际情况，选择使用先进先出法、移动加权平均法、个别计价法等方法确定其实际成本。

采用移动加权平均法，企业管理者能够及时了解存货的结存情况，计算的存货成本比较客观。但由于采用该种方法，企业每次收货都要重新计算平均单价，工作量较大，该方法不适用于收发货较频繁的企业。

第5章
个人所得税的会计核算与税收筹划

5.1 个人所得税概述

个人所得税是对个人（即自然人）取得的各项应税所得征收的一种所得税。1980 年 9 月 10 日第五届全国人民代表大会第三次会议通过《中华人民共和国个人所得税法》（以下简称《个人所得税法》），此后全国人民代表大会常务委员会分别于 1993 年 10 月 31 日、1999 年 8 月 30 日、2005 年 10 月 27 日、2007 年 6 月 29 日、2007 年 12 月 29 日、2011 年 6 月 30 日、2018 年 8 月 31 日对《个人所得税法》做出修正。1994 年 1 月 28 日国务院公布《中华人民共和国个人所得税法实施条例》（以下简称《个人所得税法实施条例》），此后国务院分别于 2005 年 12 月 19 日、2008 年 2 月 18 日、2011 年 7 月 19 日、2018 年 12 月 18 日对《个人所得税法实施条例》做出修订，同时国家财政、税务主管部门陆续制定了一系列部门规章和规范性文件。这些法律法规、部门规章及规范性文件构成了我国的个人所得税法律制度。

本节按照《个人所得税法》和《个人所得税法实施条例》相关内容进行阐述。

5.1.1 个人所得税纳税人、纳税义务和所得来源的确定

（一）居民个人和非居民个人

在中国境内有住所，或者无住所而一个纳税年度内在中国境内居住累计满 183 天的个人，为居民个人。居民个人就其从中国境内和境外取得的所得，缴纳个人所得税。

在中国境内无住所又不居住，或者无住所而一个纳税年度内在中国境内居住累计不满 183 天的个人，为非居民个人。非居民个人就其从中国境内取得的所得，缴纳个人所得税。

在中国境内有住所，是指因户籍、家庭、经济利益关系而在中国境内习惯性居住。从中国境内和境外取得的所得，分别是指来源于中国境内的所得和来源于中国境外的所得。在中国境内居住的时间按照在中国境内的时间计算。纳税年度，自公历 1 月 1 日起至 12 月 31 日。

个人独资企业和合伙企业不缴纳企业所得税，只对投资者个人或个人合伙人取得的生产经营所得征收个人所得税。

个人独资企业和合伙企业分别是指依照我国相关法律登记成立的个人独资、合伙性质的企业以及其他相关机构或组织。个人独资企业以投资者个人为纳税义务人，合伙企业以每一个合伙人为纳税义务人。

个人独资企业投资者个人以其个人财产对企业债务承担无限责任。普通合伙企业合伙人对合伙企业债务承担无限连带责任。有限合伙企业由普通合伙人和有限合伙人组成，普通合伙企业合伙人对合伙企业债务承担无限连带责任，有限合伙人以其认缴的出资额为限对合伙企业债务承担责任。

（二）纳税义务

居民个人就其从中国境内和境外取得的所得，缴纳个人所得税。非居民个人就其从中国境内取得的所得，缴纳个人所得税。

在中国境内无住所的居民个人，在中国境内居住累计满 183 天的年度连续不满 6 年的，或满 6 年但其间有单次离境超过 30 天情形的，其来源于中

国境外且由境外单位或个人支付的所得，经向主管税务机关备案，可以免予缴纳个人所得税；在中国境内居住累计满 183 天的年度连续满 6 年的纳税人，且在 6 年内未发生单次离境超过 30 天情形的，从第 7 年起，中国境内居住累计满 183 天的，应当就其来源于中国境外的全部所得缴纳个人所得税。

在中国境内无住所，且在一个纳税年度中在中国境内居住累计不超过 90 天的个人，其来源于中国境内的所得，由境外雇主支付并且不由该雇主在中国境内的机构、场所负担的部分，免予缴纳个人所得税。

（三）所得来源的确定

除国务院财政、税务主管部门另有规定外，下列所得不论支付地点是否在中国境内，均为来源于中国境内的所得。

1. 因任职、受雇、履约等而在中国境内提供劳务取得的所得。

2. 将财产出租给承租人在中国境内使用而取得的所得。

3. 许可各种特许权在中国境内使用而取得的所得。

4. 转让中国境内的不动产、土地使用权而取得的所得。

5. 从中国境内企业、事业单位和其他经济组织或者居民个人取得的利息、股息、红利所得。

5.1.2　个人所得税应税所得项目

按应纳税所得的来源划分，现行个人所得税共有 9 个应税项目。

（一）工资、薪金所得

1. 关于工资、薪金所得的一般规定。

工资、薪金所得，是指个人因任职或者受雇而取得的工资、薪金、奖金、年终加薪、劳动分红、津贴、补贴以及与任职或者受雇有关的其他所得。

下列项目不属于工资、薪金性质的补贴、津贴，不予征收个人所得税：① 独生子女补贴；② 执行公务员工资制度未纳入基本工资总额的补贴、津贴差额和家属成员的副食补贴；③ 托儿补助费；④ 差旅费津贴、误餐补助。误餐补助是指按照财政部规定，个人因公在城区、郊区工作，不能在工作单位或返回就餐的，根据实际误餐顿数，按规定的标准领取的误餐费。单位以误餐补助名义发给职工的补助、津贴不包括在内。

2.关于工资、薪金所得的特殊规定。

（1）个人因与用人单位解除劳动关系而取得的一次性补偿收入征税问题。

个人因与用人单位解除劳动关系而取得的一次性补偿收入（包括用人单位发放的经济补偿金、生活补助费和其他补助费用），其收入超过当地上年职工平均工资3倍数额的部分，不并入当年综合所得，单独适用综合所得税率表，计算纳税。

个人领取一次性补偿收入时，按照国家和地方政府规定的比例实际缴纳的住房公积金、医疗保险费、基本养老保险费、失业保险费可以在计征其一次性补偿收入的个人所得税时予以扣除。

（2）退休人员再任职取得的收入，符合相关条件的，在减除按税法规定的费用扣除标准后，按"工资、薪金所得"项目缴纳个人所得税。

（3）离退休人员从原任职单位取得补贴等征税问题。

离退休人员除按规定领取离退休工资或养老金外，另从原任职单位取得的各类补贴、奖金、实物，不属于免税的退休工资、离休工资、离休生活补助费，应按"工资、薪金所得"项目缴纳个人所得税。

（4）个人取得公务交通、通信补贴收入征税问题。

个人因公务用车和通信制度改革而取得的公务用车、通信补贴收入，扣除一定标准的公务费用后，按照"工资、薪金所得"项目计征个人所得税。按月发放的，并入当月工资、薪金所得计征个人所得税；不按月发放的，分解到所属月份并与该月份工资、薪金所得合并后计征个人所得税。

（5）个人取得股票增值权所得和限制性股票所得征税问题。

个人因任职、受雇从上市公司取得的股票增值权所得和限制性股票所得，由上市公司或其境内机构按照"工资、薪金所得"项目和股票期权所得个人所得税计税方法，依法扣缴其个人所得税。

（6）关于失业保险费征税问题。

城镇企业、事业单位及其职工个人实际缴付的失业保险费，超过《失业保险条例》规定比例的，应将其超过规定比例缴付的部分计入职工个人当期的工资、薪金收入，依法计征个人所得税。

（7）关于保险金征税问题。

企业为员工支付各项免税之外的保险金，应在企业向保险公司交付时（即该保险落到被保险人的保险账户）并入员工当期的工资收入，按"工资、薪金所得"项目计征个人所得税，税款由企业负责代扣代缴。

（8）企业年金、职业年金征税问题。

企业和事业单位超过国家有关政策规定的标准，为在本单位任职或者受雇的全体职工缴付的企业年金或职业年金（以下统称"年金"），单位缴费和个人缴费部分，应并入个人当期的工资、薪金所得，依法计征个人所得税。税款由建立年金的单位代扣代缴，并向主管税务机关申报解缴。

个人根据国家有关政策规定缴付的年金个人缴费部分，超过本人缴费工资计税基数的4%的部分，应并入当期的工资、薪金所得，依法计征个人所得税。税款由建立年金的单位代扣代缴，并向主管税务机关申报解缴。

个人达到国家规定的退休年龄之后按月领取的年金，按照"工资、薪金所得"项目适用的税率，计征个人所得税；按季领取的年金，平均分摊计入各月，每月领取额按照"工资、薪金所得"项目适用的税率，计征个人所得税。

（9）兼职律师从律师事务所取得工资、薪金性质的所得征税问题。

兼职律师是指取得律师资格和律师执业证书，不脱离本职工作从事律师职业的人员。兼职律师从律师事务所取得工资、薪金性质的所得，律师事务所在代扣代缴其个人所得税时，不再减除《个人所得税法》规定的费用扣除标准，以收入全额（取得分成收入的为扣除办理案件支出费用后的余额）直接确定适用税率，计算扣缴个人所得税。兼职律师应自行向主管税务机关申报两处或两处以上取得的工资、薪金所得，合并计算缴纳个人所得税。

（10）依法批准设立的非营利性研究开发机构和高等学校根据《中华人民共和国促进科技成果转化法》规定，从职务科技成果转化收入中给予科技人员的现金奖励，可减按50％计入科技人员当月工资、薪金所得，依法缴纳个人所得税。

（二）劳务报酬所得

劳务报酬所得，是指个人独立从事非雇佣的各种劳务所取得的所得。其内容包括设计、装潢、安装、制图、化验、测试、医疗、法律、会计、咨询、讲学、翻译、审稿、书画、雕刻、影视、录音、录像、演出、表演、广告、展览、技术服务、介绍服务、经纪服务、代办服务、其他劳务。

区分劳务报酬所得和工资、薪金所得，主要看是否存在雇佣与被雇佣的关系。工资、薪金所得是个人从事非独立劳动，从所在单位（雇主）领取的报酬，单位与个人存在雇佣与被雇佣的关系，工资、薪金所得即个人在机关、团体、学校、部队、企事业单位及其他组织中任职、受雇而得到的报酬。而劳务报酬所得则是指个人独立从事某种技艺，独立提供某种劳务而取得的报酬，单位与个人之间一般不存在雇佣与被雇佣关系。劳务报酬所得一般属于个人独立从事自由职业取得的所得或属于独立个人劳动所得。如果从事某项劳务活动取得的报酬是以工资、薪金形式体现的，如演员从其所任职单位领取工资、教师从其任职学校领取工资等，就属于工资、薪金所得，而不属于劳务报酬所得。如果个人从事某项劳务活动取得的报酬不是来自聘用、雇佣或工作单位，就属于劳务报酬所得或经营所得。

1.个人兼职取得的收入应按照"劳务报酬所得"项目缴纳个人所得税。

2.律师以个人名义再聘请其他人员为其工作而支付的报酬，应由该律师按"劳务报酬所得"项目负责代扣代缴个人所得税。为了便于操作，个人应交的个人所得税可由其任职的律师事务所代为缴入国库。

3.证券经纪人从证券公司取得的佣金收入，应按照"劳务报酬所得"项目缴纳个人所得税。证券经纪人佣金收入由展业成本和劳务报酬构成。税法规定，对展业成本不征收个人所得税。根据目前情况，证券经纪人展业成本按照不含增值税的佣金收入减除20%费用后余额的25%计算。

4.个人保险代理人以其取得的佣金、奖励和劳务费等相关收入（不含增值税）减去展业成本以及地方税费附加，按照规定计算个人所得税。展业成本，为佣金收入减去地方税费附加余额的40%。个人保险代理人，是指根据保险企业的委托，在保险企业授权范围内代为办理保险业务的自然人，不包括个体工商户。

（三）稿酬所得

稿酬所得，是指个人因其作品以图书、报刊形式出版、发表而取得的所得。作品包括文学作品、书画作品、摄影作品以及其他作品。作者去世后，财产继承人取得的遗作稿酬，也应征收个人所得税。

（四）特许权使用费所得

特许权使用费所得，是指个人提供专利权、商标权、著作权、非专利技术以及其他特许权的使用权取得的所得。

1.我国《个人所得税法实施条例》规定，提供著作权的使用权取得的所得，不包括稿酬所得。作者将自己的文字作品手稿原件或复印件公开拍卖（竞价）取得的所得，属于提供著作权的使用所得，故应按"特许权使用费所得"项目征收个人所得税。

2.个人取得特许权的经济赔偿收入，应按"特许权使用费所得"项目缴纳个人所得税，税款由支付赔偿的单位或个人代扣代缴。

3.从2002年5月1日起，编剧从电视剧的制作单位取得的剧本使用费，不再区分剧本的使用方是否为其任职单位，统一按"特许权使用费所得"项目征收个人所得税。

（五）经营所得

经营所得包括：

1.个人通过在中国境内注册登记的个体工商户、个人独资企业、合伙企业从事生产、经营活动取得的所得；

2.个人依法取得执照，从事办学、医疗、咨询以及其他有偿服务活动取得的所得；

3.个人承包、承租、转包、转租取得的所得；

4.个人从事其他生产、经营活动取得的所得。

（六）利息、股息、红利所得

利息、股息、红利所得，是指个人拥有债权、股权而取得的利息、股息、红利所得。其中，利息一般是指存款、贷款和债券的利息。股息、红利是指个人拥有股权取得的企业分红。按照一定的比例派发的每股息金，称为股息。根据企业应分配的超过股息部分的利润，按股份分配的称为红利。

1.个人投资者收购企业股权后，将企业原有盈余积累转增股本的个人所得税问题。

一名或多名个人投资者以股权收购方式取得被收购企业100％股权，被收购前，被收购企业原账面金额中的资本公积、盈余公积、未分配利润等盈余积累未转增股本，而在股权交易时一并计入股权转让价格并履行了所得税纳税义务。被收购后，被收购企业将原账面金额中的盈余积累向个人投资者（以下称"新股东"）转增股本，有关个人所得税问题区分以下情形处理。

新股东以不低于净资产价格收购股权的，被收购企业原盈余积累已全部计入股权交易价格，新股东取得盈余积累转增股本的部分，不征收个人所得税。

新股东以低于净资产价格收购股权的，被收购企业原盈余积累中，对于股权收购价格减去原股本的差额部分已经计入股权交易价格，新股东取得盈余积累转增股本的部分，不征收个人所得税；对于股权收购价格低于原所有者权益的差额部分未计入股权交易价格，新股东取得盈余积累转增股本的部分，应按照"利息、股息、红利所得"项目征收个人所得税。

新股东以低于净资产价格收购企业股权后转增股本，应按照下列顺序进行，即先转增应税的盈余积累部分，然后再转增免税的盈余积累部分。

2.个人从公开发行和转让市场取得的上市公司股票，持股期限在1个月以内（含）的，其股息、红利所得全额计入应纳税所得额；持股期限在 1 个月至 1 年（含）的，其股息、红利所得暂减按 50% 计入应纳税所得额。上述所得统一适用 20% 的税率计征个人所得税。

对个人持有的上市公司限售股，解禁后取得的股息、红利，按照《财政部 国家税务总局 证监会关于实施上市公司股息红利差别化个人所得税政策有关问题的通知》的规定计算纳税，持股时间自解禁日起计算；解禁前取得的股息、红利继续暂减按 50% 计入应纳税所得额，适用 20% 的税率计征个人所得税。

个人从公开发行和转让市场取得的上市公司股票包括：

（1）通过证券交易所集中交易系统或大宗交易系统取得的股票；

（2）通过协议转让取得的股票；

（3）因司法扣划取得的股票；

（4）因依法继承或家庭财产分割取得的股票；

（5）通过收购取得的股票；

（6）权证行权取得的股票；

（7）使用可转换公司债券转换的股票；

（8）取得发行的股票、配股、股份股利及公积金转增股本；

（9）持有从代办股份转让系统转到主板市场（或中小板、创业板市场）的股票；

（10）上市公司合并，个人持有的被合并公司股票转换的合并后公司股票；

（11）上市公司分立，个人持有的被分立公司股票转换的分立后公司股票；

（12）其他从公开发行和转让市场取得的股票。

（七）财产租赁所得

财产租赁所得，是指个人出租不动产、机器设备、车船以及其他财产取得的所得。

1. 个人取得的房屋转租收入，属于"财产租赁所得"项目。取得转租收入的个人向房屋出租方支付的租金，凭房屋租赁合同和合法支付凭据允许在计算个人所得税时，从该项转租收入中扣除。

2. 房地产开发企业与商店个人购买者签订协议，以优惠价格出售其商店给个人购买者，个人购买者在一定期限内必须将购买的商店无偿提供给房地产开发企业对外出租使用。该行为实质上是个人购买者以所购商店交由房地产开发企业出租而取得的房屋租赁收入支付了部分购房价款。个人购买者少支出的购房价款，应视同个人财产租赁所得，按照"财产租赁所得"项目征收个人所得税。每次财产租赁所得的收入额，按照少支出的购房价款和协议规定的租赁月份数平均计算确定。

（八）财产转让所得

财产转让所得，是指个人转让有价证券、股权、合伙企业中的财产份额、不动产、机器设备、车船以及其他财产取得的所得。

1. 个人将投资于中国境内的企业或组织（不包括个人独资企业和合伙企业）的股权或股份，转让给其他个人或法人的行为，按照"财产转让所得"项目，依法计算缴纳个人所得税。具体包括以下情形：

（1）出售股权；

（2）企业回购股权；

（3）发行人首次公开发行新股时，被投资企业股东将其持有的股份以公开发行方式一并向投资者发售；

（4）股权被司法或行政机关强制过户；

（5）以股权对外投资或进行其他非货币性交易；

（6）以股权抵偿债务；

（7）其他股权转移行为。

2. 个人因各种原因终止投资、联营、经营合作等行为，从被投资企业或合作项目、被投资企业的其他投资者以及合作项目的经营合作人取得股权转让收入、违约金、补偿金、赔偿金及以其他名目收回的款项等，均属于个人所得税应税收入，应按照"财产转让所得"项目适用的规定计算缴纳个人所得税。

3.个人以非货币性资产投资，个人转让非货币性资产的所得，应按照"财产转让所得"项目，依法计算缴纳个人所得税。

4.纳税人收回转让的股权征收个人所得税的方法。

（1）股权转让合同履行完毕、股权已做变更登记，且所得已经实现的，转让人取得的股权转让收入应当依法缴纳个人所得税。转让行为结束后，当事人双方签订并执行解除原股权转让合同、退回股权的协议，是另一次股权转让行为，对前次转让行为征收的个人所得税不予退回。

（2）股权转让合同未履行完毕，因执行仲裁委员会做出的解除股权转让合同及补充协议的裁决、停止执行原股权转让合同，并原价收回已转让股权的，由于其股权转让行为尚未完成、收入未完全实现，随着股权转让关系的解除，股权收益不复存在，纳税人不应缴纳个人所得税。

5.自2010年1月1日起，对个人转让限售股取得的所得，按照"财产转让所得"项目征收个人所得税。

个人转让限售股，以每次限售股转让收入，减除股票原值和合理税费后的余额，为应纳税所得额，公式为：

应纳税所得额 = 限售股转让收入 -（限售股原值 + 合理税费）

应纳税额 = 应纳税所得额 × 20%

限售股转让收入，是指转让限售股实际取得的收入。限售股原值，是指买入限售股时的买入价及按照规定缴纳的有关费用。合理税费，是指转让限售股过程中发生的印花税、佣金、过户费等与交易相关的税费。

6.个人通过招标、竞拍或其他方式购置债权以后，通过相关司法或行政程序主张债权而取得的所得，应按照"财产转让所得"项目缴纳个人所得税。

7.个人通过网络收购玩家的虚拟货币，加价后向他人出售取得的收入，应按照"财产转让所得"项目计算缴纳个人所得税。

（九）偶然所得

偶然所得，是指个人得奖、中奖、中彩以及其他偶然性质的所得。得奖是指参加各种有奖竞赛活动，取得名次得到的奖金；中奖、中彩是指参加各种有奖活动，如有奖储蓄，或者购买彩票，经过规定程序，抽中、摇中号码而取得的奖金。

1.企业对累积消费达到一定额度的顾客，给予额外抽奖机会，顾客的获奖所得，按照"偶然所得"项目，全额缴纳个人所得税。

2.个人取得单张有奖发票奖金所得超过800元的，应全额按照"偶然所得"项目征收个人所得税。税务机关或其指定的有奖发票兑奖机构，是偶然所得应交个人所得税的扣缴义务人。

个人取得的所得，难以界定应纳税所得项目的，由主管税务机关确定。

居民个人取得的上述（一）至（四）项所得（综合所得），按纳税年度合并计算个人所得税；非居民个人取得的上述（一）至（四）项所得，按月或者按次分项计算个人所得税。纳税人取得的上述（五）至（九）项所得，依照法律规定分别计算个人所得税。

5.1.3 个人所得税税率

（一）综合所得

居民个人每一纳税年度内取得的综合所得包括工资、薪金所得，劳务报酬所得，稿酬所得，特许权使用费所得。综合所得适用3%~45%的超额累进税率，具体如表5-1所示。

表5-1 个人所得税税率表（综合所得适用）

级数	全年应纳税所得额	税率（%）
1	不超过36 000元的	3
2	超过36 000元至144 000元的部分	10
3	超过144 000元至300 000元的部分	20
4	超过300 000元至420 000元的部分	25

级数	全年应纳税所得额	税率（%）
5	超过 420 000 元至 660 000 元的部分	30
6	超过 660 000 元至 960 000 元的部分	35
7	超过 960 000 元的部分	45

注：①本表所称全年应纳税所得额是指依照税法规定，居民个人取得综合所得以每一纳税年度收入额减除费用6万元以及专项扣除、专项附加扣除和依法确定的其他扣除后的余额。②非居民个人取得工资、薪金所得，劳务报酬所得，稿酬所得和特许权使用费所得，依照本表按月换算后计算应纳税额。

（二）经营所得

经营所得适用 5%～35% 的超额累进税率，具体见表 5-2。

表 5-2　个人所得税税率表（经营所得适用）

级数	全年应纳税所得额	税率（%）
1	不超过 30 000 元的	5
2	超过 30 000 元至 90 000 元的部分	10
3	超过 90 000 元至 300 000 元的部分	20
4	超过 300 000 元至 500 000 元的部分	30
5	超过 500 000 元的部分	35

注：本表所称全年应纳税所得额是指依照税法规定，以每一纳税年度的收入总额减除成本、费用以及损失后的余额。

（三）利息、股息、红利所得，财产租赁所得，财产转让所得和偶然所得

利息、股息、红利所得，财产租赁所得，财产转让所得和偶然所得适用比例税率，税率为 20%。

自 2001 年 1 月 1 日起，对个人出租住房取得的所得暂减按 10% 的税率征收个人所得税。

5.1.4　个人所得税应纳税所得额的确定

个人所得税的计税依据是纳税人取得的应纳税所得额。应纳税所得额为个人取得的各项收入减去税法规定的费用扣除金额和减免税收入后的余额。

由于个人所得税的应税项目不同，扣除费用标准也各不相同，纳税人需要按不同应税项目分项计算个人所得税应纳税所得额。

（一）个人所得的形式

个人所得的形式，包括现金、实物、有价证券和其他形式的经济利益。所得为实物的，应当按照取得的凭证上的价格计算应纳税所得额；无凭证的实物或者凭证上所注明的价格明显偏低的，参照市场价格核定应纳税所得额；所得为有价证券的，根据票面价格和市场价格核定应纳税所得额；所得为其他形式的经济利益的，参照市场价格核定应纳税所得额。

（二）应纳税所得额确定方式

1. 居民个人的综合所得，以每一纳税年度的收入额减除费用 6 万元以及专项扣除、专项附加扣除和依法确定的其他扣除后的余额，为应纳税所得额。

综合所得，包括工资、薪金所得，劳务报酬所得，稿酬所得，特许权使用费所得四项。劳务报酬所得、稿酬所得、特许权使用费所得以收入减除20%的费用后的余额为收入额，其中，稿酬所得的收入额在此基础上再减按70%计算。

（1）专项扣除，包括居民个人按照国家规定的范围和标准缴纳的基本养老保险、基本医疗保险、失业保险等社会保险费和住房公积金等。

（2）专项附加扣除，是指《个人所得税法》规定的子女教育、继续教育、大病医疗、住房贷款利息、住房租金、赡养老人和 3 岁以下婴幼儿照护等 7 项专项附加扣除。

① 子女教育专项附加扣除。

纳税人的子女接受学前教育和学历教育的相关支出，按照每个子女每年 12 000 元（每月 1 000 元）的标准定额扣除。

学前教育包括年满 3 岁至小学入学前教育。学历教育包括义务教育（小学和初中教育）、高中阶段教育（普通高中、中等职业教育、技工教育）、高等教育（大学专科、大学本科、硕士研究生、博士研究生教育）。

受教育子女的父母分别按扣除标准的 50% 扣除；经父母约定，也可以选择由其中一方按扣除标准的 100% 扣除。具体扣除方式在一个纳税年度内不得变更。

② 继续教育专项附加扣除。

纳税人接受学历继续教育的支出，在学历教育期间按照每年 4 800 元（每月 400 元）定额扣除。纳税人接受技能人员职业资格继续教育、专业技术人员职业资格继续教育支出，在取得相关证书的年度，按照每年 3 600 元定额扣除。

个人接受本科（含）以下学历（学位）继续教育事项，符合规定的，该项教育支出可以由其父母按照子女教育支出扣除，也可以由本人按照继续教育支出扣除，但不得同时扣除。

③ 大病医疗专项附加扣除。

在一个纳税年度内，纳税人发生的与基本医保相关的医药费用支出，扣除医保报销后个人负担（指医保目录范围内的自付部分）累计超过 15 000 元的部分，由纳税人在办理年度汇算清缴时，在 80 000 元限额内据实扣除。

纳税人发生的医药费用支出可以选择由本人或者其配偶扣除；未成年子女发生的医药费用支出可以选择由其父母一方扣除。

纳税人应当留存医药服务收费及医保报销相关票据原件（或者复印件）等资料备查。医疗保障部门应当向患者提供在医疗保障信息系统记录的本人年度医药费用信息查询服务。

④ 住房贷款利息专项附加扣除。

纳税人本人或者配偶单独或者共同使用商业银行或者住房公积金个人住房贷款为本人或者其配偶购买中国境内住房，发生的首套住房贷款利息支出，在实际发生贷款利息的年度，按照每月 1 000 元的标准定额扣除，扣除期限最长不超过 240 个月。纳税人只能享受一次首套住房贷款的利息扣除。上述所称首套住房贷款，是指购买住房享受首套住房贷款利率的住房贷款。

经夫妻双方约定，可以选择由其中一方扣除，具体扣除方式在一个纳税年度内不能变更。

夫妻双方婚前分别购买住房发生的首套住房贷款利息支出，婚后可以选择其中一套住房，由购买方按扣除标准的 100% 扣除，也可以由夫妻双方对各自购买的住房分别按扣除标准的 50% 扣除，具体扣除方式在一个纳税年度内不能变更。

纳税人应当留存住房贷款合同、贷款还款支出凭证备查。

⑤ 住房租金专项附加扣除。

纳税人在主要工作城市没有自有住房而发生的住房租金支出，可以按照以下标准定额扣除：

a. 直辖市、省会（首府）、计划单列市以及国务院确定的其他城市，扣除标准为每月 1 500 元；

b. 除上述所列城市以外，市辖区户籍人口超过 100 万的城市，扣除标准为每月 1 100 元；市辖区户籍人口不超过 100 万的城市，扣除标准为每月 800 元。

纳税人的配偶在纳税人的主要工作城市有自有住房的，视同纳税人在主要工作城市有自有住房。

市辖区户籍人口，以国家统计局公布的数据为准。

主要工作城市是指纳税人任职受雇的直辖市、计划单列市、副省级城市、地级市（地区、州、盟）全部行政区域范围；纳税人无任职受雇单位的，为受理其综合所得汇算清缴的税务机关所在城市。

夫妻双方主要工作城市相同的，只能由一方扣除住房租金支出。

住房租金支出由签订租赁住房合同的承租人扣除。

纳税人及其配偶在一个纳税年度内不能同时分别享受住房贷款利息和住房租金专项附加扣除。

纳税人应当留存住房租赁合同、协议等有关资料备查。

⑥ 赡养老人专项附加扣除。

纳税人赡养 60 岁（含）以上父母以及其他依法需赡养他人的赡养支出，可以按照以下标准定额扣除。

纳税人为独生子女的，按照每年 24 000 元（每月 2 000 元）的标准定额扣除。

纳税人为非独生子女的，应当按每人不超过 1 000 元 / 月的标准定额扣除，赡养人分摊每年 24 000 元的扣除额度。分摊方式包括平均分摊、被赡养人指定分摊比例或者赡养人自行约定分摊比例，具体分摊方式和额度在一个纳税年度内不得变更。采取指定分摊或约定分摊方式的，每一纳税人分摊的扣除额最高不得超过每年 12 000 元（每月 1 000 元），并签订书面分摊协议。指定分摊与约定分摊不一致的，以指定分摊为准。纳税人赡养 2 个及以上老人的，不按老人人数加倍扣除。

其他法定赡养人是指祖父母、外祖父母的子女已经去世，实际承担对祖父母、外祖父母赡养义务的孙子女、外孙子女。

⑦ 设立 3 岁以下婴幼儿照护个人所得税专项附加扣除。

纳税人照护 3 岁以下婴幼儿子女的相关支出，按照每个婴幼儿每月 1 000 元的标准定额扣除。

父母可以选择由其中一方按扣除标准的 100% 扣除，也可以选择由双方分别按扣除标准的 50% 扣除，具体扣除方式在一个纳税年度内不能变更。

3 岁以下婴幼儿照护个人所得税专项附加扣除涉及的保障措施和其他事项，参照《个人所得税专项附加扣除暂行办法》有关规定执行。

3 岁以下婴幼儿照护个人所得税专项附加扣除自 2022 年 1 月 1 日起实施。

（3）其他扣除，包括个人缴付符合国家规定的企业年金、职业年金，个人购买符合国家规定的商业健康保险、税收递延型商业养老保险的支出，以及国务院规定的可以扣除的其他项目。

2. 非居民个人的工资、薪金所得，以每月收入额减除费用 5 000 元后的余额为应纳税所得额；劳务报酬所得、稿酬所得、特许权使用费所得，以每次收入额为应纳税所得额。

3.经营所得，以每一纳税年度的收入总额减除成本、费用以及损失后的余额，为应纳税所得额。

上述所称成本、费用，是指个体工商户、个人独资企业、合伙企业以及个人从事其他生产、经营活动发生的各项直接支出和分配计入成本的间接费用以及销售费用、管理费用、财务费用；上述所称损失，是指个体工商户、个人独资企业、合伙企业以及个人从事其他生产经营活动发生的固定资产和存货的盘亏、毁损、报废损失，转让财产损失，坏账损失，自然灾害等不可抗力造成的损失以及其他损失。

个体工商户、个人独资企业、合伙企业以及个人从事其他生产、经营活动，未提供完整、准确的纳税资料，不能正确计算应纳税所得额的，由主管税务机关核定其应纳税所得额。

个体工商户业主、个人独资企业投资者、合伙企业个人合伙人以及从事其他生产、经营活动的个人，以其每一纳税年度来源于个体工商户、个人独资企业、合伙企业以及其他生产、经营活动的所得，减除费用6万元、专项扣除以及依法确定的其他扣除后的余额，为应纳税所得额。

个人所得税法对个体工商户的生产、经营所得的具体规定如下。

个体工商户的生产、经营所得，以每一纳税年度的收入总额，减除成本、费用、税金、损失、其他支出以及允许弥补的以前年度亏损后的余额，为应纳税所得额。

成本是指个体工商户在生产经营活动中发生的销售成本、销货成本、业务支出以及其他耗费。

费用是指个体工商户在生产经营活动中发生的销售费用、管理费用和财务费用，已经计入成本的有关费用除外。

税金是指个体工商户在生产经营活动中发生的除个人所得税和允许抵扣的增值税以外的各项税金及其附加。

损失是指个体工商户在生产经营活动中发生的固定资产和存货的盘亏、毁损、报废损失，转让财产损失，坏账损失，自然灾害等不可抗力造成的损失以及其他损失。个体工商户发生的损失，减除责任人赔偿和保险赔款后的余额，参照《财政部　国家税务总局关于企业资产损失税前扣除政策的通知》的规定扣除。

其他支出是指除成本、费用、税金、损失外，个体工商户在生产经营活动中发生的与生产经营活动有关的、合理的支出。

允许弥补的以前年度亏损，是指个体工商户依照规定计算的应纳税所得额小于零的数额。

个体工商户的已经作为损失处理的资产，在以后纳税年度又全部收回或者部分收回时，应当计入收回当期的收入。

（1）个体工商户下列支出不得扣除：

① 个人所得税税款；

② 税收滞纳金；

③ 罚金、罚款和被没收财物的损失；

④ 不符合扣除规定的捐赠支出；

⑤ 赞助支出；

⑥ 用于个人和家庭的支出；

⑦ 与取得生产经营收入无关的其他支出；

⑧ 国家税务总局规定不准扣除的支出。

（2）个体工商户应当分别核算生产经营费用和个人、家庭费用难以分清的，总费用的 40% 视为与生产经营有关的费用，准予扣除。

（3）个体工商户纳税年度发生的亏损，准予向以后年度结转，用以后年度的生产经营所得弥补，但结转年限最长不得超过 5 年。

（4）个体工商户实际支付给从业人员的、合理的工资薪金支出，准予扣除。个体工商户业主 2018 年第四季度取得的生产经营所得，按照 5 000 元 / 月的标准减除费用，前三季度可减除的费用按照 3 500 元 / 月执行。

个体工商户业主的工资薪金支出不得税前扣除。

（5）个体工商户按照国务院有关主管部门或者省级人民政府规定的范围和标准为其业主和从业人员缴纳的基本养老保险费、基本医疗保险费、失业保险费、生育保险费、工伤保险费和住房公积金，准予扣除。

个体工商户为从业人员缴纳的补充养老保险费、补充医疗保险费，分别在不超过从业人员工资总额5%标准内的部分据实扣除；超过部分，不得扣除。

个体工商户业主本人缴纳的补充养老保险费、补充医疗保险费，以当地（地级市）上年度社会平均工资的3倍为计算基数，分别在不超过该计算基数5%标准内的部分据实扣除；超过部分，不得扣除。

除个体工商户依照国家有关规定为特殊工种从业人员支付的人身安全保险费和财政部、国家税务总局规定可以扣除的其他商业保险费外，个体工商户业主本人或者为从业人员支付的商业保险费，不得扣除。

（6）个体工商户在生产经营活动中发生的合理的、不需要资本化的借款费用，准予扣除。

（7）个体工商户在生产经营活动中发生的下列利息支出，准予扣除：

① 向金融企业借款的利息支出；

② 向非金融企业和个人借款的利息支出，不超过按照金融企业同期同类贷款利率计算的数额的部分。

（8）个体工商户向当地工会组织拨缴的工会经费、实际发生的职工福利费支出、职工教育经费支出分别在工资薪金总额的2%、14%和2.5%的标准内据实扣除。

工资薪金总额是指允许在当期税前扣除的工资薪金支出数额。

职工教育经费的实际发生数额超出规定比例当期不能扣除的数额，准予在以后纳税年度结转扣除。

个体工商户业主本人向当地工会组织缴纳的工会经费、实际发生的职工福利费支出、职工教育经费支出，以当地（地级市）上年度社会平均工资的

3 倍为计算基数，在规定比例内据实扣除。

（9）个体工商户发生的与生产经营活动有关的业务招待费，按照实际发生额的 60% 扣除，但最高不得超过当年销售（营业）收入的 5‰。

业主自申请营业执照之日起至开始生产经营之日止所发生的业务招待费，按照实际发生额的 60% 计入个体工商户的开办费。

（10）个体工商户每一纳税年度发生的与其生产经营活动直接相关的广告费和业务宣传费不超过当年销售（营业）收入 15% 的部分，可以据实扣除；超过部分，准予在以后纳税年度结转扣除。

（11）个体工商户代其从业人员或者他人负担的税款，不得税前扣除。

（12）个体工商户按照规定缴纳的摊位费、行政性收费、协会会费等，按实际发生数额扣除。

（13）个体工商户参加财产保险，按照规定缴纳的保险费，准予扣除。

（14）个体工商户发生的合理的劳动保护支出，准予扣除。

（15）个体工商户自申请营业执照之日起至开始生产经营之日止所发生的符合规定的费用，除为取得固定资产、无形资产发生的支出，以及应计入资产价值的汇兑损益、利息支出外，作为开办费，个体工商户可以选择在开始生产经营的当年一次性扣除，也可以选择自生产经营月份起在不短于 3 年期限内摊销扣除，但一经选定，不得改变。

开始生产经营之日为个体工商户取得第一笔销售（营业）收入的日期。

（16）个体工商户通过公益性社会团体或者县级以上人民政府及其部门，用于《中华人民共和国公益事业捐赠法》规定的公益事业的捐赠，捐赠额不超过其应纳税所得额 30% 的部分可以据实扣除。

财政部、国家税务总局规定可以全额在税前扣除的捐赠支出项目，按有关规定执行。

个体工商户直接对受益人的捐赠不得扣除。

（17）个体工商户研究开发新产品、新工艺所发生的开发费用，以及研究开发新产品、新技术而购置单台价值在 10 万元以下的测试仪器和试验性装置的购置费准予直接扣除；单台价值在 10 万元以上（含）的测试仪器和试验性装置，按固定资产管理，不得在当期直接扣除。

实行查账征收的个人独资企业和合伙企业的扣除项目比照《个体工商户个人所得税计税办法》的规定确定。

个人独资企业的投资者以全部生产经营所得为应纳税所得额；合伙企业的投资者按照合伙企业的全部生产经营所得和合伙协议约定的分配比例确定应纳税所得额，合伙协议没有约定分配比例的，以全部生产经营所得和合伙人数量平均计算每个投资者的应纳税所得额。生产经营所得，包括企业分配给投资者个人的所得和企业当年留存的所得（利润）。

投资者兴办两个或两个以上企业的，其投资者个人费用扣除标准由投资者选择在其中一个企业的生产经营所得中扣除。

计提的各种准备金不得扣除。

企业与其关联企业之间的业务往来，应当按照独立企业之间的业务往来收取或者支付价款、费用，而减少其应纳税所得额的，主管税务机关有权进行合理调整。

国家对下列情形的个人独资企业和合伙企业实行核定征收个人所得税：依照国家有关规定应当设置但未设置账簿的；虽设置账簿，但账目混乱或者成本资料、收入凭证、费用凭证残缺不全，难以查账的；纳税人发生纳税义务，未按照规定的期限办理纳税申报，经税务机关责令限期申报，逾期仍不申报的。

核定征收方式包括定额征收、核定应税所得率征收以及其他合理的征收方式。

4. 财产租赁所得，每次收入不超过 4 000 元的，减除费用 800 元；4 000 元以上的，减除 20% 的费用。上述计算的结果为应纳税所得额。

5. 财产转让所得，以转让财产的收入额减除财产原值和合理费用后的余额，为应纳税所得额。

常见财产的原值确定具体如下：

（1）有价证券，为买入价以及买入时按照规定缴纳的有关费用；

（2）不动产，为建造费或者购进价格以及其他有关费用；

（3）土地使用权，为取得土地使用权所支付的金额、开发土地的费用以及其他有关费用；

（4）机器设备、车船，为购进价格、运输费、安装费以及其他有关费用。

纳税人未提供完整、准确的财产原值凭证，不能正确计算财产原值的，由主管税务机关核定其财产原值。

合理费用，是指卖出财产时按照规定支付的有关税费。

个人发生非货币性资产交换，以及将财产用于捐赠、偿债、赞助、投资等，应当视同转让财产并缴纳个人所得税，但国务院财政、税务主管部门另有规定的除外。

6.利息、股息、红利所得和偶然所得，以每次收入额为应纳税所得额。

（三）其他费用扣除规定

1.个人将其所得对教育、扶贫、济困等公益慈善事业进行捐赠，捐赠额未超过纳税人申报的应纳税所得额30％的部分，可以从其应纳税所得额中扣除；国务院规定对公益慈善事业捐赠实行税前全额扣除的，从其规定。应纳税所得额，是指扣除捐赠额之前的应纳税所得额。

2.个人通过非营利性的社会团体和国家机关向红十字会的捐赠，在计算缴纳个人所得税时，准予在税前所得额中全额扣除。

3.个人通过非营利性的社会团体和国家机关向农村义务教育的捐赠，在计算缴纳个人所得税时，准予在税前所得额中全额扣除。

农村义务教育的范围是指政府和社会力量举办的农村乡镇（不含县和县级市政府所在地的镇）、村的小学和初中以及属于这一阶段的特殊教育学校。纳税人对农村义务教育与高中在一起的学校的捐赠，也享受所得额税前扣除政策。

接受捐赠或办理转赠的非营利性的社会团体和国家机关，应按照财务隶属关系分别使用由中央或省级财政部门统一印（监）制的捐赠票据，并加盖接受捐赠或转赠单位的财务专用印章。税务机关据此对捐赠个人进行税前扣除。

4. 个人通过非营利性社会团体和国家机关对公益性青少年活动场所（其中包括新建）的捐赠，在计算缴纳个人所得税时，准予在税前所得额中全额扣除。

公益性青少年活动场所，是指专门为青少年学生提供科技、文化、德育、爱国主义教育、体育活动的青少年宫、青少年活动中心等校外活动的公益性场所。

5. 个人的所得（不含偶然所得，经国务院财政部门确定征税的其他所得）用于对非关联的科研机构和高等学校研究开发新产品、新工艺所发生的研究开发经费的资助，可以全额在下月（工资、薪金所得）或下次（按次计征的所得）或当年（按年计征的所得）计征个人所得税时，从应纳税所得额中扣除；不足抵扣的，不得结转抵扣。

6. 根据财政部、国家税务总局有关规定，个人通过非营利性的社会团体和国家机关向福利性、非营利性老年服务机构的捐赠，通过宋庆龄基金会等6家单位、中国医药卫生事业发展基金会等8家单位、中华健康快车基金会等5家单位的捐赠，符合相关条件的，准予在缴纳个人所得税前全额扣除。

7. 自2017年7月1日起，对个人购买符合规定的商业健康保险产品的支出，允许在当年（月）计算应纳税所得额时税前扣除，扣除限额为2 400元／年（200元／月）。单位统一为员工购买符合规定的商业健康保险产品的支出，应分别计入员工个人工资薪金，视同个人购买，按上述限额予以扣除。2 400元／年（200元／月）的限额扣除为《个人所得税法》规定减除费用标准之外的扣除。适用商业健康保险税收优惠政策的纳税人，是指取得工资薪金所得、连续性劳务报酬所得的个人，以及取得个体工商户生产经营所得、对企事业单位的承包承租经营所得的个体工商户业主、个人独资企业投资者、合伙企业合伙人和承包承租经营者。

（四）每次收入的确定

1.财产租赁所得，以一个月内取得的收入为一次。

2.利息、股息、红利所得，以支付利息、股息、红利时取得的收入为一次。

3.偶然所得，以每次取得该项收入为一次。

4.非居民个人取得的劳务报酬所得、稿酬所得、特许权使用费所得，属于一次性收入的，以取得该项收入为一次；属于同一项目连续性收入的，以一个月内取得的收入为一次。

5.1.5 个人所得税应纳税额的计算

（一）应纳税额的计算

1.综合所得应纳税额的计算。

综合所得应纳税额的计算公式为：

应纳税额 = 应纳税所得额 × 适用税率 − 速算扣除数

= （每一纳税年度的收入额 −60 000− 专项扣除 − 专项附加扣除 − 依法确定的其他扣除）× 适用税率 − 速算扣除数

2.经营所得应纳税额的计算。

个体工商户的生产、经营所得应纳税额的计算公式为：

应纳税额 = 应纳税所得额 × 适用税率 − 速算扣除数

= （全年收入总额 − 成本 − 费用 − 税金 − 损失 − 其他支出 − 以前年度亏损）× 适用税率 − 速算扣除数

企事业单位的承包经营、承租经营所得应纳税额的计算公式为：

应纳税额 = 应纳税所得额 × 适用税率 − 速算扣除数

= （纳税年度收入总额 − 必要费用）× 适用税率 − 速算扣除数

3.利息、股息、红利所得应纳税额的计算。

利息、股息、红利所得应纳税额的计算公式为：

应纳税额 = 应纳税所得额 × 适用税率 = 每次收入额 × 适用税率

4.财产租赁所得应纳税额的计算。

财产租赁所得应纳税额的计算公式如下。

（1）每次（月）收入不足4 000元的，计算公式为：

应纳税额 = [每次（月）收入额 − 财产租赁过程中缴纳的税费 − 由纳税人负担的租赁财产实际开支的修缮费用（800元为限）−800] × 20%

（2）每次（月）收入在4 000元以上的，计算公式为：

应纳税额 = [每次（月）收入额 − 财产租赁过程中缴纳的税费 − 由纳税人负担的租赁财产实际开支的修缮费用（800元为限）] × （1−20%）× 20%

个人出租房屋取得的个人所得税应税收入应为不含增值税应税收入，计算房屋出租所得可扣除的税费不包括本次出租缴纳的增值税。个人转租房屋的，其向房屋出租方支付的租金及增值税，在计算转租所得时予以扣除。

5.财产转让所得应纳税额的计算。

（1）一般情况下财产转让所得应纳税额的计算。

财产转让所得应纳税额的计算公式为：

应纳税额 = 应纳税所得额 × 适用税率

= （收入总额 − 财产原值 − 合理费用）× 20%

个人转让房屋取得的个人所得税应税收入应为不含增值税应收收入，个人取得房屋时所支付的价款中包含的增值税计入财产原值，计算转让所得时可扣除的税费不包括本次转让缴纳的增值税。

（2）个人销售无偿受赠不动产应纳税额的计算。

受赠人转让受赠房屋的，以其转让受赠房屋的收入减除该房屋的实际购置成本以及赠与和转让过程中受赠人支付相关税费后的余额，为受赠人的应纳税所得额，依法计征个人所得税。受赠人转让受赠房屋价格明显偏低且无正当理由的，税务机关可以依据该房屋的市场评估价格或根据其他合理方式确定的价格核定其转让收入。

6.偶然所得应纳税额的计算。

偶然所得应纳税额的计算公式为：

$$应纳税额 = 应纳税所得额 \times 适用税率$$

$$= 每次收入额 \times 20\%$$

7. 应纳税额计算的其他规定。

（1）两个或者两个以上的个人共同取得同一项目收入的，应当对每个人取得的收入分别按照个人所得税法规定减除费用后计算纳税。

（2）居民个人从境内和境外取得的综合所得或者经营所得，应当分别合并计算应纳税额；从境内和境外取得的其他所得应当分别单独计算应纳税额。

（3）个人独资企业、合伙企业及个人从事其他生产、经营活动在境外营业机构的亏损，不得抵减境内营业机构的盈利。

（4）居民个人从中国境外取得的所得，可以从其应纳税额中抵免已在境外缴纳的个人所得税税额，但抵免额不得超过该纳税人境外所得依照个人所得税法规定计算的应纳税额。

居民个人在中国境外实际已经缴纳的个人所得税税额，低于依照规定计算出的该国家或者地区抵免限额的，应当在中国缴纳差额部分；超过该国家或者地区抵免限额的，其超过部分不得在本纳税年度的应纳税额中扣除，但是可以在以后纳税年度的该国家或者地区抵免限额的余额中补扣。补扣期限最长不得超过5年。

居民个人申请抵免已在境外缴纳的个人所得税税额，应当提供境外税务机关出具的税款所属年度的有关纳税凭证。

（二）应纳税额计算的特殊规定

1. 出租汽车经营单位对出租车驾驶员采取单车承包或承租方式运营，出租车驾驶员从事客货运营取得的收入，按"工资、薪金所得"项目征税。

出租车属于个人所有，但挂靠出租汽车经营单位或企事业单位，出租车驾驶员向挂靠单位缴纳管理费的，或出租汽车经营单位将出租车所有权转移给驾驶员的，出租车驾驶员从事客货运营取得的收入，比照"经营所得"项目征税。

从事个体出租车运营的出租车驾驶员取得的收入，按"经营所得"项目缴纳个人所得税。

2.关于企业改组改制过程中职工个人取得的量化资产征税问题。

根据国家有关规定，集体所有制企业在改制为股份合作制企业时，可以将有关资产量化给职工个人。为了支持企业改组改制的顺利进行，对于企业在改制过程中职工个人取得量化资产的征税问题，税法做出了以下规定。

（1）对职工个人以股份形式取得的仅作为分红依据，不拥有所有权的企业量化资产，不征收个人所得税。

（2）对职工个人以股份形式取得的拥有所有权的企业量化资产，暂缓征收个人所得税；待职工个人将股份转让时，就其转让收入，减除个人取得该股份时实际产生的费用后的余额，按"财产转让所得"项目计征个人所得税。

（3）对职工个人以股份形式取得的企业量化资产参与企业分配而获得的股息、红利，应按"利息、股息、红利所得"项目征收个人所得税。

3.符合以下情形的房屋或其他财产，不论所有权人是否将财产无偿或有偿交付企业使用，其实质均为企业对个人进行了实物性质的分配，应依法计征个人所得税。

（1）企业出资购买房屋及其他财产，将所有权登记为投资者个人、投资者家庭成员或企业其他人员的。

（2）企业投资者个人、投资者家庭成员或企业其他人员向企业借款用于购买房屋及其他财产，将所有权登记为投资者、投资者家庭成员或企业其他人员，且借款年度终了后未归还借款的。

个人独资企业、合伙企业的个人投资者或其家庭成员取得的上述所得，视为企业对个人投资者的利润分配，按照"经营所得"项目计征个人所得税；除个人独资企业、合伙企业以外的其他企业的个人投资者或其家庭成员取得的上述所得，视为企业对个人投资者的红利分配，按照"利息、股息、红利所得"项目计征个人所得税；对企业其他人员取得的上述所得，按照"综合所得"项目计征个人所得税。

5.1.6　个人所得税税收优惠

（一）免税项目

1.省级人民政府、国务院部委和中国人民解放军军以上单位，以及外国组织、国际组织颁发的科学、教育、技术、文化、卫生、体育、环境保护等方面的奖金。

2.国债和国家发行的金融债券利息。其中，国债利息，是指个人持有中华人民共和国财政部发行的债券而取得的利息；国家发行的金融债券利息，是指个人持有经国务院批准发行的金融债券而取得的利息。

3.按照国家统一规定发给的补贴、津贴，是指按照国务院规定发给的政府特殊津贴、院士津贴、资深院士津贴，以及国务院规定免纳个人所得税的其他补贴、津贴。

4.福利费、抚恤金、救济金。其中，福利费是指根据国家有关规定，从企业单位、事业单位、国家机关、社会组织提留的福利费或者工会经费中支付给个人的生活补助费；救济金，是指各级人民政府民政部门支付给个人的生活困难补助费。

5.保险赔款。

6.军人的转业费、复员费、一次性退役金。

7.按照国家统一规定发给干部、职工的安家费、退职费、基本养老金或者退休工资、离休工资、离休生活补助费。

8.依照有关法律规定应予免税的各国驻华使馆、领事馆的外交代表、领事官员和其他人员的所得。该所得是指依照《中华人民共和国外交特权与豁免条例》和《中华人民共和国领事特权与豁免条例》规定免税的所得。

9.中国政府参加的国际公约和签订的协议中规定免税的所得。

10.国务院规定的其他免税所得。

上述免税规定，由国务院报全国人民代表大会常务委员会备案。

（二）减税项目

1. 残疾、孤老人员和烈属的所得。

2. 因自然灾害遭受重大损失的。

上述减税项目的减征幅度和期限，由省、自治区、直辖市人民政府规定，并报同级人民代表大会常务委员会备案。

国务院可以规定其他减税情形，报全国人民代表大会常务委员会备案。

（三）其他免税和暂免征税项目

1. 下列所得，暂免征收个人所得税。

（1）外籍个人以非现金形式或实报实销形式取得的住房补贴、伙食补贴、搬迁费、洗衣费。

（2）外籍个人按合理标准取得的境内、外出差补贴。

（3）外籍个人取得的探亲费、语言训练费、子女教育费等，经当地税务机关审核批准为合理的部分。

（4）外籍个人从外商投资企业取得的股息、红利所得。

（5）凡符合下列条件之一的外籍专家取得的工资、薪金所得可免征个人所得税：

① 根据世界银行专项贷款协议由世界银行直接派往我国工作的外国专家；

② 联合国组织直接派往我国工作的专家；

③ 为联合国援助项目来华工作的专家；

④ 援助国派往我国专为该国无偿援助项目工作的专家；

⑤ 根据两国政府签订文化交流项目来华工作两年以内的文教专家，其工资、薪金所得由该国负担的；

⑥ 根据我国大专院校国际交流项目来华工作两年以内的文教专家，其工资、薪金所得由该国负担的；

⑦ 通过民间科研协定来华工作的专家，其工资、薪金所得由该国政府机构负担的。

2. 个人在上海证券交易所、深圳证券交易所转让从上市公司公开发行和转让市场取得的股票，转让所得暂不征收个人所得税。

3. 自 2018 年 11 月 1 日（含）起，对个人转让全国中小企业股份转让系统（新三板）挂牌公司非原始股取得的所得，暂免征收个人所得税。非原始股是指个人在全国中小企业股份转让系统挂牌公司挂牌后取得的股票，以及由上述股票孳生的送、转股。

4. 个人举报、协查各种违法、犯罪行为而获得的奖金暂免征收个人所得税。

5. 个人办理代扣代缴手续，按规定取得的扣缴手续费暂免征收个人所得税。

6. 个人转让自用达 5 年以上，并且是唯一的家庭生活用房取得的所得，暂免征收个人所得税。

7. 对个人购买福利彩票、体育彩票，一次中奖收入在 1 万元以下（含）的暂免征收个人所得税；超过 1 万元的，全额征收个人所得税。

8. 个人取得单张有奖发票奖金所得不超过 800 元（含）的，暂免征收个人所得税。

9. 达到离休、退休年龄，但确因工作需要，适当延长离休、退休年龄的高级专家（指享受国家发放的政府特殊津贴的专家、学者），其在延长离休、退休期间的工资、薪金所得，视同离休、退休工资免征个人所得税。

10. 个人领取原提存的住房公积金、基本医疗保险金、基本养老保险金，以及失业保险金，免予征收个人所得税。

11. 对工伤职工及其近亲属按照《工伤保险条例》规定取得的工伤保险待遇，免征个人所得税。

12. 企事业单位按照国家或省（自治区、直辖市）人民政府规定的缴费比例或办法实际缴付的基本养老保险费、基本医疗保险费和失业保险费，免征个人所得税；个人按照国家或省（自治区、直辖市）人民政府规定的缴费比例或办法实际缴付的基本养老保险费、基本医疗保险费和失业保险费，允许在个人应纳税所得额中扣除。

13.企业和事业单位根据国家有关政策规定的办法和标准，为在本单位任职或者受雇的全体职工缴付的企业年金或职业年金单位缴费部分，在记入个人账户时，个人暂不缴纳个人所得税。

个人根据国家有关政策规定缴付的年金个人缴费部分，在不超过本人缴费工资计税基数的4%标准内的部分，暂从个人当期的应纳税所得额中扣除。

企业年金基金投资运营收益分配记入个人账户时，个人暂不缴纳个人所得税。

14.企业依照国家有关法律规定宣告破产，企业职工从该破产企业取得的一次性安置收入，免征个人所得税。

15.自2008年10月9日（含）起，对储蓄存款利息所得暂免征收个人所得税。

16.自2015年9月8日起，个人从公开发行和转让市场取得的上市公司股票，持股期限超过1年的，股息红利所得暂免征收个人所得税。

17.自2019年7月1日起至2024年6月30日，个人持有全国中小企业股份转让系统挂牌公司的股票，持股期限超过1年的，对股息、红利所得暂免征收个人所得税。

18.对被拆迁人按照国家有关城镇房屋拆迁管理办法规定的标准取得的拆迁补偿款，免征个人所得税。

19.以下情形的房屋产权无偿赠与，对当事双方不征收个人所得税：

（1）房屋产权所有人将房屋产权无偿赠与配偶、父母、子女、祖父母、外祖父母、孙子女、外孙子女、兄弟姐妹；

（2）房屋产权所有人将房屋产权无偿赠与对其承担直接抚养或者赡养义务的抚养人或者赡养人；

（3）房屋产权所有人死亡，依法取得房屋产权的法定继承人、遗嘱继承人或者受遗赠人。

20.个体工商户、个人独资企业和合伙企业或个人从事种植业、养殖业、饲养业、捕捞业取得的所得，暂不征收个人所得税。

21.企业在销售商品（产品）和提供服务过程中向个人赠送礼品，属于下列情形之一的，不征收个人所得税：

（1）企业通过价格折扣、折让方式向个人销售商品（产品）和提供服务；

（2）企业在向个人销售商品（产品）和提供服务的同时给予赠品，如通信企业对个人购买手机赠话费、入网费，或者购话费赠手机等；

（3）企业对累积消费达到一定额度的个人按消费积分反馈礼品。

税收法律、行政法规、部门规章和规范性文件中未明确规定纳税人享受减免税必须经税务机关审批，且纳税人取得的所得完全符合减免税条件的，无须经主管税务机关审核，纳税人可自行享受减免税。

税收法律、行政法规、部门规章和规范性文件中明确规定纳税人享受减免税必须经税务机关审批的，或者纳税人无法准确判断其取得的所得是否应享受个人所得税减免的，必须经主管税务机关按照有关规定审核或批准后，方可减免个人所得税。

5.1.7　个人所得税征收管理

（一）纳税申报

1.个人所得税以所得人为纳税人，以支付所得的单位或者个人为扣缴义务人。扣缴义务人向个人支付应税款项时，应当依照个人所得税法规定预扣或代扣税款，按时缴库，并专项记载备查。支付形式，包括现金支付、汇拨支付、转账支付和以有价证券、实物以及其他形式的支付。

税务机关对扣缴义务人按照所扣缴的税款，按年付给 2% 的手续费。

扣缴义务人应当按照国家规定办理全员全额扣缴申报，并向纳税人提供其个人所得和已扣缴税款等信息。全员全额扣缴申报，是指扣缴义务人在代扣税款的次月 15 日内，向主管税务机关报送其支付所得的所有个人的有关信息、支付所得数额、扣除事项和数额、扣缴税款的具体数额和总额以及其他相关涉税信息。

2.有下列情形之一的，纳税人应当依法办理纳税申报。

（1）取得综合所得需要办理汇算清缴。

需要办理汇算清缴的情形如下。

① 在两处或者两处以上取得综合所得，且综合所得年收入额减去专项扣除的余额超过6万元。

② 取得劳务报酬所得、稿酬所得、特许权使用费所得中一项或者多项所得，且综合所得年收入额减去专项扣除的余额超过6万元。

③ 纳税年度内预缴税额低于应纳税额的。

④ 纳税人申请退税。纳税人申请退税，应当提供其在中国境内开设的银行账户，并在汇算清缴地就地办理税款退库。

（2）取得应税所得没有扣缴义务人。

（3）取得应税所得，扣缴义务人未扣缴税款。

（4）取得境外所得。

（5）因移居境外注销中国户籍。

（6）非居民个人在中国境内从两处以上取得工资、薪金所得。

（7）国务院规定的其他情形。

3.居民个人取得工资、薪金所得时，可以向扣缴义务人提供专项附加扣除有关信息，由扣缴义务人扣缴税款时减除专项附加扣除。纳税人同时从两处以上取得工资、薪金所得，并由扣缴义务人减除专项附加扣除的，对同一专项附加扣除项目，在一个纳税年度内只能选择从一处取得的所得中减除。

居民个人取得劳务报酬所得、稿酬所得、特许权使用费所得，应当在汇算清缴时向税务机关提供有关信息，减除专项附加扣除。

4.纳税人可以委托扣缴义务人或者其他单位和个人办理汇算清缴。

纳税人发现扣缴义务人提供或者扣缴申报的个人信息、所得、扣缴税款等与实际情况不符的，有权要求扣缴义务人修改。扣缴义务人拒绝修改的，纳税人应当报告税务机关，税务机关应当及时处理。

纳税人、扣缴义务人应当按照规定保存与专项附加扣除相关的资料。税务机关可以对纳税人提供的专项附加扣除信息进行抽查，具体办法由国务院税务主管部门另行规定。税务机关发现纳税人提供虚假信息的，应当责令改正并通知扣缴义务人；情节严重的，有关部门应当依法予以处理，纳入信用信息系统并实施联合惩戒。

5.纳税人申请退税时提供的汇算清缴信息有错误的，税务机关应当告知其更正；纳税人更正的，税务机关应当及时办理退税。

扣缴义务人未将扣缴的税款解缴入库的，不影响纳税人按照规定申请退税，税务机关应当凭纳税人提供的有关资料办理退税。

（二）纳税期限

1.居民个人取得综合所得，按年计算个人所得税；有扣缴义务人的，由扣缴义务人按月或者按次预扣预缴税款；需要办理汇算清缴的，应当在取得所得的次年 3 月 1 日至 6 月 30 日内办理汇算清缴。预扣预缴办法由国务院税务主管部门制定。

2.非居民个人取得工资、薪金所得，劳务报酬所得，稿酬所得和特许权使用费所得，有扣缴义务人的，由扣缴义务人按月或者按次代扣代缴税款，不办理汇算清缴。

3.纳税人取得经营所得，按年计算个人所得税，由纳税人在月度或者季度终了后 15 日内向税务机关报送纳税申报表，并预缴税款；在取得所得的次年 3 月 31 日前办理汇算清缴。

4.纳税人取得利息、股息、红利所得，财产租赁所得，财产转让所得和偶然所得，按月或者按次计算个人所得税；有扣缴义务人的，由扣缴义务人按月或者按次代扣代缴。

5.纳税人取得应税所得没有扣缴义务人的，应当在取得所得的次月 15 日内向税务机关报送纳税申报表，并缴纳税款。

6.纳税人取得应税所得，扣缴义务人未扣缴税款的，纳税人应当在取得所得的次年 6 月 30 日前，缴纳税款；税务机关通知限期缴纳的，纳税人应当按期限缴纳税款。

7. 居民个人从中国境外取得所得的，应当在取得所得的次年 3 月 1 日至 6 月 30 日内申报纳税。

8. 非居民个人在中国境内从两处以上取得工资、薪金所得的，应当在取得所得的次月 15 日内申报纳税。

9. 纳税人因移居境外注销中国户籍的，应当在注销中国户籍前办理税款清算。

10. 扣缴义务人每月或者每次预扣、代扣的税款，应当在次月 15 日内缴入国库，并向税务机关报送扣缴个人所得税申报表。

各项所得，以人民币为单位。所得为人民币以外货币的，按照办理纳税申报或扣缴申报的上一月最后一日人民币汇率中间价，折合成人民币计算应纳税所得额。年度终了后办理汇算清缴的，对已经按月、按季或者按次预缴税款的人民币以外货币所得，不再重新折算；对应当补缴税款的所得部分，按照上一纳税年度最后一日人民币汇率中间价，折合成人民币计算应纳税所得额。

5.2　个人所得税的会计处理

个人所得税的会计处理包括代扣代缴单位的会计处理和个体工商户、个人独资企业及合伙企业的会计处理两个方面。

5.2.1　代扣代缴单位的会计处理

（一）支付工资、薪金和劳务报酬代扣代缴个人所得税

企业作为个人所得税的扣缴义务人，应按规定扣缴职工应缴纳的个人所得税。发放工资，代扣个人所得税时，借记"应付职工薪酬"账户，贷记"应交税费——代扣代缴个人所得税"账户。企业支付劳务报酬并代扣代缴

个人所得税时，借记"管理费用""销售费用"等账户，贷记"应交税费——代扣代缴个人所得税"账户。

企业为职工代扣代缴个人所得税有两种情况：第一，职工自己承担个人所得税，企业只负有扣缴义务；第二，企业既承担个人所得税，又负有扣缴义务。

【例 5-1】某企业为张某、李某每月各发工资 5 300 元。但合同约定：张某自己承担个人所得税；李某个人所得税由该企业承担，即李某的工资 5 300 元为税后所得。

（1）为张某扣缴个人所得税时。

张某应纳个人所得税 =（5 300-5 000）×3% =9（元）

发放工资时做会计分录如下。

借：应付职工薪酬　　　　　　　　　　　　　　　　　　　5 300

　　贷：库存现金　　　　　　　　　　　　　　　　　　　5 291

　　　　应交税费——代扣代缴个人所得税　　　　　　　　　　9

（2）为李某承担税款时。

由于李某工资为税后所得，因此需要将税后所得换算为税前所得，再计算个人所得税。其计算如下。

应纳个人所得税 = 应纳税所得额 × 适用税率 - 速算扣除数

（5 300-5000）÷（1-3%）×3% =9.28（元）

计提个人所得税时做会计分录如下。

借：管理费用等　　　　　　　　　　　　　　　　　　　9.28

　　贷：应付职工薪酬　　　　　　　　　　　　　　　　　9.28

发放工资时做会计分录如下。

借：应付职工薪酬　　　　　　　　　　　　　　　　　5 309.28

　　贷：库存现金　　　　　　　　　　　　　　　　　　5 300

　　　　应交税费——代扣代缴个人所得税　　　　　　　　9.28

（二）支付财产租赁费代扣代缴个人所得税

企业支付给个人的财产租赁费，一般由支付单位作为扣缴义务人向纳税人扣留税款，并记入该企业的有关期间费用账户。即企业在支付上述费用时，借记"无形资产""管理费用""财务费用""销售费用"等账户，贷记"应交税费——代扣代缴个人所得税""库存现金"等账户；实际缴纳时，借记"应交税费——代扣代缴个人所得税"账户，贷记"银行存款"账户。

（三）向个人购买财产代扣代缴个人所得税

一般情况下，企业向个人购买财产属于购建企业的固定资产项目。支付的税金应作为企业购建固定资产的价值组成部分。

购置固定资产时做会计分录如下。

借：固定资产

　　贷：银行存款

　　　　应交税费——应交个人所得税

　　　　累计折旧

实际上缴个人所得税时做会计分录如下。

借：应交税费——应交个人所得税

　　贷：银行存款

（四）向股东支付股利代扣代缴个人所得税

股份制企业向法人股东支付股票股利、现金股利时，因法人股东不交个人所得税，无所得税代扣代缴问题。若以资本公积转增股本，不属股息、红利性质的分配，不征个人所得税，亦无代扣代缴个人所得税问题。

企业向个人支付现金股利时，应代扣代缴个人所得税。企业按应支付给个人的现金股利，借记"利润分配"账户，贷记"应付股利"账户；当实际支付现金时，借记"应付股利"账户，贷记"库存现金""银行存款""应交税费——代扣代缴个人所得税"账户。

企业以盈余公积对股东个人转增资本或派发股票股利时，应代扣代缴个人所得税，但为了不因征收个人所得税而改变股本权益结构，可由企业按增股金额计算的个人所得税，向个人收取现金以备代缴。有关会计处理如下。

（1）以盈余公积转增资本或派发股票股利时。

借：盈余公积、应付利润、未分配利润

贷：实收资本、股本

（2）扣缴个人所得税时。

借：其他应收款

　　贷：应交税费——应交个人所得税

（3）收到个人股东交来税款时。

借：银行存款

　　贷：其他应收款

（4）解缴税款时。

借：应交税费——应交个人所得税

　　贷：银行存款

5.2.2　个体工商户、个人独资企业及合伙企业的会计处理

个体工商户、个人独资企业及合伙企业的生产经营所得应缴纳的个人所得税，应按年计算、分月预缴、年度终了后汇算清缴。

（一）会计账户设置

企业应设置"本年应税所得"账户，在本账户下设"本年经营所得"和"应弥补的亏损"两个明细账户。

"本年经营所得"明细账户核算个体工商户、个人独资企业及合伙企业本年生产经营活动取得的收入扣除成本费用后的余额。如果收入总额大于应扣除的成本费用总额，两者之间的差额即本年经营所得，在不存在税前弥补亏损的情况下，即本年应税所得，应由"本年应税所得——本年经营所得"账户转入"留存利润"账户；如果收入总额小于应扣除的成本费用总额，则为经营亏损，应将本年发生的经营亏损由"本年经营所得"明细账户转入"应弥补的亏损"明细账户。

"应弥补的亏损"明细账户，核算个体工商户、个人独资企业及合伙企业生产经营活动中发生的可弥补的亏损。发生亏损时，由"本年经营所得"明细账户转入本明细账户。个体工商户、个人独资企业及合伙企业生产经营

活动中发生的亏损，可以由以后年度的生产经营所得在税前弥补，但延续弥补期不得超过五年。超过弥补期的亏损，不能再以生产经营所得进行税前弥补，应从"本年应税所得——应弥补的亏损"账户转入"留存利润"账户，减少个体工商户、个人独资企业及合伙企业的留存利润。

（二）本年应税所得的核算

年末，个体工商户、个人独资企业及合伙企业计算本年经营所得，应将"营业收入"账户的余额转入"本年应税所得——本年经营所得"账户的贷方；将"营业成本""税金及附加""销售费用"账户余额转入"本年应税所得——本年经营所得"账户的借方。"营业外收支"账户如为借方余额，转入"本年应税所得——本年经营所得"账户的借方；如为贷方余额，转入"本年应税所得——本年经营所得"账户的贷方。

【例 5-2】2×19 年 12 月 31 日，某个体工商户结转全年收入、成本和费用，计算确定本年经营所得。有关账户的余额如下："营业收入"账户贷方余额 500 000 元；"税金及附加"账户借方余额 20 000 元；"营业成本"账户借方余额 200 000 元；"销售费用"账户借方余额 100 000 元；"营业外收支"账户借方余额 30 000 元。没有应在税前弥补的亏损。

年末，应作结转分录如下。

```
借：营业收入                                    500 000
    贷：本年应税所得——本年经营所得                        500 000
借：本年应税所得——本年经营所得                    320 000
    贷：税金及附加                                       20 000
        营业成本                                        200 000
        销售费用                                        100 000
借：本年应税所得——本年经营所得                     30 000
    贷：营业外收支                                        30 000
```

本年经营所得＝营业收入－税金及附加－营业成本－销售费用－营业外收支＝"本年经营所得"明细账户贷方金额－"本年经营所得"明细账户借方金额＝500 000－20 000－200 000－100 000－30 000＝150 000（元）

本年应税所得 = 本年经营所得 − 本年应税前弥补的以前年度亏损 = 150 000 − 0 = 150 000（元）

借：本年应税所得——本年经营所得　　　　　　　　　　150 000

　　贷：留存利润　　　　　　　　　　　　　　　　　　　　　150 000

本年应税所得为 150 000 元，按照个人所得税法的规定，相应的税率应为 20%，速算扣除数为 10 500 元。

本年生产经营应缴纳的个人所得税 = 本年应税所得 × 20% − 10 500 = 150 000 × 20% − 10 500 = 19 500（元）

（三）应弥补亏损的核算

个体工商户、个人独资企业及合伙企业生产经营活动中发生经营亏损，应按亏损额由"本年经营所得"明细账户转入"应弥补的亏损"明细账户。弥补亏损时，由"应弥补的亏损"明细账户转入"本年经营所得"明细账户；超过弥补期的亏损，由"应弥补的亏损"明细账户转入"留存利润"账户。

【例 5-3】2019 年，某个体工商户生产经营活动结果如下：营业收入 500 000 元，营业成本 400 000 元，销售费用 200 000 元，没有其他项目。

结转本年的收入和成本费用时做会计分录如下。

借：营业收入　　　　　　　　　　　　　　　　　　　　500 000

　　贷：本年应税所得——本年经营所得　　　　　　　　　　500 000

借：本年应税所得——本年经营所得　　　　　　　　　　600 000

　　贷：营业成本　　　　　　　　　　　　　　　　　　　　400 000

　　　　销售费用　　　　　　　　　　　　　　　　　　　　200 000

该个体工商户本年经营所得 = 500 000 − 400 000 − 200 000 = −100 000（元）

2019 年，该个体工商户经营亏损 100 000 元，应转入"应弥补的亏损"明细账户，做会计分录如下。

借：本年应税所得——应弥补的亏损　　　　　　　　　　100 000

　　贷：本年应税所得——本年经营所得　　　　　　　　　　100 000

（四）留存利润的核算

个体工商户、个人独资企业及合伙企业应设置"留存利润"账户核算个体工商户、个人独资企业及合伙企业的留存利润。年度终了，计算出的结果如为本年经营所得，应将本年经营所得扣除可在税前弥补的以前年度亏损后的余额转入该账户的贷方；同时计算确定本年应交个人所得税，记入该账户的借方，然后将税后列支费用及超过弥补期的经营亏损转入该账户的借方。该账户贷方金额减去借方金额后的余额，为留存利润。

【例5-4】某个体工商户的经营所得是150 000元，应缴纳的个人所得税为45 750元，税后列支费用为30 000元，超过弥补期而转入"留存利润"账户的以前年度亏损为20 000元。以前年度留存利润为零。

（1）转入经营所得时做会计分录如下。

借：本年应税所得——本年经营所得 150 000

　　贷：留存利润 150 000

（2）计提应交个人所得税时做会计分录如下。

借：留存利润 45 750

　　贷：应交税费——应交个人所得税 45 750

（3）转入税后列支费用时做会计分录如下。

借：留存利润 30 000

　　贷：税后列支费用 30 000

（4）转入超过弥补期的经营亏损时做会计分录如下。

借：留存利润 20 000

　　贷：本年应税所得——应弥补的亏损 20 000

留存利润=150 000-45 750-30 000-20 000=54 250（元）

（五）缴纳个人所得税的核算

个体工商户、个人独资企业及合伙企业的生产经营所得应缴纳的个人所得税，应按年计算、分月预缴、年度终了后汇算清缴。

1.缴纳个人所得税的会计核算。

个体工商户、个人独资企业及合伙企业应在"应交税费"账户下设置

"应交个人所得税"明细账户，核算个体工商户、个人独资及合伙企业预缴和应交的个人所得税，以及年终汇算清缴后个人所得税的补缴和退回情况。个体工商户、个人独资企业及合伙企业按月预缴个人所得税时，借记"应交税费——应交个人所得税"账户，贷记"库存现金"等账户；年度终了，计算出全年实际应交的个人所得税，借记"留存利润"账户，贷记"应交税费——应交个人所得税"账户。"应交个人所得税"明细账户的借方金额大于贷方金额的差额，为预缴数大于应交数的差额；贷方金额大于借方金额的差额，为预缴数小于应交数的差额。

补缴个人所得税时，记入"应交个人所得税"明细账户的借方；收到退回的多交个人所得税时，记入"应交个人所得税"明细账户的贷方。

【例 5-5】某个体工商户经过主管税务机关核定，按照上年度实际应交个人所得税金额，确定本年各月的预缴个人所得税金额。上年度的应交个人所得税金额为 60 000 元。

本年各月的个人所得税预缴金额 =60 000÷12=5 000（元）

各月预缴个人所得税时做会计分录如下。

借：应交税费——应交个人所得税　　　　　　　　　　　5 000

　　贷：库存现金　　　　　　　　　　　　　　　　　　　5 000

年度终了，确定本年度生产经营活动收入应交的个人所得税为 80 000 元。

汇算清缴全年个人所得税时做会计分录如下。

借：留存利润　　　　　　　　　　　　　　　　　　　　80 000

　　贷：应交税费——应交个人所得税　　　　　　　　　　80 000

至年末，本年度已经预缴个人所得税 60 000 元(5 000×12)，记入"应交个人所得税"明细账户的借方，本明细账户借方与贷方的差额 20 000 元（80 000−60 000）为应补缴的个人所得税。补缴个人所得税时做会计分录如下。

借：应交税费——应交个人所得税　　　　　　　　　　　20 000

　　贷：库存现金　　　　　　　　　　　　　　　　　　　20 000

如果年度终了确定全年应交个人所得税为 50 000 元，汇算清缴全年个人所得税时做会计分录如下。

借：留存利润　　　　　　　　　　　　　　　　　　　　50 000

　　　贷：应交税费——应交个人所得税　　　　　　　　　　　　　50 000

已预缴个人所得税 60 000 元，应交数为 50 000 元，应交数与已预缴数的差额 10 000 元由主管税务机关按规定退回。

收到退税时做会计分录如下。

借：库存现金　　　　　　　　　　　　　　　　　　　　　　　10 000

　　　贷：应交税费——应交个人所得税　　　　　　　　　　　　　10 000

如果主管税务机关确定将该个体工商户多交的 10 000 元，抵顶下年的个人所得税，只需将该余额转入下一年度即可。

2. 代扣代缴个人所得税的会计核算。

如果个体工商户代扣代缴从业人员的个人所得税，应在"应交税费"账户下单独设置"代扣个人所得税"明细账户进行核算。代扣时，将代扣额记入该账户的贷方；实际上缴时，按上缴额记入该账户的借方。

【例 5-6】某个体工商户代扣代缴从业人员工资收入的个人所得税。按税法的规定，3 月应代扣个人所得税 4 500 元。代扣代缴个人所得税时做会计分录如下。

借：应付职工薪酬　　　　　　　　　　　　　　　　　　　　4 500

　　　贷：应交税费——代扣个人所得税　　　　　　　　　　　　　4 500

实际上缴代扣个人所得税时做会计分录如下。

借：应交税费——代扣个人所得税　　　　　　　　　　　　　4 500

　　　贷：银行存款或库存现金　　　　　　　　　　　　　　　　4 500

5.3　个人所得税的税收筹划思路

5.3.1　进行个人所得税税收筹划时应掌握的相关知识

（1）在确保个人所得不会改变的前提下，另外降低委托人个人所得和委托人开支，进而减少应纳税额。例如，把部分工资收入转为企业对员工的福利、劳保用品开支，这样，不仅可能可以抵扣企业运营成本，而且也可减少应交个人所得税。

（2）对能够扣减必须花费的应纳税额个人所得新项目，应尽量扩张扣减花费信用额度。例如，在租房收益交纳个人所得税层面，若在租房期内对房子开展检修，那么维修费就能够在税前开展扣减，进而扩张扣减花费信用额度。

5.3.2　进行个人所得税税收筹划时应遵照的 2 个标准

（一）综合性经济效益标准

进行税收筹划时，应综合考虑相关因素，假如某种税收筹划方案使应纳税额减少，却增加了其他方面的开支，导致总成本增加，则该税收筹划方案不可行。

（二）税收筹划超前性标准

进行税收筹划应在发生相关应税事项以前。假如应税事项已发生，再开展所谓的筹划，就是遮盖真相，仿冒、变造、藏匿有关材料，经营者将受到法律处罚。

5.3.3　纳税义务人的税收筹划

所谓纳税义务人的税收筹划，是指在合理合法范围内避免自身成为某一国家（地区）的纳税人。

5.3.4　个人承包方式的税收筹划

政策规定如下。

工商登记为个体工商户的，按个体工商户所得征收个人所得税。

工商登记仍为企业的，先征收企业所得税，再根据承包方式对分配所得征收个人所得税。

对经营成果不拥有所有权，仅按合同规定取得一定所得的，按工资、薪金所得征收个人所得税。

只向发包方、出租方缴纳一定费用后可以自由支配经营成果的，其取得的经营所得适用 5% ~ 35% 的五级超额累进税率。

若实际经营期不满 1 年，个体工商户应将其换算成全年所得，确定税率；承包所得以其实际承包、承租经营的月数作为一个纳税年度计算纳税。

5.3.5　分次申报纳税的税收筹划

利息、股息、红利所得，财产租赁所得，偶然所得，非居民个人取得的劳务报酬所得，稿酬所得，特许权使用费所得等七项所得，都是按次计算征税的。在按次征收情况下，由于扣除费用依据每次应纳税所得额的大小，分别规定了定额和定率两种标准，从维护纳税义务人的合法利益的角度看，准确划分"次"十分重要。

属于一次性收入的，以取得该项收入为一次。例如，接受客户委托从事设计装潢，完成后取得的收入为一次。属于同一事项连续取得劳务报酬的，以一个月内取得的收入为一次。同一作品再版取得的收入，应视为另一次稿酬所得计征个人所得税；同一作品先在报刊上连载，然后再出版，或先出版，再在报刊上连载的，应视为两次稿酬所得征税，即连载作为一次，出版作为另一次。财产租赁所得，以一个月内取得的收入为一次。

5.4　个人所得税的税收筹划案例

5.4.1　专项附加扣除的税收筹划案例

小王的月薪为 32 000 元，妻子小刘的月薪为 10 000 元（不考虑专项扣除和其他扣除），两人育有一个孩子，其在上小学，他们每月需还房贷。小王和哥哥一起赡养老人，小刘为独生子女。表 5-3 为两种专项附加扣除税收筹划方案情况比较。

【筹划方案】

表 5-3　两种专项附加扣除税收筹划方案比较

项目	方案一		方案二	
	小王	小刘	小王	小刘
①月薪（元）	32 000	10 000	32 000	10 000
②子女教育（元）	1 000	0	0	1 000
③房屋贷款（元）	1 000	0	0	1 000
④赡养老人（元）	1 000	2 000	1 000	2 000
⑤月应税所得（元）=①-②-③-④-5 000	24 000	3 000	26 000	1 000
⑥年综合所得（元）=⑤×12	288 000	36 000	312 000	12 000
⑦适用税率，速算扣除数	20%，16 920	3%，0	25%，31 920	3%，0
⑧应纳税额（元）	40 680	1 080	46 080	360

　　通过计算比较，方案一合计纳税 41 760 元（40 680+1 080），方案二合计纳税 46 440 元（46 080+360），方案一共节税 4 680 元。因此，通常情况下，选择高收入的一方进行专项附加扣除可以节税。

5.4.2　年终奖的税收筹划案例

　　刘某 2019 年的收入情况为：每月取得工资收入 3 000 元（不考虑任何税前扣除项目），2019 年 1 月一次性取得上年年终奖 20 000 元。

　　张某 2019 年的收入情况为：每月取得工资收入 10 000 元（不考虑任何税前扣除项目），2019 年 1 月一次性取得上年年终奖 20 000 元。

【筹划方案】

（一）刘某的税收筹划方案

　　方案一：年终奖作为一个月的工资薪金所得，应纳税额 = 年终奖 × 适用税率 - 速算扣除数。

　　年终奖单独计税，则适用税率为 3%，速算扣除数为 0，应交个人所得税为 600 元（20 000 × 3%）。

方案二：年终奖计入综合所得计算纳税。

2019年，刘某综合所得为 3 000×12+20 000=56 000（元），低于60 000元（基本扣除费用标准），全年无须缴纳个人所得税。

结论：刘某选择方案二，即将年终奖并入综合所得能够节税。

（二）张某的税收筹划方案

方案一：年终奖单独计税，则适用税率为3%，速算扣除数为0，应交个人所得税为600元（20 000×3%）。

全年综合所得为120 000元（10 000×12），减除60 000元的基本扣除费用标准后为60 000元，适用10%的税率，速算扣除数为2 520，应交个人所得税为3 480元。合计缴税4 080元（600+3 480）。

方案二：年终奖并入综合所得计税，全年综合所得为140 000元（10 000×12+20 000），减除60 000元后为80 000元，适用10%的税率，速算扣除数为2 520。全年应缴纳个人所得税5 480元。

结论：张某选择方案一，即年终奖单独计税可少缴税1 400元。

【政策依据】

根据个人所得税法规定，年终奖可以选择按照年终一次性奖金单独作为一个月工资、薪金计算纳税，也可以选择并入年度综合所得进行纳税；2022年1月1日以后取得的年终奖应当并入综合所得进行纳税。

5.4.3 "私车公用"的税收筹划案例

情况一：李某和万某是某单位员工，二人月收入总额均为6 800元。两人在单位期间将私家车交由单位使用，约定车辆保险费、维修费、折旧费等由个人负责，单位每月提供2 000元的车辆租金或补贴。万某与单位签订租赁合同，李某没签合同而是收取车辆补贴。2019年8月李某和万某月工资均为4 800元，当地规定的公务交通费用扣除标准为每月500元，城市维护建设税及教育费附加税率和征收率分别为7%和3%。

情况二：若其他条件不变，假定李某和万某均为中层管理人员，二人月收入总额为40 000元。2019年8月二人月工资均为20 000元。李某和万某均将私家车交由单位使用，万某与单位签订租赁合同，李某收取车辆补贴。每月车辆租金或补贴为11 000元。当月二人各发生一次车辆维修，各花费500元。当地规定的公务交通费扣除标准为每月500元。

【筹划方案】

（一）情况一的税收筹划方案

（1）单位直接向李某发放车辆补贴。

李某当月应纳个人所得税=（4 800+2 000-5 000-500）×3%=39（元）。

（2）万某与单位签订租赁合同，则万某当月应缴纳税金计算如下（为方便计算，不考虑含税换算）。

万某租车收入应缴纳的增值税、城市维护建设税及教育费附加=2 000×3%×（1+7%+3%）=66（元）。

万某按财产租赁所得计算缴纳的个人所得税=（2 000-66-500-800）×20%=126.8（元）。

万某当月工资收入为4 800元，低于起征点，不用缴税。

万某当月应纳税金合计=66+126.8=192.8（元）。

万某比李某多缴纳税金153.80元（192.8-39）。

（二）情况二的税收筹划方案

（1）李某应缴纳个人所得税=（20 000+11 000-5 000-500）×25%-2 660=3 715（元）。

（2）万某应缴纳个人所得税=（20 000-5 000）×20%-1 410=1 590（元）。

万某租车收入应纳的增值税及城市维护建设税和教育费附加=11 000×3%×（1+7%+3%）=363（元）。

万某租车收入应缴纳个人所得税=（11 000-363-500）×（1-20%）×20%=1 621.92（元）。

万某当月应纳税金合计=1 590+363+1 621.92=3 574.92（元）。

万某比李某少交税 140.08 元（3 715-3 574.92）。

由上述比较可知，"私车公用"的税收筹划，在工资、薪金所得适用的个人所得税税率高于 20% 时，节税效果较为明显；若工资、薪金所得适用的个人所得税税率低于 20% 时，则节税效果不明显。

目前，企业使用员工车辆大多采用两种方式：一种是给员工直接发放车辆补贴；另一种是与员工签订车辆租赁合同，由企业租用员工车辆并支付相应的租赁费用。企业与员工签订车辆租赁合同，企业支付租赁费用的，员工去税务部门申请代开发票，按财产租赁所得计算缴纳个人所得税；员工与企业没有签订车辆租赁合同，直接取得车辆补贴的，按工资、薪金所得计算缴纳个人所得税。

在实务操作中，还应特别关注以下几点。

（1）《财政部 国家税务总局关于全面推开营业税改征增值税试点的通知》（财税〔2016〕36 号）规定，个人提供有形动产租赁服务，需要按照 3% 的征收率缴纳增值税。个人出租有形动产月租金在 30 000 元以下是否免征增值税，仍需咨询当地主管税务机关。员工可以携带相关租赁合同、身份证等资料，申请代开增值税普通发票。

（2）如果员工与企业签订的车辆租赁合同中，如果租赁费用包括汽油费及通行费，那么车辆使用过程中发生的汽油费及过路费的进项税额不能再进行相应的抵扣；如果员工与企业签订的车辆租赁合同中，约定的租金中不包括汽油费及通行费，则车辆在使用中实际发生汽油费、过路费等支出时，取得了增值税专用发票，则相关的进项税额可以抵扣。

（3）在某员工的总收入既定的情况下，企业在筹划员工薪酬和租车费用（车辆补贴）时，还应注意二者之间的比例是否协调。另外，还需参照市场同类车辆及车型的价格设定租车费用（车辆补贴）。

5.4.4 劳务报酬所得的税收筹划案例

张教授到外地一家企业讲课，关于讲课的劳务报酬，该教授面临着两种选择：一种是企业支付教授讲课费 50 000 元，往返交通费 3 000 元、住宿费 5 000 元、伙食费 2 000 元等由张教授自己负责；另一种是企业支付张教授讲课费 40 000 元，往返交通费、住宿费、伙食费等全部由企业负责。张教授请税务师事务所进行税收筹划，税务师事务所给张教授提供了以下两种筹划方案。

【筹划方案】

方案一： 教授自付往返交通费、住宿费及伙食费。

（1）应纳个人所得税 =[50 000×（1-20%）-5 000]×25%-2 660=6 090（元）。

（2）教授实际收到讲课费 =50 000-6 090=43 910（元）。

（3）教授净收入 =43 910-3 000-5 000-2 000 =33 910（元）。

方案二： 企业支付往返交通费、住宿费及伙食费。

（1）应纳个人所得税 =[40 000×（1-20%）-5 000]×25%-2 660=4 090（元）。

（2）教授实际收到讲课费 =40 000-4 090=35 910（元）。

（3）教授净收入 =35 910 元。

由企业支付往返交通费、住宿费及伙食费，减少了个人所得税的计税基础，在一定程度上能够减少个人所得税税额，增加个人的收入。

个人在提供服务时，若采取不同的收入取得方式会有不同的效果，对收入会有不同的影响。一般而言，可以从以下几个角度进行筹划。

（1）可以将一次劳务活动分为几次，这样可以使每次的应纳税所得额相对较少，从而使适用的税率降低，这样可以节税。

（2）费用开支最好由企业支付。因为这样可以减少个人劳务报酬应纳税所得额，同时又不会增加企业的负担。

（3）税款支付方式不同，个人最终的收益也会不一样。对企业来讲，企业为个人缴纳税款可以由企业少付的讲课费进行弥补，负担也不会加重多少。

第6章
房产税的会计核算与税收筹划

6.1 房产税概述

（一）房产税的概念

房产税是以房产为征税对象，按照房产的计税余值或房产租金收入向房产所有人或经营管理人等征收的一种税。

房产税法，是国家制定的调整房产税征收与缴纳之间权利及义务关系的法律规范。现行房产税法的基本规范，是 1986 年 9 月 15 日国务院颁布的《中华人民共和国房产税暂行条例》（以下简称《房产税暂行条例》）。同年 9 月 25 日财政部、国家税务总局印发了《财政部 税务总局关于房产税若干具体问题的解释和暂行规定》。之后，国务院以及财政部、国家税务总局又陆续发布了一些有关房产税的规定、办法。这些构成了我国房产税法律制度。

征收房产税有利于地方政府筹集财政收入，也有利于加强房产管理。

（二）房产税的特点

1.属于个别财产税。

房产税属于财产税中的个别财产税，其征税对象只有房屋，征税对象规模小。

2.税源狭窄。

现行房产税的征税范围为城市、县城、建制镇和工矿区，相关税法没有将坐落在农村的房屋纳入征税范围。此外，税法还规定了多项税收优惠政策，这进一步缩小了房产税的征税范围。

3.征收成本低。

房产具有不可隐匿的特征，所以降低了纳税人偷税的可能性，房产税征收成本相对较低，适宜于地方政府对税源实施监管，成为地方财政收入中的重要来源。

4.税源稳定。

房产本身具有价值，随着经济持续增长、人均收入水平的提高，房产税税源稳定、可靠并可能会稳步增加。

5.税负难以转嫁。

房产税具有直接税性质，税负一般难以转嫁。由于税负难以转嫁，房产税具有纵向公平的税收原则。

（三）房产税的立法原则

1.筹集地方财政收入。

在分税制体制下，财产税是各级地方财政的主要来源。而且，房产税以房屋为征税对象，税源比较稳定，随着社会经济的发展，房产税很有可能会成为地方财政收入的一个主要来源。

2.调节财富分配。

房屋是法人和个人拥有财富的主要形式。对房屋，尤其是对个人拥有的经营性房屋征收房产税，在调节财富分配方面可以发挥积极作用。

3.加强房产管理，配合城市住房制度改革。

对房屋所有者或经营管理者征收房产税，不仅可以调节居民之间的财富分配，还有利于加强对房屋的管理，提高房屋的使用效益。另外，房产税法律法规规定对个人拥有的非营业用房屋不征房产税，是为了鼓励个人改善住房条件，配合和推动城市住房制度改革。

（四）房产税纳税义务人、征税范围和税率

1.纳税义务人。

房产税是以房屋为征税对象，按照房屋的计税余值或租金收入，向产权

所有人征收的一种财产税。房产税以征税范围内的房屋产权所有人为纳税人。其中包括以下内容。

（1）产权属国家所有的，由经营管理单位纳税；产权属集体和个人所有的，由集体单位和个人纳税。

所称单位，包括国有企业、集体企业、私营企业、股份制企业、外商投资企业、外国企业以及其他企业和事业单位、社会团体、国家机关、军队以及其他单位；所称个人，包括个体工商户以及其他个人。

（2）产权出典的，由承典人纳税。

所谓产权出典，是指产权所有人将房屋、生产资料等的产权，在一定期限内典当给他人使用，而取得资金的一种融资业务。这种业务大多发生于出典人急需用款，但又想保留产权回赎权的情况。承典人向出典人交付一定的典价之后，在质典期内即获抵押物品的支配权，并可转典。产权的典价一般要低于卖价。出典人在规定期间内须归还典价的本金和利息，方可赎回出典房屋等的产权。由于在房屋出典期间，产权所有人已无权支配房屋，因此，税法规定由对房屋具有支配权的承典人为纳税人。

（3）产权所有人、承典人不在房屋所在地的，或者产权未确定及租典纠纷未解决的，由房产代管人或者使用人纳税。

所谓租典纠纷，是指产权所有人在房产出典和租赁关系上，与承典人、租赁人发生各种争议，特别是权利和义务的争议悬而未决的。此外还有一些产权归属不清的问题，也都属于租典纠纷。对租典纠纷尚未解决的房产，规定由代管人或使用人为纳税人，主要目的在于加强征收管理，保证房产税及时入库。

（4）无租使用其他房产的问题。纳税单位和个人无租使用房产管理部门、免税单位及纳税单位的房产，应由使用人代为缴纳房产税。

2.征税范围。

房产税以房产为征税对象。所谓房产，是指有屋面和围护结构（有墙或两边有柱），能够遮风避雨，可供人们在其中生产、学习、工作、娱乐、居住或储藏物资的场所。房地产开发企业建造的商品房，在出售前不征收房产税；但对出售前房地产开发企业已使用或出租、出借的商品房，应按规定征收房产税。

房产税的征税范围为城市、县城、建制镇和工矿区，具体规定如下。

（1）城市是指国务院批准设立的市。

（2）县城是指县人民政府所在地的地区。

（3）建制镇是指经省、自治区、直辖市人民政府批准设立的建制镇。

（4）工矿区是指工商业比较发达、人口比较集中、符合国务院规定的建制镇标准，但尚未设立建制镇的大中型工矿企业所在地。开征房产税的工矿区须经省、自治区、直辖市人民政府批准。房产税的征税范围不包括农村，这主要是为了减轻农民的负担。因为农村的房屋，除农副业生产用房外，大部分是农民居住用房。没有将农村房屋纳入房产税征税范围，有利于农业发展，繁荣农村经济，促进社会稳定。

3. 税率。

我国现行房产税采用的是比例税率。由于房产税的计税方式分为从价计征和从租计征两种形式，所以房产税的税率也有两种：一种是按房产原值一次减除 10% ~ 30% 后的余值计征，税率为 1.2%，适用于房屋所有权转让的情况；另一种是按房产出租的租金收入计征，税率为 12%，适用于房屋出租的情况。自 2008 年 3 月 1 日起，对个人出租住房，不区分用途，按 4% 的税率征收房产税。房产税税率与适用情况如表 6-1 所示。

表 6-1　房产税税率与适用情况

税率	税率适用情况
1.2%	自有房产用于生产经营
12%	出租非居住的房产
4%	个人出租住房

（五）房产税的计税依据和应纳税额的计算

1. 计税依据。

房产税的计税依据是房产的计税余值或房产的租金收入。按照房产计税余值征税的，称为从价计征；按照房产租金收入征税的，称为从租计征。

（1）从价计征。

《房产税暂行条例》规定，房产税依照房产原值一次减除 10%～30% 后的余值计算缴纳。具体减除幅度，由当地省、自治区、直辖市人民政府确定。

① 房产原值是指纳税人按照会计制度规定，在会计核算账簿"固定资产"科目中记载的房屋原价。因此，凡按会计制度规定在账簿中记载有房屋原价的，应以房屋原价按规定减除一定比例后作为房产余值计征房产税；没有记载房屋原价的，按照上述原则，并参照同类房屋确定房产原值，按规定计征房产税。

值得注意的是，自 2009 年 1 月 1 日起，对依照房产原值计税的房产，不论是否记载在会计账簿"固定资产"科目中，均应按照房屋原价计算缴纳房产税。房屋原价应根据国家有关会计制度规定进行核算。对纳税人未按国家会计制度规定核算并记载的，应按规定予以调整或重新评估。

自 2010 年 12 月 21 日起，对按照房产原值计税的房产，无论会计上如何核算，房产原值均应包含地价，包括为取得土地使用权支付的价款、开发土地发生的成本费用等。宗地容积率低于 0.5 的，按房产建筑面积的 2 倍计算土地面积并据此确定计入房产原值的地价。

② 房产原值应包括与房屋不可分割的各种附属设备或一般不单独计算价值的配套设施。这些设备与配套设施主要有：暖气、卫生、通风、照明、煤气等设备；各种管线，如蒸汽、压缩空气、石油、给水排水等管道及电力、电信、电缆导线；电梯、升降机、过道、晒台等。属于房屋附属设备的水管、下水道、暖气管、煤气管等应从最近的探视井或三通管起，计算原值；电灯网、照明线从进线盒连接管起，计算原值。

自 2006 年 1 月 1 日起，为了维持和增加房屋的使用功能或使房屋满足设计要求，凡以房屋为载体，不可随意移动的附属设备和配套设施，如给排水、采暖、消防、中央空调、电气及智能化楼宇设备等，无论在会计核算中是否单独记账与核算，都应计入房产原值，计征房产税。对于更换房屋附属设备和配套设施的，在将其价值计入房产原值时，可扣减原来相应设备和设施的价值；对附属设备和配套设施中易损坏、需要经常更换的零配件，更新后不再计入房产原值。

③ 纳税人对原有房屋进行改建、扩建的，要相应增加房屋的原值。房产余值是房产的原值减除规定比例后的剩余价值。此外，还应注意以下两个问题。

第一，对投资联营的房产，在计征房产税时应予以区别对待。对于以房产投资联营，投资者参与投资利润分红，共担风险的，按房产余值作为计税依据计征房产税；对以房产投资，收取固定收入，不承担联营风险的，实际是以联营名义取得房产租金，应根据《房产税暂行条例》的有关规定由出租方按租金收入计缴房产税。

第二，对融资租赁房屋的情况，由于租赁费包括购进房屋的价款、手续费、借款利息等，与一般房屋出租的租金内涵不同，且租赁期满后，当承租方偿还最后一笔租赁费时，房屋产权要转移到承租方。这实际是一种变相的分期付款购买固定资产的形式，所以在计征房产税时应以房产余值计算征收。根据《财政部　国家税务总局关于房产税城镇土地使用税有关问题的通知》（财税〔2009〕128 号）的规定，融资租赁的房产，由承租人自融资租赁合同约定开始日的次月起依照房产余值缴纳房产税。合同未约定开始日的，由承租人自合同签订的次月起依照房产余值缴纳房产税。

④ 居民住宅区内业主共有的经营性房产缴纳房产税。从 2007 年 1 月 1日起，对居民住宅区内业主共有的经营性房产，由实际经营（包括自营和出租）的代管人或使用人缴纳房产税。其中自营的，依照房产原值减除 10%～30% 后的余值计征，没有房产原值或不能将业主共有房产与其他房产的原值

准确划分开的，由房产所在地税务机关参照同类房产核定房产原值；出租的，依照租金收入计征。

⑤凡在房产税征收范围内的具备房屋功能的地下建筑，包括与地上房屋相连的地下建筑以及完全建在地面以下的建筑、地下人防设施等，均应当依照有关规定征收房产税。上述具备房屋功能的地下建筑是指有屋面和维护结构，能够遮风避雨，可供人们在其中生产、经营、工作、学习、娱乐、居住或储藏物资的场所。自用的地下建筑，按以下方式计税。

第一，工业用途房产，以房屋原价的50%~60%作为应税房产原值。

应纳房产税的税额 = 应税房产原值 × [1-（10%~30%）] × 1.2%

第二，商业和其他用途房产，以房屋原价的70%~80%作为应税房产原值。

应纳房产税的税额 = 应税房产原值 × [1-（10%~30%）] × 1.2%

房屋原价折算为应税房产原值的具体比例，由各省、自治区、直辖市和计划单列市财政和地方税务部门在上述幅度内自行确定。

第三，对于与地上房屋相连的地下建筑，如房屋的地下室、地下停车场、商场的地下部分等，应将地下部分与地上房屋视为一个整体，按照地上房屋建筑的有关规定计算征收房产税。

（2）从租计征。

房产出租的，以房产租金收入为房产税的计税依据。

所谓房产的租金收入，是房屋产权所有人出租房产使用权所得的报酬，包括货币收入和实物收入。

如果是以劳务或者其他形式为报酬抵付房租收入的，应根据当地同类房产的租金水平，确定一个标准租金额从租计征。

对出租房产，租赁双方签订的租赁合同约定有免收租金期限的，免收租金期间由产权所有人按照房产原值缴纳房产税。

出租的地下建筑，按照出租地上房屋建筑的有关规定计算征收房产税。

2. 应纳税额的计算。

房产税的计税依据有两种，与之相适应的应纳税额计算也分为两种：一是从价计征的计算；二是从租计征的计算。

房产税应纳税额的计算方法如表 6-2 所示。

表 6-2　房产税应纳税额计算方法

计税方法	税率	计税公式
从价计征	1.2%	应纳税额 = 应税房产原值 ×（1– 减除比例）× 1.2% （注意：房产原值包括地价）
从租计征	12%（或 4%）	应纳税额 = 租金收入 × 12%（或 4%）

（1）从价计征方式下的计算。

从价计征是按房产的原值减除一定比例后的余值计征房产税，其计算公式为：

应纳税额 = 应税房产原值 ×（1– 减除比例）× 1.2%

如前所述，房产原值是"固定资产"科目中记载的房屋原价；减除比例是省、自治区、直辖市人民政府规定的，为 10% ~30%；从价计征的适用税率为 1.2%。

例如，某企业的经营用房原值为 5 000 万元，按照当地规定允许减除 30% 后按余值计征房产税，适用税率为 1.2%。请计算其应纳房产税税额。

应纳税额 = 5 000 ×（1–30%）× 1.2% = 42（万元）

（2）从租计征方式下的计算。

从租计征是按房产的租金收入计征房产税，其计算公式为：

应纳税额 = 租金收入 × 12%（或 4%）

例如，某企业出租房屋 10 间，年租金收入为 300 000 元，适用税率为 12%。请计算其应纳房产税税额。

应纳税额 = 300 000 × 12% = 36 000（元）

（六）房产税的税收优惠

房产税的税收优惠是根据国家政策需要和纳税人的负担能力制定的。目前，房产税的税收优惠政策主要有以下几项。

1.国家机关、人民团体、军队自用的房产免征房产税。但上述免税单位的出租房产以及非自身业务使用的生产、营业用房，不属于免税范围。

上述人民团体，是指经国务院授权的政府部门批准设立或登记备案并由国家拨付行政事业费的各种社会团体。

上述自用的房产，是指这些单位本身的办公用房和公务用房。

2.由国家财政部门拨付事业经费的单位，如学校、医疗卫生单位、托儿所、幼儿园、敬老院、文化、体育、艺术等实行全额或差额预算管理的事业单位所有的，本身业务范围内使用的房产免征房产税。

3.宗教寺庙、公园、名胜古迹自用的房产免征房产税。

宗教寺庙自用的房产，是指举行宗教仪式等的房屋和宗教人员使用的生活用房。

公园、名胜古迹自用的房产，是指供公共参观游览的房屋及其管理单位的办公用房。宗教寺庙、公园、名胜古迹中附设的营业单位，如影剧院、饮食部、茶社、照相馆等所使用的房产及出租的房产，不属于免税范围，应照章纳税。

4.个人所有非营业用的房产免征房产税。

个人所有的非营业用房，主要是指居民住房，不分面积多少，一律免征房产税。对个人拥有的营业用房或者出租的房产，不属于免税房产，应照章纳税。

5.经财政部批准免税的其他房产，主要有以下几类。

（1）对非营利性医疗机构、疾病控制机构和妇幼保健机构等卫生机构自用的房产，免征房产税。

（2）从2001年1月1日起，对按政府规定价格出租的公有住房和廉租住房，包括企业和自收自支事业单位向职工出租的单位自有住房、房管部门向居民出租的公有住房、落实私房政策中带户发还产权并以政府规定租金标准向居民出租的私有住房等，暂免征收房产税。

（3）经营公租房的租金收入，免征房产税。公共租赁住房经营管理单位应单独核算公共租赁住房租金收入，未单独核算的，不得享受免征房产税优惠政策。

（七）房产税的征收管理

1. 纳税义务发生时间。

（1）纳税人将原有房产用于生产经营，从生产经营之月起缴纳房产税。

（2）纳税人自行新建房屋用于生产经营，从建成之次月起缴纳房产税。

（3）纳税人委托施工企业建设的房屋，从办理验收手续之次月起缴纳房产税。

（4）纳税人购置新建商品房，自房屋交付使用之次月起缴纳房产税。

（5）纳税人购置存量房，自办理房屋权属转移、变更登记手续，房地产权属登记机关签发房屋权属证书之次月起，缴纳房产税。

（6）纳税人出租、出借房产，自交付出租、出借房产之次月起，缴纳房产税。

（7）房地产开发企业自用、出租、出借本企业建造的商品房，自房屋使用或交付之次月起，缴纳房产税。

（8）纳税人因房产的实物或权利状态发生变化，而依法终止房产税纳税义务的，其应纳税款的计算应截止到房产的实物或权利状态发生变化的当月末。

2. 纳税期限。

房产税实行按年计算、分期缴纳的征收方法，具体纳税期限由省、自治区、直辖市人民政府确定。

3. 纳税地点。

房产税在房产所在地缴纳。房产不在同一地方的纳税人，应按房产的坐落地点分别向房产所在地的税务机关申报纳税。

4. 纳税申报。

房产税的纳税人应按照《房产税暂行条例》的有关规定，及时办理纳税申报，并如实填写房产税纳税申报表。

6.2　房产税的会计处理

企业按规定缴纳的房产税，应在"管理费用"等账户中按实列支。

【例 6-1】某企业 2018 年 1 月 1 日拥有房产原值 6 600 000 元，其中有一部分房产为企业办幼儿园使用，原值 1 000 000 元。当地政府规定，按原值一次减除 20% 后的余值纳税。按年计算，分月缴纳。税率为 1.2%，计算该企业应纳房产税并做会计分录如下。

年应纳税额 = (6 600 000-1 000 000) × (1-20%) × 1.2% = 53 760 (元)

月应纳税额 = 53 760÷12 = 4 480 (元)

每月预提税金时。

| 借：管理费用 | 4 480 |
| 　　贷：应交税费——应交房产税 | 4 480 |

每月缴纳税金时。

| 借：应交税费——应交房产税 | 4 480 |
| 　　贷：银行存款 | 4 480 |

【例 6-2】某公司 2018 年 12 月 31 日"固定资产"明细账中房屋原值 240 万元，2019 年 2 月该公司将房产原值中的 80 万元房产租给其他单位使用，每年收取租金 9.6 万元。当地政府规定，对自用房屋，按房产原值扣除 25% 后的余额作为房产余值，以 1.2% 的税率缴纳房产税；对出租房屋，按其租金收入 12% 的年税率缴纳房产税。房产税按年计算、分季缴纳。计算该公司 1~3 月应纳房产税并做会计分录如下。

1 月，按房产余值计算年、月应纳的房产税。

年应纳税额 = 240 × (1-25%) × 1.2% = 2.16 (万元)

月应纳税额 = 2.16 × 10 000÷12 = 1 800 (元)

2 月，应纳房产税计算如下。

按房产余值计算。

年应纳税额 =（240-80）×（1-25%）×1.2% =1.44（万元）

月应纳税额 =1.44×10 000÷12=1 200（元）

按租金收入计算。

年应纳税额 =96 000×12% =11 520（元）

月应纳税额 =11 520÷12=960（元）

3月应纳房产税与2月相同：1 200+960=2160（元）

1月预提税金时。

借：管理费用   1 800

　　贷：应交税费——应交房产税   1 800

2月、3月预提税金时。

借：管理费用   2 160

　　贷：应交税费——应交房产税   2 160

4月初缴纳第一季度房产税时。

借：应交税费——应交房产税   6 120

　　贷：银行存款   6 120

6.3 房产税的税收筹划思路

（一）从征税范围进行筹划

按照税法规定，房产税在城市、县城、建制镇和工矿区征收。这意味着在这范围之外的房产不用征收房产税，因此对地段依赖性不是很强的纳税人可从该角度进行税收筹划。例如，对于一些生产农副产品的企业，往往需要一定数量的仓储库，如将这些仓储库建在县城内，无论是否使用，企业每年都需按规定计算缴纳房产税和城镇土地使用税，而将仓储库建在城郊附近的农村，虽较远，但若交通便利，则对企业的经营影响不大，且企业每年可节省这笔税款。

（二）从计税依据进行筹划

房产税的计税依据是房产的计税余值或房产的租金收入，因此根据房产的用途可以分别进行筹划。

1.自用房产的税收筹划。

自用房产的房产税是依照房产原值一次减除10%~30%后的余值计算缴纳的，因此税收筹划的角度在于明确房产的概念、范围，合理减少房产原值。

（1）合理划分房产。

税法规定，房产是以房屋形态表现的财产。房屋是指有屋面和围护结构（有墙或两边有柱），能够遮风避雨，可供人们在其中生产、工作、学习、娱乐、居住或储藏物资的场所。独立于房屋之外的建筑物不征房产税，但与房屋不可分割的附属设施或者一般不单独计价的配套设施需要并入房屋原值计征房产税。这就要求企业需要将房屋与非房屋建筑物以及各种附属设施、配套设施进行适当划分，单独列示，分别核算。

（2）正确核算地价。

税法规定，房屋原价应根据国家有关会计制度规定进行核算，而《企业会计准则第6号——无形资产》规定，企业取得的土地使用权通常应确认为无形资产。自行开发建造厂房等建筑物，相关的土地使用权与建筑物应当分别进行处理。外购土地及建筑物支付的价款应当在建筑物与土地使用权之间进行分配；难以合理分配的，应当全部作为固定资产。也就是说，对自建、外购房屋业务，均要求将土地使用权作为无形资产单独核算，"固定资产"科目中不包括未取得土地使用权支付的费用。因此，企业在外购土地使用权及建筑物时，一定要根据配比的原则，合理分配建筑物与地价款，分别进行账务处理。

（3）及时做好财产的清理、登记工作。

企业在生产经营过程中，难免会出现财产损毁、报废和超期使用等情况。作为固定资产的房产，它的账面原值是计算房产税的基础数据，它的清理影响房产税的应纳税所得额。因此，企业一定要及时检查房屋及不可分割的各种附属设备的运行情况，做好财产清理、登记工作，并及时向税务机关报批财产损失，以减轻税负。

（4）转变房产及附属设施的修理方式。

税法规定，对于修理支出达到取得固定资产时计税基础50％以上，或修理后固定资产的使用年限延长2年以上的，应增加固定资产的计税基础。因此，企业在修理房产时，可将房产的资本性大修理支出分解成多次收益性小修理支出，使每次的修理费低于限额，这样每次的修理费可以直接计入损益，不会增加房产的计税基础，从而相应减轻房产税税负。

2.出租房产的税收筹划。

按照税法规定，房产出租的，以房产租金收入计算缴纳房产税。因此，出租房屋税收筹划的关键在于如何正确核算租金收入。

合理分解租金收入。

目前，大多数企业出租房屋时不仅出租房屋设施自身，还出租房屋内部或外部的一些附属设施，如机器设备、办公用具、附属用品，以及相关的配套服务费。税法对这些设施并不征收房产税，而企业在签订房屋出租协议时，往往将房产和这些设施放在一起计算租金，这样就增加了企业的税款。因此企业在签订房屋租赁合同时，应合理、有效分解租金收入，将附属设施及配套服务费单独计算使用费收入，以减轻房产税的税负。

（三）从计税方式进行筹划

房产税的计税方式有从价计征和从租计征两种：从价计征是按房产计税余值计征，税率为1.2％；从租计征是按房产的租金收入计征，税率为12％（或4％）。随着经济的发展，房屋的租金普遍升高，而如果房屋是以前年度修建的，则其账面原值很低，这就造成了在两种计征方法下税负不一致的情况，即出租房屋要比自用房屋税负重。因此，这种情况下可以转变计税方式，变从租计征为从价计征。

（1）将出租变为投资。

企业将房屋对外出租，按规定要按租金收入缴纳房产税。但是，若企业将房屋对外投资入股，参与被投资方的利润分配，与被投资方共同承担风险，则企业就不用按12%的税率缴纳房产税，而只需按房屋余值的1.2%缴纳房产税。

（2）将出租变为仓储管理。

签订出租合同出租房屋属于从租计征的征税范围，但如果签订仓储合同则属于从价计征的征税范围。租赁与仓储是两个不同的概念，提供租赁服务，企业只需提供空房，不对存放的商品负责；而提供仓储服务，企业不仅需要添置设备、设施，配备相关的人员，还要对存放的商品负责，从而会增加工资和经费开支。提供仓储服务，企业虽然会增加开支，但若这些开支远远低于税款，则企业还是有可观的收益的。

（3）将出租变为承包。

根据税法规定，如果承包者或承租者未领取任何类型的营业执照，则企业向其提供各种资产收取的各种名义的价款，均属于企业内部分配行为，不属于租赁行为。因此，如果企业以自己的名义领取营业执照，将房屋承租人聘为经营者，将房屋出租变为自办工厂或商场再承包出去，收取承包收入，那么可以采用从价计征，这样就可能会减少税款。

6.4 房产税的税收筹划案例

6.4.1 计税依据的税收筹划案例

甲公司要把下属一家开工不足的工厂出租给乙公司，双方需要签订租赁合同，厂房内包括一台生产设备，该设备不属于房屋附属设备和配套设施。

【筹划方案】

方案一： 甲公司将厂房连同设备一起出租给乙公司，年租金200万元，如图6-1所示。

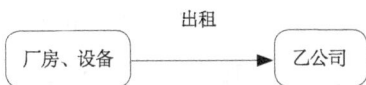

图6-1 将厂房连同设备一起出租

方案二： 甲公司将厂房与设备分别出租给乙公司，签署两份租赁合同。厂房年租金100万元，设备年租金100万元，如图6-2所示。

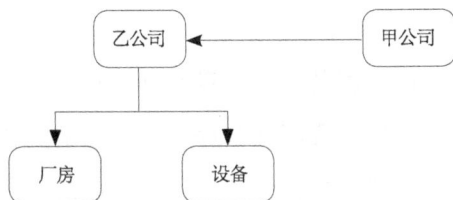

图6-2 将厂房与设备分别出租

【方案对比】

在方案一的情况下，将厂房连同设备一起出租，甲公司要缴纳的税款如下。

缴纳房产税 $=200 \times 12\% = 24$ （万元）；缴纳增值税 $=200 \times 13\% = 26$ （万元）。两项合计为50万元。

在方案二的情况下，甲公司将厂房与设备分别出租给乙公司，签订两份租赁合同。甲公司以每年100万元的租金出租厂房，以每年100万元的租金出租设备。虽然租金合计仍为200万元，但因设备出租收入不需缴纳12%的房产税，应纳税总额会发生明显改变。甲公司出租厂房应纳房产税 $=100 \times 12\% = 12$ （万元）；出租厂房应纳增值税 $=100 \times 9\% = 9$ （万元）；出租设备应纳增值税 $=100 \times 13\% = 13$ （万元）。应纳税款总计 $=12+9+13=34$ （万元），即节约了16万元。

【政策依据】

房屋是指有屋面和围护结构（有墙或两边有柱），能够遮风避雨，可供人们在其中生产、工作、学习、娱乐、居住或储藏物资的场所。房产原值应包括与房屋不可分割的各种附属设备或一般不单独计算价值的配套设施。另依据《国家税务总局关于进一步明确房屋附属设备和配套设施计征房产税有关问题的通知》（国税发〔2005〕173号）规定，为了维持和增加房屋的使用功能或使房屋满足设计要求，凡以房屋为载体，不可随意移动的附属设备和配套设施，如给排水、采暖、消防、中央空调、电气及智能化楼宇设备等，无论在会计核算中是否单独记账与核算，都应计入房产原值，计征房产税。

企业租赁大都涉及房屋租赁，如出租车间、厂房、宾馆、门面房等，这些通常需要计算缴纳房产税。我国现行房产税采用的是比例税率。由于房产税的计税方式分为从价计征和从租计征两种，所以房产税的税率也有两种：一种是按房产原值一次减除10%~30%后的余值计征，税率为1.2%；另一种是按房产出租的租金收入计征，税率为12%或4%。从租计征是按房产的租金收入计征，其计算公式为：应纳税额＝租金收入×12%（或4%）。但企业往往出租的不仅是房屋自身，还有房屋内部或外部的一些附属设施，如机器设备、办公家具、附属用品等。税法规定，这些设施并不在征收房产税的范围之内，但是，如果把这些设施与房屋不加区别地同时写在一份租赁合同里，那么这些设施也要缴纳房产税。

6.4.2 房产原值的税收筹划案例

甲企业位于某市市区，企业除厂房、办公用房外，还包括厂区围墙、烟囱、水塔、变电塔、游泳池、停车场等建筑物，总计工程造价10亿元，除厂房、办公用房外的建筑设施工程造价2亿元。假设当地政府规定的扣除比例为30%。

【筹划方案】

方案一：将所有建筑物都作为房产计入房产原值，如图6-3所示。

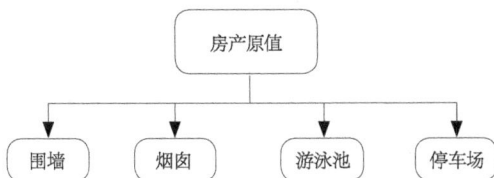

图 6-3　将所有建筑物都作为房产计入房产原值

方案二：将游泳池、停车场等露天的建筑物，在会计账簿中单独核算，如图 6-4 所示。

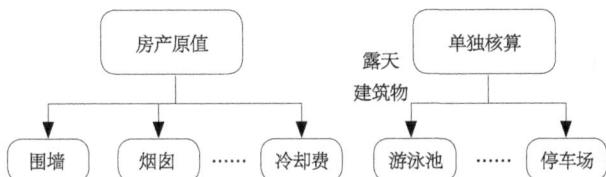

图 6-4　将露天的建筑物单独核算

【方案对比】

按照房产税法，方案一应纳房产税 =100 000×（1-30%）×1.2%=840（万元）。

按照房产税法，方案二应纳房产税 =（100 000-20 000）×（1-30%）×1.2% =672（万元）。

方案二相对于方案一少缴纳房产税 168 万元（840-672）。

【政策依据】

房产税是以房屋为征税对象，按照房屋的计税余值或租金收入，向产权所有人征收的一种财产税。

房产是以房屋形态表现的财产。独立于房屋之外的建筑物，如酒窖、菜窖、室外游泳池、玻璃暖房、各种油气罐等，则不属于房产。与房屋不可分离的附属设施，属于房产。如果将除厂房、办公用房以外的建筑物建成露天的，并且把这些独立建筑物的造价同厂房、办公用房的造价分开，在会计账簿中单独核算，则这部分露天建筑物的造价不计入房产原值，无须缴纳房产税。

第7章
契税的会计核算与税收筹划

7.1 契税概述

（一）概念

契税是以在中华人民共和国境内转移土地、房屋权属为征税对象，按照当事人签订的合同（契约）以及所确定价格的一定比例，向产权承受人征收的一种财产税。征收契税有利于增加地方财政收入，有利于保护合法产权，避免产权纠纷。

契税法是指国家制定的用以调整契税征收与缴纳权利及义务关系的法律规范。现行契税法的基本规范，是 2020 年 8 月 11 日第十三届全国人民代表大会常务委员会第二十一次会议通过的《中华人民共和国契税法》（以下简称《契税法》）。

（二）纳税义务人和征税范围

1.纳税义务人。

契税的纳税义务人是在中华人民共和国境内转移土地、房屋权属，承受的单位和个人。境内是指中华人民共和国实际税收行政管辖范围内。土地、房屋权属是指土地使用权和房屋所有权。单位是指企业单位、事业单位、国家机关、军事单位和社会团体以及其他组织。个人是指个体经营者及其他个人，包括中国公民和外籍人员。

2.征税范围。

契税是以在中华人民共和国境内转移土地、房屋权属为征税对象，向产权承受人征收的一种财产税。土地、房屋权属未发生转移的，不征收契税。具体征税范围包括以下 5 项内容。

（1）国有土地使用权出让。

国有土地使用权出让是指土地使用者向国家交付土地使用权出让费用，国家将国有土地使用权在一定年限内让与土地使用者的行为。

国有土地使用权出让，受让者应向国家缴纳出让金，以出让金为依据计算缴纳契税。不得因减免土地出让金而减免契税。

（2）土地使用权的转让。

土地使用权的转让是指土地使用者以出售、赠与、交换或者其他方式将土地使用权转移给其他单位和个人的行为。

（3）房屋买卖。

房屋买卖即以货币为媒介，出卖者向购买者过渡房产所有权的交易行为。以下几种特殊情况，视同房屋买卖。

以房产抵债或实物交换房屋。经当地政府和有关部门批准，以房抵债和实物交换房屋，均视同房屋买卖，应由产权承受人按房屋现值缴纳契税。

例如，甲某因无力偿还乙某债务，而以自有的房产折价抵偿债务。经双方同意，有关部门批准，乙某取得甲某的房屋产权，在办理产权过户手续时，按房产折价款缴纳契税。例如，以实物（金银首饰等等价物品）交换房屋，应视同以货币购买房屋。

以房产作价投资、入股。这种交易业务属房屋产权转移，应根据国家房地产管理的有关规定，办理房屋产权交易和产权变更登记手续，视同房屋买卖，由产权承受方按契税税率计算缴纳契税。

例如，甲企业以自有房产投资乙企业并取得相应的股权，其房屋产权变为乙企业所有，产权所有人发生变化。因此，乙企业在办理产权登记手续后，按甲企业入股房产现值（国有企事业房产须经国有资产管理部门评估核价）缴纳契税。例如，丙企业以股份方式购买乙企业房屋产权，丙企业在办理产权登记后，按房产买价缴纳契税。

以自有房产作股投入本人独资经营的企业，免纳契税。因为以自有的房产投入本人独资经营的企业，产权所有人和使用权使用人未发生变化，不需办理房产变更手续，也不办理契税手续。

买房拆料或翻建新房，应照章征收契税。例如，甲某购买乙某房产，不论其目的是取得该房产的建筑材料还是翻建新房，实际构成房屋买卖。甲某应首先办理房屋产权变更手续，并按买价缴纳契税。

（4）房屋赠与。

房屋的赠与是指房屋产权所有人将房屋无偿转让给他人所有。其中，将自己的房屋转交给他人的法人和自然人，称作房屋赠与人；接受他人房屋的法人和自然人，称为受赠人。房屋赠与的前提必须是产权无纠纷，赠与人和受赠人双方自愿。

由于房屋是不动产，价值较高，故法律要求赠与房屋应有书面合同（契约），并到房地产管理机关或农村基层政权机关办理过户手续，才能生效。如果房屋赠与行为涉及涉外关系，还需公证处证明和外事部门认证，才能有效。房屋的受赠人要按规定缴纳契税。

（5）房屋交换。

房屋交换是指房屋所有者之间互相交换房屋的行为。

随着经济的发展，有些以特殊方式转移土地、房屋权属的，也将视同土地使用权转让、房屋买卖或者房屋赠与，具体为：一是以土地、房屋权属作价投资、入股；二是以土地、房屋权属抵债；三是以获奖方式承受土地、房屋权属；四是以预购方式或者预付集资建房款方式承受土地、房屋权属。

（三）税率、计税依据和应纳税额的计算

表7-1为契税税率及计税依据、应纳税额的计算汇总。

表 7-1　契税税率及计税依据、应纳税额的计算汇总

征税对象	纳税人	计税依据	税率	计税公式
国有土地使用权出让	受让方	成交价格（注意：国有土地使用权出让，受让者需要向国家缴纳出让金，以出让金为依据缴纳契税。不能因为减免土地出让金而减免契税）	3%～5%的幅度比例税率，各省、自治区、直辖市人民政府按本地区的实际情况在幅度内确定税率	应纳税额＝计税依据×税率
土地使用权出售				
房屋买卖	买方			
土地使用权赠与、房屋赠与	受赠方	税务机关参照市场价格核定		
土地使用权交换、房屋交换	付出差价方	等价交换免征契税；非等价交换的按照差额征税		

1.税率。

契税实行 3%～5%的幅度比例税率。实行幅度比例税率是考虑到我国经济发展的不平衡，各地经济差别较大的实际情况。因此，各省、自治区、直辖市人民政府可以在 3%～5%的幅度比例税率规定范围内，按照本地区的实际情况决定具体执行税率。

2.计税依据。

契税的计税依据为不动产的价格。由于土地、房屋权属转移方式不同，定价方法不同，具体计税依据视不同情况而决定。

（1）国有土地使用权出让、土地使用权出售、房屋买卖，以成交价格为计税依据。成交价格是指土地、房屋权属转移合同确定的价格，包括承受者应交付的货币、实物、无形资产或者其他经济利益。

（2）土地使用权赠与、房屋赠与，由税务机关参照土地使用权出售、房屋买卖的市场价格核定。

（3）土地使用权交换、房屋交换，计税依据为所交换的土地使用权、房屋的价格差额。也就是说，交换价格相等时，免征契税；交换价格不等时，由多交付货币、实物、无形资产或者其他经济利益的一方缴纳契税。

（4）以划拨方式取得土地使用权，经批准转让房地产时，由房地产转让者补缴契税。计税依据为补缴的土地使用权出让费用或者土地收益。

为了避免偷、逃税款，税法规定，成交价格明显低于市场价格并且无正当理由的，或者所交换土地使用权、房屋价格的差额明显不合理并且无正当理由的，税务机关可以参照市场价格核定计税依据。

（5）房屋附属设施征收契税的依据。

① 不涉及土地使用权和房屋所有权转移变动的，不征收契税。

② 采取分期付款方式购买房屋附属设施土地使用权、房屋所有权的，应按合同规定的总价款计征契税。

③ 承受的房屋附属设施权属如为单独计价，按照当地确定的适用税率征收契税；如与房屋统一计价，适用与房屋相同的契税税率。

（6）个人无偿赠与不动产行为（法定继承人除外），应对受赠人全额征收契税。在缴纳契税时，纳税人须提交经税务机关审核并签字盖章的个人无偿赠与不动产登记表，税务机关（或其他征收机关）应在纳税人的契税完税凭证上加盖个人无偿赠与印章，在个人无偿赠与不动产登记表中签字并将该表格留存。

3.应纳税额的计算。

契税采用比例税率。当计税依据确定以后，应纳税额的计算比较简单。应纳税额的计算公式为：

$$应纳税额 = 计税依据 \times 税率$$

（四）税收优惠

1.契税优惠的一般规定。

（1）国家机关、事业单位、社会团体、军事单位承受土地、房屋用于办公、教学、医疗、科研和军事设施的，免征契税。

（2）城镇职工按规定第一次购买公有住房，免征契税。

此外，财政部、国家税务总局规定：自2000年11月29日起，对各类公有制单位为解决职工住房而采取集资建房方式建成的普通住房，或由单位购买的普通商品住房，经县级以上地方人民政府房改部门批准，按照国家房改政策出售给本单位职工的，如属职工首次购买住房，均可免征契税。

（3）因不可抗力灭失住房而重新购买住房的，酌情减免。不可抗力是指自然灾害、战争等不能预见、不可避免并不能克服的客观情况。

（4）土地、房屋被县级以上人民政府征用、占用后，重新承受土地、房屋权属的，由省级人民政府确定是否减免。

（5）承受荒山、荒地、荒滩土地使用权，并用于农、林、牧、渔业生产的，免征契税。

（6）经外交部确认，依照我国有关法律规定以及我国缔结或参加的双边和多边条约或协定，应当予以免税的外国驻华使馆、领事馆、国际驻华代表机构承受土地、房屋权属的，免征契税。

（7）公租房经营单位购买住房作为公租房的，免征契税。

（8）个人购买住房的契税税收优惠如表7-2所示。

表7-2　个人购买住房的契税税收优惠

个人购买住房	契税税收优惠
个人购买家庭唯一住房，面积为90平方米及以下的	减按1%的税率征收契税
个人购买家庭唯一住房，面积为90平方米以上的	减按1.5%的税率征收契税
个人购买家庭第二套改善性住房，面积为90平方米及以下的（不含北京、上海、广州、深圳的住房）	减按1%的税率征收契税
个人购买家庭第二套改善性住房，面积为90平方米以上的（不含北京、上海、广州、深圳的住房）	减按2%的税率征收契税

注：家庭第二套改善性住房是指已拥有一套住房的家庭购买的家庭第二套住房。

（9）纳税人申请享受税收优惠的，根据纳税人的申请或授权，由购房所在地的房地产主管部门出具纳税人家庭住房情况书面查询结果，并将查询结果和相关住房信息及时传递给税务机关。暂不具备查询条件而不能提供家庭住房查询结果的，纳税人应向税务机关提交家庭住房实有套数书面诚信保证，诚信保证不实的，属于虚假纳税申报，按照《税收征管法》的有关规定处理，将不诚信记录纳入个人征信系统。

2.契税优惠的特殊规定。

2021年1月1日至2023年12月31日，企业、事业单位改制重组过程中涉及的契税按以下规定执行。该规定出台前，企业、事业单位改制重组过程中涉及的契税尚未处理的，符合以下规定的可按以下规定执行。

（1）企业改制。企业按照《中华人民共和国公司法》有关规定整体改制，包括非公司制企业改制为有限责任公司或股份有限公司，有限责任公司变更为股份有限公司，股份有限公司变更为有限责任公司，原企业投资主体存续并在改制（变更）后的公司中所持股权（股份）比例超过75%，且改制（变更）后公司承继原企业权利、义务的，对改制（变更）后公司承受原企业土地、房屋权属，免征契税。

（2）事业单位改制。事业单位按照国家有关规定改制为企业，原投资主体存续并在改制后企业中出资（股权、股份）比例超过50%的，对改制后企业承受原事业单位土地、房屋权属，免征契税。

（3）公司合并。两个或两个以上的公司，依照法律规定、合同约定，合并为一个公司，且原投资主体存续的，对合并后公司承受原合并各方土地、房屋权属，免征契税。

（4）公司分立。公司依照法律规定、合同约定分立为两个或两个以上与原公司投资主体相同的公司，对分立后公司承受原公司土地、房屋权属，免征契税。

（5）企业破产。企业依照有关法律法规规定实施破产，债权人（包括破产企业职工）承受破产企业抵偿债务的土地、房租权属，免征契税。对非债权人承受破产企业土地、房屋权属，凡按照《中华人民共和国劳动法》等国家有关法律法规政策妥善安置原企业全部职工，与原企业全部职工签订服务年限不少于3年的劳动用工合同的，对其承受所购企业土地、房屋权属，免征契税；与原企业超过30%的职工签订服务年限不少于3年的劳动用工合同的，对其承受所购企业土地、房屋权属，减半征收契税。

（6）资产划转。对承受县级以上人民政府或国有资产管理部门按规定进行行政性调整、划转国有土地、房屋权属的单位，免征契税。同一投资主体内部所属企业之间土地、房屋权属的划转，包括母公司与其全资子公司之间，同一公司所属全资子公司之间，同一自然人与其设立的个人独资企业、一人有限公司之间土地、房屋权属的划转，免征契税。母公司以土地、房屋权属向其全资子公司增资，视同划转，免征契税。

（7）债权转股权。经国务院批准实施债权转股权的企业，对债权转股权后新设立的公司承受原企业的土地、房屋权属，免征契税。

（8）划拨用地出让或作价出资。以出让方式或国家作价出资（入股）方式承受原改制重组企业、事业单位划拨用地的，不属上述规定的免税范围，对承受方应按规定征收契税。

（9）公司股权（股份）转让。在股权（股份）转让中，单位、个人承受公司股权（股份），公司土地、房屋权属不发生转移，不征收契税。

（五）征收管理

1.纳税义务发生时间。

契税的纳税义务发生时间是纳税人签订土地、房屋权属转移合同的当天，或者纳税人取得其他具有土地、房屋权属转移合同性质凭证的当天。

2.纳税期限。

纳税人应当在依法办理土地、房屋权属登记手续前申报缴纳契税。

3.纳税地点。

契税在土地、房屋所在地的税务机关缴纳。

4.契税申报。

（1）根据人民法院、仲裁委员会的生效法律文书发生土地、房屋权属转移，纳税人不能取得销售不动产发票的，可持人民法院执行裁定书原件及相关材料办理契税纳税申报，税务机关应予受理。

（2）购买新建商品房的纳税人在办理契税纳税申报时，销售新建商品房的房地产开发企业已办理注销税务登记或者被税务机关列为非正常户等原因，致使纳税人不能取得销售不动产发票的，税务机关在核实有关情况后应予受理。

5.纳税登记与返回。

纳税人办理纳税事宜后，税务机关应向纳税人开具契税完税凭证。纳税人持契税完税凭证和其他规定的文件材料，依法向土地管理部门、房产管理部门办理有关土地、房屋的权属变更登记手续。土地管理部门和房产管理部门应向契税征收机关提供有关资料，并协助契税征收机关依法征收契税。

7.2 契税的会计处理

7.2.1 企业的会计处理

企业取得房屋、土地使用权后，计算应交契税时。

借：固定资产、无形资产

　　贷：应交税费——应交契税

企业缴纳税金时。

借：应交税费——应交契税

　　贷：银行存款

企业也可以不通过"应交税费——应交契税"账户核算。当实际缴纳契税时，借记"固定资产""无形资产"账户，贷记"银行存款"账户。

【例 7-1】某企业以 980 万元购得一块土地的使用权，当地规定契税税率为 3%，计算应纳契税并做会计分录如下。

应交契税 =980×3% =29.4（万元）

借：无形资产——土地使用权　　　　　　　　　　　294 000

　　贷：银行存款　　　　　　　　　　　　　　　　294 000

【例 7-2】A 企业以一栋房屋换取 B 公司一栋房屋，房屋交换契约写明：A 企业房屋价值 5 000 万元，B 公司房屋价值 3 600 万元。经税务机关核实，认为 A、B 双方房屋价值与契约写明价值基本相符。此项房屋交换，B 公司应是房屋产权的承受人，是多交付货币的一方，应为契税的纳税人；假设 B 公司所在地契税税率为 5%。计算 B 公司应纳契税并做会计分录如下。

应交契税 =（5 000−3 600）×5% =70（万元）

计提税金时。

借：固定资产　　　　　　　　　　　　　　　　　　14 700 000
　　贷：应付账款——A 企业　　　　　　　　　　　　　14 000 000
　　　　应交税费——应交契税　　　　　　　　　　　　　 700 000

上缴契税时。

借：应交税费——应交契税　　　　　　　　　　　　　 700 000
　　贷：银行存款　　　　　　　　　　　　　　　　　　 700 000

7.2.2　事业单位的会计处理

取得土地使用权时。

借：无形资产——土地使用权
　　贷：银行存款

取得房屋产权时。

借：固定资产
　　贷：固定基金

借：专用基金——修购基金
　　事业支出
　　贷：银行存款

7.3　契税的税收筹划思路

（一）契税税收筹划的条件

契税的计税依据为不动产的价格。由于土地、房屋权属转移方式不同、定价方法不同，计税依据也不同。为了防止纳税人偷、逃税款，税法规定，成交价格明显低于市场价格并且无正当理由的，或者所交换土地使用权、房屋的价格的差额明显不合理并且无正当理由的，征收机关可以参照市场价格核定计税依据。契税的计税依据主要有以下几个方面。

1.土地使用权赠与、房屋赠与，计税依据由征税机关参照土地使用权出售、房屋买卖的市场价格核定。

2.以划拨方式取得土地使用权，经批准转让房地产时，由房地产转让者补缴契税。计税依据为补缴的土地使用权出让费用或者土地收益。

3.国有土地使用权出让、土地使用权出售、房屋买卖，以成交价格为计税依据。成交价格是指土地、房屋权属转移合同确定的价格，包括承受者应交付的货币、实物、无形资产或者其他经济利益。

4.土地使用权交换、房屋交换，计税依据为所交换的土地使用权、房屋的价格差额。当交换价格相等时，免征契税；当交换价格不等时，由多交付货币、实物、无形资产或者其他经济利益的一方缴纳契税。

（二）契税的税收筹划

1.企业分立可以享受的契税减免优惠政策。

所谓企业分立，是指企业依照法律规定、合同约定分设为两个或两个以上投资主体的行为。分立有存续分立和新设分立两种形式。

（1）原企业存续，一部分分出、派生设立为一个或数个新企业的，为存续分立。

（2）原企业解散，分立出的各方分别设立为新企业的，为新设分立。

在企业分立中，对派生方、新设方承受原企业土地、房屋权属的，不征契税。

2.企业合并可以享受的契税减免优惠政策。

所谓企业合并，是指两个或者两个以上的企业，依照法律规定、合同约定合并为一个企业的行为。合并有吸收合并和新设合并两种形式。

（1）一个企业存续，其他企业解散的，为吸收合并。

（2）设立一个新企业，原各企业解散的，为新设合并。

在企业合并中，新设方或者存续方承受被合并方土地、房屋权属的，若合并前各方为相同投资主体的，不征契税，其余的征收契税。

3. 企业改制重组时可以享受的契税减免优惠政策。

（1）企业整体改制或整体变更时，对改建后的企业承受原企业土地、房屋权属，免征契税，即改建成立后的企业在办理土地使用权及房屋权属的变更时，免交契税。

（2）非公司制国有独资企业或国有独资有限责任公司，以其部分资产与他人组建新公司，且该国有独资企业（有限责任公司）在新设公司中所占股份超过50%的，对新设公司承受该国有独资企业（有限责任公司）的土地、房屋权属，免征契税。

（3）在股权转让中，单位、个人承受企业股权，企业土地、房屋权属不发生转移的，免征契税。

7.4　契税的税收筹划案例

7.4.1　土地使用权互换的税收筹划案例

蓝天公司拟出售价值 4 500 万元的土地使用权给金地公司，然后从金地公司购买其价值 4 500 万元的土地使用权。双方适用的契税税率为 4%。

【筹划方案】

方案一：双方签订土地销售与购买合同。蓝天公司应缴纳契税 =4 500×4% =180（万元），金地公司应缴纳契税 =4 500×4% =180（万元）。

方案二：蓝天公司与金地公司改变合同的订立方式，选择签订土地使用权互换合同。蓝天公司与金地公司约定以 4 500 万元的价格等价交换双方土地使用权。根据契税的相关规定，蓝天公司和金地公司各自免交契税 180 万元，一共节省 360 万元。

【政策依据】

根据《契税法》及相关规定，土地使用权、房屋交换，契税的计税依据为所交换的土地使用权、房屋的价格差额，由多交付货币、实物、无形资产或其他经济利益的一方缴纳税款；交换价格相等的，免征契税。

7.4.2 土地使用权出售、房屋买卖的税收筹划案例

金星实业公司拟出售一化肥生产车间给紫金实业公司，该化肥生产车间有一幢生产厂房及其他生产厂房附属物，附属物主要为围墙、烟囱、水塔、变电塔、油池油柜、若干油气罐、挡土墙、蓄水池等，化肥生产车间总占地面积为 4 000 平方米，该市的契税税率为 4%。

【筹划方案】

方案一： 化肥生产车间整体评估价为 800 万元（其中生产厂房评估价为 260 万元，4 000 平方米土地使用权评估价为 340 万元，其他生产厂房附属物评估价为 200 万元），紫金实业公司按整体评估价 800 万元购买，应缴纳契税 =800×4% =32（万元）。

方案二： 金星实业公司与紫金实业公司签订两份销售合同。第一份销售合同为销售化肥生产车间及占地 4 000 平方米土地使用权的合同，销售合同价款为 600 万元；第二份销售合同为销售独立于房屋之外的建筑物、构筑物以及地面附着物（主要包括围墙、烟囱、水塔、变电塔、油池油柜、若干油气罐、挡土墙、蓄水池等）的合同，合同价款为 200 万元。因为分别签订销售合同，紫金实业公司只就第一份销售合同所涉业务缴纳契税，应缴纳契税 =600×4% =24（万元），节约契税支出 8 万元（32-24）。

【政策依据】

《财政部 国家税务总局关于房屋附属设施有关契税政策的批复》（财税〔2004〕126 号）规定如下。

1. 对于承受与房屋相关的附属设施（包括停车位、汽车库、自行车库、

顶层阁楼以及储藏室，下同）所有权或土地使用权的行为，按照契税法律、法规的规定征收契税；对于不涉及土地使用权和房屋所有权转移变动的，不征收契税。

2.采取分期付款方式购买房屋附属设施土地使用权、房屋所有权的，应按合同规定的总价款计征契税。

3.承受的房屋附属设施权属如为单独计价的，按照当地确定的适用税率征收契税；如与房屋统一计价的，适用与房屋相同的契税税率。

根据上述文件对免征契税的规定，在支付独立于房屋之外的建筑物、构筑物以及地面附着物价款时不征收契税。

7.4.3　企业合并的税收筹划案例

安全有限责任公司因发展需要，需要向国有独资公司兴安有限责任公司购买三幢商品房，价值9 900万元。适用的契税税率为4%。

【筹划方案】

方案一：安全有限责任公司直接向国有独资公司兴安有限责任公司购买三幢商品房，支付9 900万元。安全有限责任公司应缴纳契税=9 900×4%=396（万元）。

方案二：安全有限责任公司与国有独资公司兴安有限责任公司签订投资协议，共同出资组建兴盛有限责任公司，注册资本为1亿元。安全有限责任公司出资100万元，出资方式为货币资金，出资比例为1%；国有独资公司兴安有限责任公司出资9 900万元，出资方式为三幢商品房，出资比例为99%，并约定兴盛有限责任公司成立后，于6个月内办理商品房产权变更手续。办理完商品房产权变更手续后，安全有限责任公司与国有独资公司兴安有限责任公司另签订一份股权转让协议，约定国有独资公司兴安有限责任公司将所持兴盛有限责任公司9 900万元股份原价转让给安全有限责任公司股东。在兴盛有限责任公司办理商品房产权变更手续时，新设立的兴盛有限责任公司承受国有独资公司兴安有限责任公司投入的房产，因国有独资公司兴安有限责任公司投资比例超过 50%，免征契税 396 万元。在安全有限责任公司与国有独资公司兴安有限责任公司另签订一份股权转让协议之后，安全有限责任公司承受原兴盛有限责任公司的房产，也可以免征契税 396 万元。在整个房屋产权变更过程中，无须缴纳契税。

【政策依据】

根据《财政部 税务总局关于继续支持企业事业单位改制重组有关契税政策的通知》（财税〔2018〕17 号）的相关规定：企业按照《中华人民共和国公司法》有关规定整体改制，包括非公司制企业改制为有限责任公司或股份有限公司，有限责任公司变更为股份有限公司，股份有限公司变更为有限责任公司，原企业投资主体存续并在改制（变更）后的公司中所持股权（股份）比例超过 75%，且改制（变更）后公司承继原企业权利、义务的，对改制（变更）后公司承受原企业土地、房屋权属，免征契税。执行期限为 2018 年 1 月 1 日起至 2020 年 12 月 31 日。